格闘技が紅白に勝った日

2003年大晦日興行戦争の記録

細田昌志
Masashi Hosoda

講談社

序章　フジテレビショック

２０２１年12月24日、東京ドームホテル・シンシアの間に、１００名を超える報道陣が集まった。

キックボクシング40戦40勝（28ＫＯ）という恐るべきレコードを持つ〝神童〟那須川天心《なすかわてんしん》と、Ｋ－１前人未到の３階級王者・武尊《たける》の一戦が発表されたのである。

かねてより熱望されてきた夢のカードが、クリスマスイブの午後に慌ただしく発表されるまで、いくつもの障壁があったことは紛れもない。日程、階級、ルール、ファイトマネー。現に那須川天心自身、所属するＲＩＳＥの４月大会を最後にキックボクシングを引退し、プロボクシングへの転向を表明していた。

それでも、コメントを求められた那須川天心は「最高のクリスマスプレゼントを渡せたんじゃないか」と快活に言い、一方の武尊も「いろんな人の気持ちを背負ってリングに立つ」と早くも試合への意気込みを述べた。

後日、詳報が伝えられた。日程は２０２２年６月19日、会場は東京ドーム、58kg契約のキックボクシングルール、「Ｋ－１でもＲＩＳＥでもない中立のリングを」という双方の意見を採り入れ、イベント名は「THE MATCH 2022」と命名され、当日はフジテレビで午後7時から10時までのゴールデンタイム生中継も決まった。

イベントの総合プロデューサーに就任したのが、格闘技イベント「RIZIN」CEOの榊《さかき》原信行《ばらのぶゆき》である。

「前年の春頃から調整に乗り出した」と言う榊原は「世界中がぶったまげるイベントにしたい」と抱負を述べながら「人間関係がおかしくなるくらい大変で」と述懐するなど、実現までの苦難を隠そうともしなかった。事実、榊原でなければ対戦はまとまらなかったに違いなく、彼が無類のネゴシエイターであるのは、疑いようもない。

イベントの注目度は異常に高く、発売と同時にチケットはソールドアウト。「那須川天心対武尊」は社会現象の様相を呈していた。

放送中止

異変が起きたのは、開催まで40日となった5月9日発売の『週刊ポスト』(2022年5月20日号)に、次の見出しが躍ったのがきっかけである。

《爆弾スクープ〝天心VS.武尊〟仕掛け人が「反社交際音声」流出トラブル》

記事の概要は、知人との会話の中で榊原信行が「暴力団と交際がある」と受け取られかねない発言を行い、その音声データが流出。データを入手し接触してきたジャーナリスト(X氏)との間で金銭トラブルが発生していたことに言及している。

「記事を止めてくれるなら、５００万円を支払う」という榊原の申し出を了承したX氏は「５００万円を現金で受け取り、情報源にそのまま渡した」と言うが、一連の経緯を「犯罪行為」と判断した榊原は警察に相談した上で、刑事と民事で告訴すべく動いているというのが記事の顛末である。

数日後『週刊ポスト』の取材に応じた榊原は、音声データを解析しながら「今の声は私の声だと思います」と認めた上でこう証言する。

「その頃は、あるＲＩＺＩＮの選手をめぐってその知人やYさん（※註・暴力団と思しき人物）がトラブルになっていた時期でした。その頃に録音されたものかもしれません。（中略）Yさんとは２０１８年に知り合い、ＲＩＺＩＮのスポンサーや権利関係に興味がある人たちを紹介してもらったりしています。ただし、お金を払ったことは一度もありません」

「大学の同級生だった女性から電話があり、『知り合いのXというジャーナリストが、榊原くんにマイナスになる音声データを持っているから話をしたほうがいい』ということで、彼女の紹介でX氏に会ったんです。（中略）X氏から５００万円ぐらいの活動費があれば事を収められると聞き、恐怖心もあったし、今後は自分がコンサル的に動いて情報を持ってきたり、コントロールしたりしますよという話もされ、５００万円を渡しました」（いずれも『週刊ポスト』２０２２年5月27日号）

腹蔵なく述べてみせたが、フジテレビの対応はそうもいかず「ＴＨＥ　ＭＡＴＣＨ」まで19日に迫った5月31日、オフィシャルサイトを通して、こう発表したのである。

〈6月19日（日）の「ＴＨＥ　ＭＡＴＣＨ　２０２２」は、興行主催者側との契約に至らず、フジテレビで放送しないことが決まりましたので、ここにお知らせいたします〉

それどころか、フジテレビは7年間放送してきた「ＲＩＺＩＮ」の中継さえも止めることを決定した。「反社」との関係が疑われる以上、放送することで生じるリスクを回避したのである。

フジテレビがこうまで、強行姿勢を示したのには理由がある。

16年前の週刊誌報道が、長く尾を引いているのだ。

フジテレビショック

『週刊現代』（２００６年3月25日号）に次の告発記事が載った。

《スクープ「格闘技とテレビ局と暴力団」暴力団幹部に脅されていた日テレ「猪木祭」プロデューサーが爆弾証言！》

２００３年の大晦日は『ＮＨＫ紅白歌合戦』の裏番組として、ＴＢＳが『Ｋ－１　Ｄｙｎａｍｉｔｅ‼』、フジテレビが『ＰＲＩＤＥ男祭り２００３』、日本テレビが『イノキボンバイエ〜馬鹿になれ夢をもて〜』（猪木祭）を放送するなど、空前の格闘技ブーム真っ只中にあった。しかし、その裏で団体間で選手の奪い合いが生じ、暴力団も入り乱れての恐喝と妨害が横行していたというのだ。

証言者は「猪木祭」主催者の川又誠矢《かわまたせいや》なる人物で、記事の中でこう述懐している。

「携帯電話に暴力団から電話があり、どうしても、ＰＲＩＤＥを主宰するイベント会社ＤＳＥ

（ドリームステージエンターテインメント）の連中が同席する席に出てこいと言われました。（中略）席には暴力団関係者が何名かと、ＤＳＥの榊原（信行社長）君と、ＤＳＥの実質上のオーナーと呼ばれている人物がいました。監禁か軟禁になるのか……そこから出してもらえない状況でした」（同）

「榊原たちを引き連れて暴力団幹部が入ってきました。幹部は席に着くなり、私にこう言いました。『ＰＲＩＤＥは実質ウチがやってるんや。ワシらが表に出ると不都合があるから、ここにいる榊原に任せてるんや。それを何《なん》や！　選手を横取りしやがって』約束していた30分という時間は過ぎていましたが、席を立てる状態ではありませんでした」（同）

一連の告発記事がその後も続いたことで、ＰＲＩＤＥを中継していたフジテレビは、常時、高視聴率を弾き出す優良コンテンツでありながら、中継の終了を決定する。

俗に言う「フジテレビショック」である。

放映権料を断たれたＰＲＩＤＥは団体存続が困難となり、翌２００７年、アメリカのメジャー格闘技イベント「ＵＦＣ」を運営するズッファ社に事実上、買収され、消滅してしまう。それもこれも、２００３年の大晦日興行戦争が契機となって起きたことだった。

それが、２０２２年に再びフジテレビを襲ったことで「那須川天心対武尊」の生中継まで水泡に帰したのである。

＊

２００３年の大晦日格闘技は、20年以上経った今も、大きな禍根を残しているのだ。

では、一体どういった経緯で、2003年の大晦日に『紅白歌合戦』の裏番組で、3局同時に格闘技中継を流すことになったのか、筆者はそのことを知りたいと思った。

何故、一局でまとまらなかったのか。

何故、その後、PRIDEの中継まで終わらねばならなかったのか。

何故、「猪木祭」主催者の川又誠矢だけ週刊誌の取材に応じ、告発に至ったのか。

「興行にやくざは付きもの」と言われるが、今もそうなのか、クリーンな団体は存在しないのか。

テレビ局は清廉潔白なのか、コンプライアンスは機能していたのか、破綻していたのか。そもそも、そんなものは存在していなかったのか。

興行とは何か、格闘技とは何か、テレビとは何か、週刊誌とは何か。

2003年の大晦日及び、その前後に何があったのか。

それらのことを知るために、かかるリスクを承知の上で、パンドラの箱を開けてみたいと思う。

格闘技が紅白に勝った日

2003年大晦日興行戦争の記録

目次

序章
フジテレビショック

第1章
史上最大の格闘技ワールドカップ

第2章
石井和義逮捕

第3章 ミルコ・クロコップという奇跡

第4章 あの夏のタイソン

第5章 今年は日本テレビが中継

第9章 大晦日狂騒曲

第10章 格闘技が紅白に勝った日

終章 勝者なき戦争

日本テレビ

2001年8月19日
「K-1 JAPAN GP 猪木軍対K-1軍」
会場：さいたまスーパーアリーナ

○｜レネ・ローゼ vs. 安田忠夫｜×
○｜ミルコ・クロコップ vs. 藤田和之｜×

2002年8月8日
「世界最強伝説 UFO LEGEND」
会場：東京ドーム

○｜アントニオ・ホドリゴ・ノゲイラ vs. 菊田早苗｜×
○｜藤田和之 vs. 安田忠夫｜×
○｜小川直也 vs. マット・ガファリ｜×

2003年12月31日「INOKI BOM-BA-YE 2003 ～馬鹿になれ夢をもて～」に続く

フジテレビ

2001年11月3日
「PRIDE 17」 会場：東京ドーム

△｜ミルコ・クロコップ vs. 高田延彦｜△

◉K-1からミルコ・クロコップが初参戦。高田延彦と対戦し引き分け

2002年6月23日
「PRIDE 21」 会場：さいたまスーパーアリーナ

○｜エメリヤーエンコ・ヒョードル vs. セーム・シュルト｜×
○｜ドン・フライ vs. 高山善廣｜×

◉ヒョードルがPRIDE初参戦

2003年3月16日
「PRIDE 25」 会場：横浜アリーナ

○｜エメリヤーエンコ・ヒョードル vs. アントニオ・ホドリゴ・ノゲイラ｜×

2003年3月30日
「K-1 WORLD GP 2003 in さいたま」
会場：さいたまスーパーアリーナ

○｜ミルコ・クロコップ vs. ボブ・サップ｜×

2003年6月8日
「PRIDE 26 REBORN」 会場：横浜アリーナ

○｜ミルコ・クロコップ vs. ヒース・ヒーリング｜×
○｜エメリヤーエンコ・ヒョードル vs. 藤田和之｜×

◉ミルコがPRIDEに移籍し、本格参戦

2003年12月31日「PRIDE SPECIAL 男祭り 2003」に続く

2001～2003年 中継局別に見た 主な格闘技イベントとメイン級カード一覧

TBS

2001年12月31日

「INOKI BOM-BA-YE 2001」

会場：さいたまスーパーアリーナ

○｜ミルコ·クロコップ vs. 永田裕志｜×
○｜安田忠夫 vs. ジェロム·レ·バンナ｜×

2002年8月28日

「Dynamite! SUMMER NIGHT FEVER in 国立」

会場：国立霞ヶ丘競技場

○｜アントニオ·ホドリゴ·ノゲイラ vs. ボブ·サップ｜×
○｜吉田秀彦 vs. ホイス·グレイシー｜×
○｜ミルコ·クロコップ vs. 桜庭和志｜×

2002年12月31日

「INOKI BOM-BA-YE 2002」

会場：さいたまスーパーアリーナ

○｜ミルコ·クロコップ vs. 藤田和之｜×
○｜吉田秀彦 vs. 佐竹雅昭｜×
○｜ボブ·サップ vs. 高山善廣｜×

2003年12月31日「K-1 PREMIUM 2003 Dynamite!!」に続く

フジテレビ

PRIDE SPECIAL 男祭り 2003

会場：さいたまスーパーアリーナ
観客：3万9716人

第1試合 ▶ PRIDEルール → 1R10分、2·3R5分
○ | クイントン"ランペイジ"ジャクソン vs. 美濃輪育久 | ×
2R 1:05 → TKO（レフェリーストップ）

第2試合 ▶ PRIDEルール → 1R10分、2·3R5分
○ | ヒース·ヒーリング vs. ジャイアント·シルバ | ×
3R 0:35 → スリーパーホールド

第3試合 ▶ PRIDEルール → 1R10分、2·3R5分
○ | 桜井"マッハ"速人 vs. 高瀬大樹 | ×
3R終了 → 判定3-0

第4試合 ▶ PRIDEルール → 1R10分、2·3R5分
○ | ムリーロ·ニンジャ vs. 小路晃 | ×
1R 2:41 → KO

第5試合 ▶ PRIDE特別ルール → 10分2R
△ | ホイス·グレイシー vs. 吉田秀彦 | △
2R終了 → 時間切れ

第6試合 ▶ PRIDEルール → 1R10分、2·3R5分
○ | ゲーリー·グッドリッジ vs. ドン·フライ | ×
1R 0:27 → KO

第7試合 ▶ PRIDEルール → 1R10分、2·3R5分
○ | ダニエル·グレイシー vs. 坂田亘 | ×
1R 7:12 → 腕ひしぎ十字固め

第8試合 ▶ PRIDEルール → 1R10分、2·3R5分
○ | 近藤有己 vs. マリオ·スペーヒー | ×
1R 3:27 → TKO（ドクターストップ）

第9試合 ▶ PRIDEルール → 1R10分、2·3R5分
○ | 田村潔司 vs. ロニー·セフォー | ×
1R 2:20 → 腕ひしぎ十字固め

第10試合 ▶ PRIDEルール → 1R10分、2·3R5分
○ | アントニオ·ホジェリオ·ノゲイラ vs. 桜庭和志 | ×
3R終了 → 判定3-0

2003年大晦日 3大興行の詳細

TBS

K-1 PREMIUM 2003 Dynamite!!

会場：ナゴヤドーム

観客：4万3560人

オープニングファイト ▶ K-1 MMAルール → 5分3R
○ | クリストフ・ミドゥ"ザ・フェニックス" vs. トム・ハワード | ×
1R 4:21 → チョークスリーパー

第1試合 ▶ K-1 MMAルール → 5分2R
○ | 須藤元気 vs. バター・ビーン | ×
2R 0:41 → ヒールホールド

第2試合 ▶ K-1 MMAルール → 5分3R
○ | 成瀬昌由 vs. ヤン"ザ・ジャイアント"ノルキヤ | ×
1R 4:40 → チョークスリーパー

第3試合 ▶ K-1 MMAルール → 5分3R
○ | ザ・プレデター vs. マウリシオ・ダ・シルバ | ×
1R 0:13 → TKO（タオル投入）

第4試合 ▶ K-1ルール → 3分3R
○ | 藤本祐介 vs. フランソワ"ザ・ホワイトバッファロー"ボタ | ×
3R終了 → 判定3-0

第5試合 ▶ K-1ルール → 3分3R
○ | フランシスコ・フィリォ vs. TOA | ×
3R終了 → 判定2-1

第6試合 ▶ K-1ルール → 3分3R
○ | アーネスト・ホースト vs. モンターニャ・シウバ | ×
3R終了 → 判定3-0

第7試合 ▶ K-1 MMAルール → 5分3R
○ | 中尾芳広 vs. ハハレイシビリ・ダビド | ×
2R 1:13 → ギブアップ

第8試合 ▶ K-1 MMAルール → 5分3R
ー | 中邑真輔 vs. アレクセイ・イグナショフ | ー
ノーコンテスト

第9試合 ▶ K-1ルール → 3分3R
○ | ボブ・サップ vs. 曙太郎 | ×
1R 2:58 → KO

日本テレビ

INOKI BOM-BA-YE 2003～馬鹿になれ夢をもて～

会場：神戸ウイングスタジアム

観客：4万3111人

第1試合 ▶ 総合ルール→5分3R

○｜レネ・ローゼ vs. 安田忠夫｜×

1R 0:52→TKO（レフェリーストップ）

第2試合 ▶ 総合ルール→5分3R

○｜LYOTO vs. リッチ・フランクリン｜×

2R 1:00→TKO（レフェリーストップ）

第3試合 ▶ 総合ルール→5分3R

○｜エメリヤーエンコ・アレキサンダー vs. アンジェロ・アロウージョ｜×

2R 4:28→TKO（ドクターストップ）

第4試合 ▶ キング・オブ・パンクラス無差別級選手権→5分3R

○｜ジョシュ・バーネット vs. セーム・シュルト｜×

3R 4:48→腕ひしぎ十字固め

第5試合 ▶ 立技ルール→3分3R

○｜マイケル・マクドナルド vs. 天田ヒロミ｜×

2R 0:46→KO

第6試合 ▶ 立技ルール→3分3R

○｜ステファン〝ブリッツ〟レコ vs. 村上和成｜×

1R 1:08→KO

第7試合 ▶ 総合ルール→5分3R

○｜エメリヤーエンコ・ヒョードル vs. 永田裕志｜×

1R 1:02→TKO（レフェリーストップ）

第8試合 ▶ 総合特別ルール（グラウンド制限時間20秒）→3分5R

○｜藤田和之 vs. イマム・メイフィールド｜×

2R 2:15→スタンド式肩固め

第9試合 ▶ 総合ルール→5分3R

○｜アマール・スロエフ vs. ディン・トーマス｜×

1R 4:23→TKO（レフェリーストップ）

第10試合 ▶ 総合ルール→5分3R

○｜アリスター・オーフレイム vs. 橋本友彦｜×

1R 0:36→TKO（レフェリーストップ）

第11試合 ▶ スマックガールSGS公式ルール→5分3R

○｜辻結花 vs. カリオピ・ゲイツィドウ｜×

3R終了→判定3-0

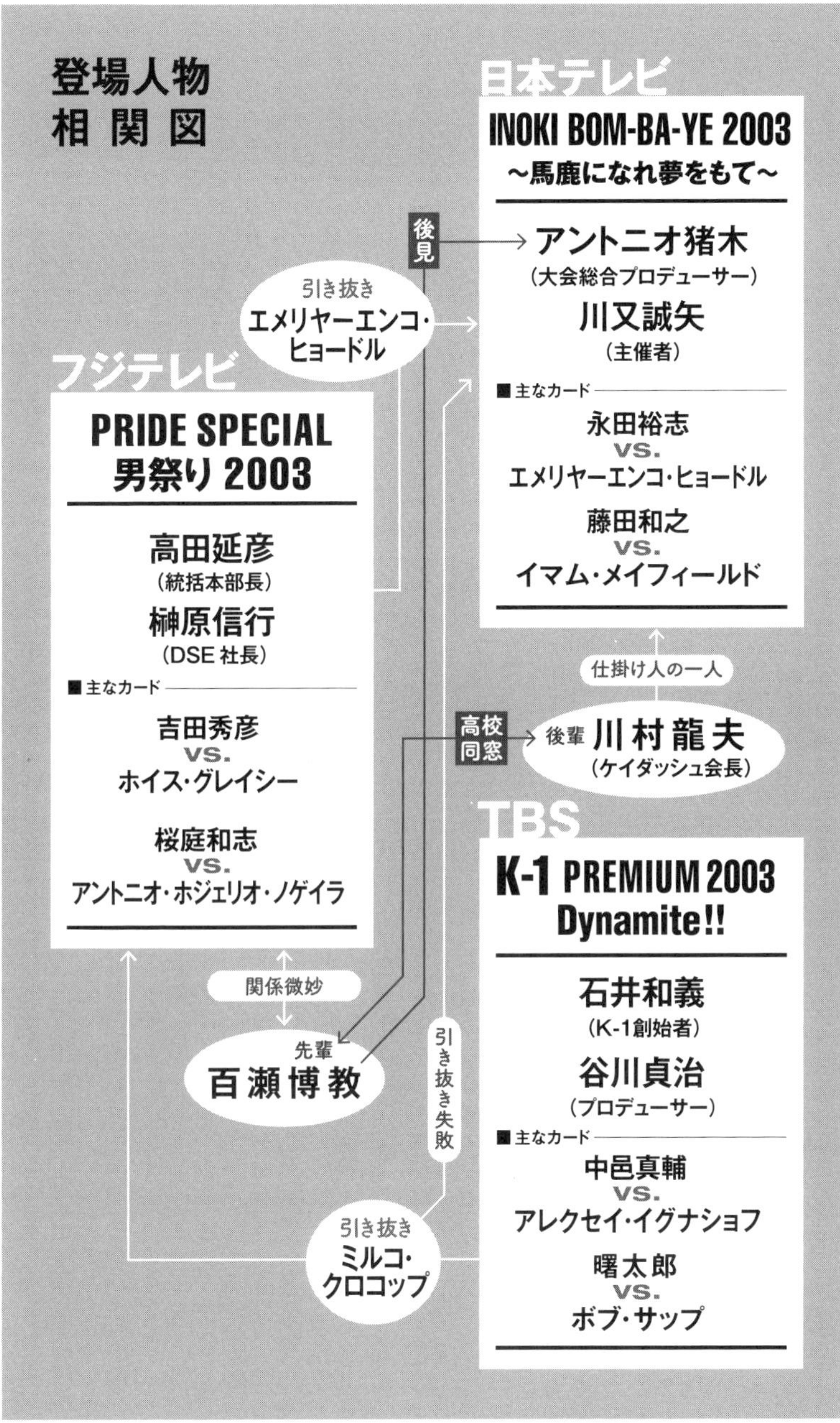
登場人物
相関図
日本テレビ
INOKI BOM-BA-YE 2003
～馬鹿になれ夢をもて～
後見
アントニオ猪木
（大会総合プロデューサー）
川又誠矢
（主催者）
■ 主なカード
永田裕志
VS.
エメリヤーエンコ・ヒョードル
藤田和之
VS.
イマム・メイフィールド
引き抜き
エメリヤーエンコ・ヒョードル
フジテレビ
PRIDE SPECIAL
男祭り 2003
高田延彦
（統括本部長）
榊原信行
（DSE 社長）
■ 主なカード
吉田秀彦
VS.
ホイス・グレイシー
桜庭和志
VS.
アントニオ・ホジェリオ・ノゲイラ
仕掛け人の一人
高校同窓
後輩
川村龍夫
（ケイダッシュ会長）
TBS
K-1 PREMIUM 2003
Dynamite!!
石井和義
（K-1創始者）
谷川貞治
（プロデューサー）
■ 主なカード
中邑真輔
VS.
アレクセイ・イグナショフ
曙太郎
VS.
ボブ・サップ
関係微妙
先輩
百瀬博教
引き抜き失敗
引き抜き
ミルコ・クロコップ

装幀　岡 孝治

写真　乾 晋也（カバー・表紙・別丁扉）

表紙写真は2002年8月28日「Dynamite!」の
吉田秀彦対ホイス・グレイシー（左写真）
と2003年3月16日「PRIDE25」のエメリヤ
ーエンコ・ヒョードル対アントニオ・ホド
リゴ・ノゲイラ

格闘技が紅白に勝った日

２００３年大晦日興行戦争の記録

第1章
史上最大の格闘技ワールドカップ

2002年8月に国立競技場で開催された「Dynamite!」は
9万人を超える観客を集めた ©乾晋也

昭和の大晦日は、歌の時代である。

夜7時からTBSテレビで『輝く！日本レコード大賞』（レコ大）が、夜9時からはNHKで『NHK紅白歌合戦』（紅白）が放映され、70～80年代にかけての平均視聴率は、レコ大が36％、紅白は70・2％（いずれも、ビデオリサーチ関東地区調べ）。つまるところ、日本人の半数以上が20年間、大晦日に歌番組を視聴していたことになる。移ろいやすい国民性を思えば、驚嘆に値する。

とはいえ、他局も手をこまねいていたわけではない。日本テレビは人気絶頂のピンクレディーを擁して『ピンクレディー汗と涙の大晦日150分!!』（78年）を新宿コマ劇場から生中継し、マンザイブームが日本中を席巻すると『輝け!! 〝特別生放送〟笑いは日本を救う!?』（80年）、85年以降は『忠臣蔵』『白虎隊』『田原坂』『五稜郭』『奇兵隊』といった「年末大型時代劇」をぶつけたが、紅白の牙城を崩すには至らなかった。

フジテレビも政治評論家の竹村健一をホスト役に『世界の中の日本　危機からの脱出・アメリカと2元生中継』（81年）という硬派な政治討論番組をラインナップしたかと思えば、人気アニメ『Dr.スランプ・アラレちゃんスペシャル』（82年）、ティナ・ターナー、シーナ・イーストンら海外アーティストと、西城秀樹、布施明といった紅白落選歌手を並べて『世界紅白歌合戦』（85年）なる、あからさまな模倣番組まで立ち上げたが、まったく歯が立たなかった。

しかし、2000年代に入ると、紅白とレコ大の人気にも陰りが出てきた。2000年は紅白の視聴率も1部39・2%、2部48・4%と50%を割り、レコ大に至っては15%さえ下回った。当然、レコ大を放映していたTBSは打開策に乗り出すことになる。

今も昔も、テレビ番組は前の時間帯の影響をもろに被る。このとき、TBSの上層部は「伝統あるレコ大を終わらせるわけにはいかないが、後番組に強力なコンテンツを用意する必要はある」と考えた。

そこで、TBSが用意したのが格闘技だった。

1993年に「LIVE　UFO」なるフジサンケイグループ主催のイベントの一つとして始まった立ち技格闘技「K－1グランプリ」は、96年に初めてフジテレビのゴールデンタイムに進出。97年には三大都市のドームツアーを成功させ、98年には日本テレビでも放送を開始するなど、格闘技のビッグイベントとして熱狂的な人気を集めていた。

そこにTBSが目を付けた。かつては沢村忠のキックボクシング中継でブームを巻き起こし、藤猛、具志堅用高、鬼塚勝也、畑山隆則ら時代に即したプロボクシングのスターを輩出しながら、90年代以降の格闘技ブームには完全に出遅れていた。そのTBSが、折からのK－1人気に着目したのは自然の流れと言ってよく、K－1にとってもフジ、日テレに続きTBSの放映まで実現すれば前代未聞のことで、断る理由はまったくない。

かくして、両者の思惑が一致する。

「実を言うと、最初に大晦日の企画を持っていったのは日テレだったんです。『K－1　JAPA

Nシリーズ』をやってくれていたからね。そしたら、意外にもあっさり蹴られた。『何で?』って思ったね。企画が宙ぶらりんになってしまった。仕方がないから、TBSに同じ企画を持っていったらすんなり通った。それで始まったのが、最初だったわけ」(K－1創始者の石井和義)

猪木祭

2001年12月31日は、歌番組、ドラマ、アニメ、バラエティ、情報番組で占められてきた大晦日のテレビ戦争に、初めて格闘技中継が参入した記念すべき日である。

タイトルは『INOKI BOM-BA-YE 2001』、通称「猪木祭」、テーマは「猪木軍対K－1軍」。石井和義は自身が企画を持ち込みながら、PRIDEを運営するDSEに運営全般を任せた。「総力戦でぶつかる」という強い意志を感じる。

とはいえ、テレビ関係者は格闘技中継に一様に懐疑的だった。「大晦日に殴ったり蹴ったりを見たいか」「うまくいかない」「数字なんか獲れっこない」と言う業界人の冷ややかな反応を、筆者はこの時期、何度も耳にした。

大晦日当日、会場のさいたまスーパーアリーナには過去最多(当時)となる3万5492人の大観衆が集まった。何より、当日券が飛ぶように売れたのは、関係者にとって嬉しい誤算だったに違いない。一般層の関心が高まっている証左だからだ。

メインイベントでは、元大相撲小結でプロレスラーの安田忠夫が、K－1ファイターのジェロム・レ・バンナを前腕チョークで下した。ギャンブルに狂って家庭を崩壊させた愚かな父親が、別居する愛娘の前で、絶対不利の強敵から勝利をもぎ取るという、奇跡と感動の幕切れである。

とはいえ、問題は視聴率だ。興行の盛況と視聴率は必ずしも比例しない。

しかし、ここでも奇跡が起きる。蓋を開けると『INOKI BOM-BA-YE 2001』は14・9％を叩き出し、同時間帯の民放の視聴率トップに立った。前年の同時間帯に放送された『20世紀報道スペシャル』の視聴率が5・1％だったことを思うと望外の大躍進である。

各局の視聴率は次の通り。

NHK『NHK紅白歌合戦』（第1部38・1％・第2部48・5％）、日本テレビ『ナイナイの〝皆さ〜んご一緒に年越しスペシャル〟』（5・9％）、テレビ朝日『ビートたけしの〝世界はこうしてダマされた⁉〟』（8・8％）、フジテレビ『最恐ミステリースポットに大潜入‼』（3・5％）、テレビ東京『年末特別ロードショー・海の上のピアニスト』（2・7％）。

ビートたけしやナインティナインといった人気タレントを据えながら、紅白以外は一桁台に終わった民放各局において「猪木祭」だけが二桁を記録し、民放のトップに躍り出た。快挙と言うより事件と言うべきだろう。

「格闘技は数字（視聴率）を持っている」――多くの業界人が目を見張った。テレビがCMによる広告収入で賄われている以上、彼らの関心が視聴率に向くのは当然だからだ。

前代未聞の大混乱を引き起こした「2003年大晦日興行戦争」はここから始まった。

ウチも格闘技をやろう

「猪木祭」が予想外の高視聴率を叩き出したのは、以下の要因があったからと見ていい。

①アントニオ猪木がK－1と戦うという、わかりやすいコンセプトがあったこと
②「大晦日に格闘技」という物珍しさが関心を集めたこと
③プロモーション番組を連日流して、試合にまつわるドラマを浸透させたこと

『INOKI BOM-BA-YE 2001』プロデューサーで、当時、TBSスポーツ局に在籍していた樋口《ひぐち》潮《うしお》の勝利の弁がある。

「大みそかは家族一緒に紅白で年越しという、日本の伝統的な図式が少しずつ変わってきたのかもしれません。さらに、若者のテレビ離れが問題になっておりますが、放送する側は視聴者の立場に立ち、本当に見たいソフトを打ち出せば、視聴者は応えてくれるのだと痛切に思いました」
（『日刊スポーツ』２００２年1月3日付）

つまり、マニアだけではなく、世間を巻き込むパワーが格闘技に備わっていたということだ。その構造を見抜いたテレビ関係者が「それなら、いっそウチも格闘技をやろう」と考えたのは自明のことである。

明けて２００２年、K－1と正式に放映契約を結んだTBSは、本格的に格闘技中継に乗り出

した。魔裟斗《まさと》や小比類巻貴之《こひるいまきたかゆき》など中量級のキックボクサーを集めて「K－1 WORLD MAX」という新しいコンテンツを始動させ、深夜枠で情報番組も立ち上げた。プロモーションの重要性を再認識したからにほかならない。

負けじとフジテレビも、従来のK－1に加え、人気イベントに成長していたPRIDEを二枚看板に据え、それらをコンスタントに放映し、スポーツニュース番組『すぽると！』で週に一度、格闘技コーナーを設けた。にわかに起こったブームに乗り遅れまいとしたのだ。

出遅れたのは日本テレビである。すでに触れたように、最初に「大晦日格闘技」のプランを石井和義から提案されながら、あっさり一蹴したのは日本テレビ自身だった。その場合、テレビマンの属性として、恥も外聞もなく、早急に新しいコンテンツの制作に取りかかるものである。

とはいえ『K－1 JAPANシリーズ』を放映して、軒並み高視聴率を獲得してはいたのだから、そこを突破口にすればいいようなものだが、それはしなかった。

すなわち、自前の格闘技コンテンツを欲したのだ。

新しいことはやれない

この時期、日本テレビに格闘技のソフトがなかったわけではまったくない。そもそも、フジテレビに次いでK－1中継に着手したのは、日本テレビである。

１９９８年にスタートした『K－1 JAPANシリーズ』は平均視聴率18～20％を獲得する優良ソフトだったし、帝拳プロモーションとタイアップのボクシング中継番組『ダイナミックグローブ』では、月に一度のレギュラー枠と、世界タイトルマッチにおける90～120分の特番枠を常時確保してきた。

話はさかのぼるが、1968年にTBSでスタートした沢村忠のキックボクシングが人気を博すと、すぐさま協同企画（現・キョードー東京）に業務を委託し、キックボクシングの新団体を立ち上げてもいる。

そもそも、日本テレビの最初の繁栄が、力道山のプロレスによってもたらされたことは、歴史的に紛れもない事実だ。力道山の死後もジャイアント馬場とアントニオ猪木のBI砲で人気を維持し、その後、内紛が起こると、馬場に独立を促して、全日本プロレスを設立させたのも、日本テレビが画策したことである。つまり、格闘技中継に無理解だったわけではなく、むしろ、先鞭を付ける側に回っていたと見ていい。

その日本テレビが2000年代の格闘技ブームに取り残されたのは、一つに柔軟性に乏しい社風と無関係ではないだろう。日本テレビを主戦場にしていた知己の放送作家が「日テレでは新しい企画は通らない」とこぼしていたのを筆者は憶えている。

「ウチは一度当たると、なかなか新しいことに手を付けません。それは悪いことばかりでもないんだけど『当たってるんだから、わざわざ変えてどうする』というね。新しいことをやりたかった私は大変でしたよ」（『世界まる見え！テレビ特捜部』など人気バラエティ番組を手掛けた元日本テレビの吉川圭三）

右の話を踏まえると、日本テレビという会社は、新しいソフトを立ち上げるのは伝統的に苦手かもしれず、逆に出来上がっているブランドを模倣し、維持することにおいては、他局より秀でているのではないか。

黎明期のキックボクシングや90年代のK－1に、二番手として名乗りを上げたのはその痕跡と言っていい。意外と知られていないが、40年以上の歴史を持つ『24時間テレビ～愛は地球を救う』も、筋ジストロフィー患者の治療費捻出を目的としたアメリカのチャリティー番組『レイバー・デイ・テレソン』をヒントにしたものであり、初期のメイン司会者に萩本欽一を抜擢したのも、ニッポン放送の『ラジオ・チャリティ・ミュージックソン』のメインパーソナリティだったからである。

そんな日本テレビにとって、2000年代の格闘技ブームを座視出来るはずもなかった。

そこで、日本テレビが頼ったのが、大手芸能プロダクション「ケイダッシュ」会長の川村龍夫《かわむらたつお》だった。

ケイダッシュ

かつて、放送作家という職にあった筆者は、芸能界には無数のプロダクション（事務所）があることを知った。

歌手が在籍する事務所、俳優中心の事務所、お笑いタレント専門の事務所、声優や司会者の事務所……。それぞれ特徴があるのだが、次に挙げる四つの事務所は、押さえておくに越したことはない。

往年の人気グループ、ザ・スパイダースのドラマーにしてバンマスだった田辺昭知《たなべしょうち》が、1973年に設立した田辺エージェンシー。

ザ・ドリフターズのマネージャーだった井澤健《いざわけん》が、79年に渡辺プロダクションから独立して起業したイザワオフィス。

千葉県議時代の浜田幸一の運転手をへて芸能マネージャーに転身した周防郁雄《すほういくお》が、71年に立ち上げたバーニングプロダクション。

ブルー・コメッツのマネージャーだった川村龍夫が、田辺エージェンシーから暖簾分けする形で、93年に設立したケイダッシュ。

4社の中で最も新興となるケイダッシュだが、最も劣るということではない。数年前まで系列のプロダクションのマネージャーだった人物の証言がある。「名前を出すのは勘弁して」と言うので匿名とする。

「積極的な社風です。売り込みも必死にやるし、テレビ局や制作会社には、上層部から下のスタッフまで喰い込みます。特にドラマのキャスティングは強いです。歌手も多いから、ドラマの主題歌に据えるのも強い。その分、強引なマネージメントは否定しません」

筆者も縁がないわけではない。「所属事務所を探している」と言う民放テレビ局出身の女性アナウンサーに、系列のプロダクションを紹介したことがあったし、川村龍夫の誕生日パーティを兼ねて例年催されるケイダッシュグループの新年会に招かれたこともある。会場は麻布台にある東京アメリカンクラブ。マスコミや関係者からなる1000人近い来賓を、大勢の所属タレントが歓待する光景は甚だ壮観である。

会場で一際大きな姿が視界に入る。柔道バルセロナ五輪銀メダリストからプロレスに転身した小川直也である。そしてその後ろを、見覚えのある赤いマフラーを巻いた男がのそっと現れた。

アントニオ猪木である。

川村が贔屓《ひいき》のプロレスラーや大相撲の力士を、以前から個人的に支援していたのは有名な話だ。猪木との関係もそのことがあったからで、坂口征二の次男の俳優・坂口憲二が、かつてケイダッシュに所属していたのも、その縁であるのは記すまでもない。

前出の元マネージャーはこう言う。

「猪木さんと川村会長を最初につないだのは皇《すめらぎ》さん（元テレビ朝日取締役制作局長の皇達也）だと思います。そこから川村会長は、猪木さんのテレビ出演のマネージメントもやるようになったんです」

猪木ファンとして知られる直木賞作家の村松友視は著書『アリと猪木のものがたり』（河出書房新社）で、１９９５年に平壌市内のスタジアムで行われたプロレス興行「平和のための平壌国際体育・文化祝典」に赴いた際、「旧知の仲」である川村龍夫（Ｋ氏）と道中一緒に行動し、ホテルも隣室だったと明かしている。

２０００年代の格闘技ブームに乗り遅れた日本テレビが、自前の格闘技コンテンツを作るために、真っ先にケイダッシュに協力を依頼した理由は、ただ一つ。

アントニオ猪木が欲しかったのだ。

エグゼクティブプロデューサー

長年、日本のプロレス界に君臨したアントニオ猪木だが、1989年の参議院選挙に当選し、政治家となると、本職のプロレスは大会場のスポット参戦に限定されるようになる。

98年4月4日に正式にプロレスを引退すると「世界格闘技連盟UFO」を旗揚げ。翌年1月4日の新日本プロレス東京ドーム大会において、UFO所属の小川直也に橋本真也へのシュート(叩き潰す行為)を指示した嫌疑をかけられたかと思えば、2000年3月11日に横浜アリーナで催された「第2回メモリアル力道山」では、ジャニーズ事務所に所属していたアイドルの滝沢秀明とエキシビションマッチを行うなど、現役時代以上にメディアへの露出は増加した。

程なくして、猪木はPRIDEの会場に頻繁に姿を現すようになる。2000年8月27日の西武ドーム大会より「PRIDEエグゼクティブプロデューサー」に就任。以降、PRIDEのリングで「1、2、3、ダーッ」を叫ぶ猪木のパフォーマンスは恒例行事となった。

猪木がPRIDEに登場したのも「プロレスは最強の格闘技である」という現役時代のイデオロギーが、イベントのカラーにはまったからだ。そもそも「高田延彦対ヒクソン・グレイシー」をメインイベントとする、一回きりの予定だったPRIDEだが、高田がヒクソンに完敗を喫した上に、興行収益が大赤字になると、負債を返済するためにシリーズ化に方針転換した異例の経緯がある。

その後、KRSからDSEに興行会社が変わり、日本人プロレスラーの桜庭和志が次々と柔術家を打ち破る快進撃を見せると人気が爆発、K－1と並ぶ格闘技イベントに成長する。同時に、最前列で試合に目を光らせ、リング上でパフォーマンスを繰り広げる猪木の存在も欠かせないものとなった。

その猪木人気に、競争相手であるK－1プロデューサーの石井和義が目を付けた。2001年8月19日、日本テレビの『K－1 JAPAN GP』において「猪木軍対K－1軍」をマッチメイク。K－1軍のミルコ・クロコップが、猪木軍の藤田和之に強烈な膝蹴りを叩き込み、大流血させてTKO勝ちを収めると、ミルコは一躍、格闘技界のスターとなった。

前述したように、石井が同年末の「大晦日格闘技」のプランを日本テレビに提示したのも、このいきさつがあったからだ。

「何で、あのとき日テレは、大晦日の企画を蹴ったんやろうね。今も不思議。日テレがやってくれていたら、その後の混乱はなかったと思うし、TBSとK－1の関係も違ったものになっていたでしょう」（石井和義）

繰り返すが、2001年大晦日にTBSで放映された「猪木祭」は14・9％の高視聴率を記録している。「大晦日格闘技」のみならず「猪木」というカードまでみすみす取り逃がした日本テレビが後悔したのは想像に難くなく、TBSの成功を猪木の存在に見たことは、自然なことだったのかもしれない。

K－1対PRIDE

年が明けてすぐの2002年早春、日本テレビの担当者はケイダッシュ会長・川村龍夫の許に出向き、次のように泣訴した。

「ウチもK－1やPRIDEみたいなコンテンツを持ちたいです。そのために猪木さんが絶対に必要。協力していただけませんか」

アントニオ猪木の名前を掲げて発足しながら、休眠状態にあった「世界格闘技連盟UFO」の社長を兼任していた川村にとって、日本テレビの申し出を断る理由はなく、話はトントン拍子に進み「真夏にビッグイベントをやること」と「大晦日か新年に第2弾興行を行うこと」で合意に至った。

それと歩調を合わせるように、日本テレビは情報番組『超K－1宣言！』を終了させ、新番組『最強魂』を立ち上げている。「K－1だけじゃなくて格闘技全般を扱う」というメッセージにほかならず「ウチが川村さんと組んで大々的に格闘技コンテンツをぶち上げたら、K－1もPRIDEも従わないわけにいかない」と考えただろうことも想像がつく。

事実、専門誌は次のように報じている。

《PRIDEの成功、K－1VS猪木軍の成功を見て、今年は総合格闘技のイベントが幾つか立ちあがる…という話は、ずっと業界で囁かれてきたが、ここに来てアントニオ猪木がらみの、ひとつの流れがハッキリしてきた。（中略）UFOの社長は、大手芸能プロのケイダッシュの社長も務める、川村龍夫氏。川村氏が今、芸能界で大きな勢いを持っているのは、知られた話である。つまり、この川村氏が声をかければ、賛同者、協力者が次々集まり、突如として大きなイベントが実現する可能性もあるのだ》（『格闘技通信』２００２年6月23日号）

しかし、この動きとは無関係に、格闘技界ではあらゆる出来事が起きていた。これまで何度も噂されてきた「Ｋ－1対ＰＲＩＤＥ」の対抗戦が正式に発表され、続報で4月21日の「Ｋ－1広島大会」でＰＲＩＤＥの常連選手のセーム・シュルトがＫ－1の日本人エース・武蔵と戦うこと、4月28日の「ＰＲＩＤＥ20」で「ミルコ・クロコップ対ヴァンダレイ・シウバ」という外国人同士のエース対決が決まったことを、スポーツ各紙は伝えている。

その「ＰＲＩＤＥ20」の第1試合には、プロアメリカンフットボールリーグ「ＮＦＬ」出身の無名の黒人選手が登場している。２００cm・１４７kgというこの大型ファイターは、山本宜久（当時は憲尚）を開始早々から圧倒し、1ＲＴＫＯ勝ちを収めた。青年の名はボブ・サップ。ＮＦＬを引退し、職にあぶれていたところを、元Ｋ－1ファイターのサム・グレコにスカウトされ「総合格闘技でもやらせたら面白いかも」とＰＲＩＤＥとの対抗戦に駆り出されたのである。

さらに『日刊スポーツ』（２００2年4月18日号）の一面に「ＰＲＩＤＥ吉田獲り」という大きな見出しが躍った。バルセロナ五輪柔道78kg級金メダリストの吉田秀彦が、4月29日の柔道全日本選手権を最後にプロ転向、それもＰＲＩＤＥ参戦を報じたビッグニュースである。

かくして、日本テレビと川村龍夫の与り知らないところで、別のイベントが立ち上がろうとしていたのである。

世界最強伝説　UFO　LEGEND

２００２年5月29日、仙台市内のホテルで、記者の囲み取材を受けたアントニオ猪木は、真夏に三つのイベントが開かれることと、そのいずれにも自分が関わることに言及した。

三つのうちの一つが、８月10・11日に両国国技館で行われる新日本プロレス「Ｇ１クライマックス」であることは既報通りだが、正式発表のない二つのイベントに触れたのは、異なる両者から協力を打診された困惑を示し、「オレとしては、みんな一緒くたにすれば楽なんだけど、それぞれテレビ局の問題とかで収拾つかなくてね」（『日刊スポーツ』２００２年5月30日付）というコメントからもそれは伝わる。記事はこう追記する。

《格闘技イベントがここまで同時期に集中するのは前例がない。猪木つながりで、企画が連動すれば盛り上がりも期待できるが、実際問題として選手の掛け持ち出場はありえないだけに、逆にファンの奪い合いなどのマイナス面が懸念される》（同）

当初「Ｋ－１やＰＲＩＤＥの協力も得ながら大きいイベントを開こう」と楽観視していた日本テレビとケイダッシュ会長の川村龍夫は、別の格闘技イベントが予定されていることを知って、軌道修正を余儀なくされた。それでも計画を覆すことはせず、6月27日、東京ドーム内のレストランで、アントニオ猪木、川村龍夫、宮本修二（日本テレビ編成局編成部プロデューサー）の三者が同席して記者会見を開いた。決定事項は次の通り。

イベントのタイトルは「世界最強伝説　ＵＦＯ　ＬＥＧＥＮＤ」、日程は２００２年8月8日木曜日、会場は東京ドーム、日本テレビでゴールデンタイム2時間半生放送。出場選手は小川直也、藤田和之、安田忠夫、菊田早苗、村上和成、村浜武洋、アントニオ・ホドリゴ・ノゲイラ、ホジェリオ・ノゲイラ、マリオ・スペーヒー、ジェンス・パルヴァー。

報道陣を前に「継続的にUFO興行を放映します」と宮本修二が日本テレビの方針を伝えると、川村龍夫は「小川選手は『すべてガチンコで行きたい』と申しておりました」と言った。

これに対し、マスコミの反応は一様に芳しいものとは言えなかった。プロレスに軸足を置く小川直也自身が、そんな発言をするとは思えなかったし、総合格闘技が初めて、地上波のゴールデンタイムで生放送される記念碑的な大会にもかかわらず、会見に選手が誰一人出席していないのは不可解だからだ。後日、小川直也は「俺は本来、プロレスとバーリトゥードを区別してないいんだから、そういう人間がそんなこと言うわけないでしょ」とにべもなかった。

足並みの悪さを露呈し、大会の成功に暗雲が垂れ込める中、マスコミ各社に記者会見の開催を告げる一本のリリースが流された。

送信元は、TBSスポーツ局である。

史上最大の格闘技ワールドカップ

2002年7月9日、快晴の国立競技場で、異例の野外記者会見が開かれた。

出席者は石井和義、桜庭和志、森下直人（DSE社長）、渡辺純一（スカイパーフェクTV執行役員）（カッコ内は当時の肩書）。報道陣を前に、石井和義が高らかに宣言した。

「この国立競技場に10万人を集めて、格闘技版ワールドカップを開催します」

イベントのタイトルは「史上最大の格闘技ワールドカップ〝Dynamite!〟」、日程は2002年8月28日水曜日（予備日は8月29・30日）、場所は国立霞ヶ丘競技場、主催はTBS、運営・製作はDSE、協力は博報堂と株式会社K－1。大晦日の『INOKI BOM-BA-YE 2001』とほぼ同じ座組だが、唯一異なるのは石井和義に「総合プロデューサー」なる役職が付いたことだ。実質的な主催者であるのは言うまでもないが、その立場を強調した形となった。

メインイベントの対戦カードも発表された。「桜庭和志対ミルコ・クロコップ」、PRIDEとK－1のエース対決である。石井は早くも切り札を切ったのだ。

質疑応答では石井和義に質問が集中した。


――なぜ、イベントのタイトルが「イノキボンバイエ」ではないのか？

「K－1とPRIDEが全面協力する新しいイベントです。『K－1対猪木軍』のような対抗戦ではありませんから」

――アントニオ猪木との関係については？

「PRIDEのプロデューサーという形で、何かお願いすることはあるかもしれません」

――8月8日の「UFO　LEGEND」との兼ね合いについては？

「協力要請があれば選手は出したいと思います。その話は川村さんにはしてあります」

1週間後、今度は都内のホテルで記者会見が開かれると、石井和義に引率されるように、スーツ姿の大柄な男が姿を見せた。バルセロナ五輪柔道78kg級金メダリストの吉田秀彦である。日刊スポーツが4月に一面ですっぱ抜いた吉田秀彦のプロデビュー戦は、PRIDEではなく「Dynamite!」のリングだったのだ。

「実はその前から交渉していたからね。それで契約がまとまった。このときの吉田のファイトマネーは1試合2000万円」（石井和義）

さらに驚くべきは、対戦相手がグレイシー柔術のホイス・グレイシーに決まったことだ。「講道館柔道対グレイシー柔術」「金メダリスト対UFC王者」という夢のカードがいきなり実現したのだ。

小川直也、藤田和之、安田忠夫、アントニオ・ホドリゴ・ノゲイラと出場選手を発表しながら、対戦カードがまったく決まっていなかった「UFO　LEGEND」と対照的に、石井は「桜庭対ミルコ」「吉田対ホイス」という二大カードを密かに温存していたのである。

「まずは8・28のチケットを買って頂き、それからもうひとつの大会のチケットを考えて頂ければ賢明か、と（笑）。（中略）8・8は観にいくつもりですが、8・8をみてよかった選手を8・28に出すとか、そういうつもりはないです。僕らは僕らで考えて8・28に出したい選手は最初から決めていますから」（石井和義のコメント／『格闘技通信』2002年8月23日号）

「興行はプロモーターの力量で決まる」

石井和義はそう言いたかったのだ。

承認は得ていません

「Ｄｙｎａｍｉｔｅ！」より3週間も早く開催されるにもかかわらず「ＵＦＯ　ＬＥＧＥＮＤ」は、この時点で対戦カードが1試合も決まっていなかった。

さすがにまずいと思ってか、日本テレビは「吉田対ホイス」が発表された翌日の7月16日に会見を開き「小川直也対マット・ガファリ」「菊田早苗対アントニオ・ホドリゴ・ノゲイラ」「村浜武洋対ジェンス・パルヴァー」の3試合を発表した。しかし、出席したのは川村龍夫と宮本修二の2名。選手はまたしても姿を見せなかった。

記者から「小川選手は出場するかどうか決めかねているという話もありますが」と皮肉交じりの質問が飛ぶと、川村は「小川選手の承認は得ていませんが、私と日本テレビが決めた以上、必ずやらせます」と語気を強めた。

報道陣は言葉を失った。小川直也本人は出場の可否すら明言していなかったのだ。「この大会は、本当に開催されるのだろうか」という懸念が報道陣に広がったのはこのときからである。

そもそも、小川が出場を拒んだらどうするつもりなのか。いくら川村が芸能界の実力者でも、小川自身はそこに忖度しない頑強さもあったし、普段はプロレスラーとして活動している小川直也の試合が、プロレスかリアルファイトか判然としないのは、どうしたものか。

また、柔道とレスリングの五輪銀メダリスト対決の「小川対ガファリ」や〝寝技世界一〟と〝柔術マジシャン〟による「菊田対ノゲイラ」とカードは一見して豪華だが〝ＰＲＩＤＥ対Ｋ-

１エース対決〟の「桜庭対ミルコ」や〝最強の柔道家〟木村政彦に敗れた父・エリオ・グレイシーのリベンジ戦となる「吉田対ホイス」と比較すると、話題性においても格段劣る。

別の問題も噴出した。ＰＲＩＤＥを運営するＤＳＥの社長である森下直人は、ＰＲＩＤＥヘビー級王者であるアントニオ・ホドリゴ・ノゲイラの出場に対し「関知していない。王座の剝奪と参戦停止もありえる」と主張し、彼の所属するＢＴＴ（ブラジリアン・トップチーム）を告訴する構えまで見せた。

専門誌『格闘技通信』（現在は廃刊）編集長だった朝岡秀樹は「ＵＦＯ　ＬＥＧＥＮＤ」が抱える根本的な問題点を指摘している。

《〝行けば分かるさ〟的に、先にドームという器を決めてから見合うカードを決めようとしたものの、もはや本誌をはじめ格闘技専門誌に、大会前にこれ以上の〝決定カード〟を載せるチャンスはない。そもそも、予定されているカード自体が、ドーム向きでないマニアックな（中略）ガチガチの技術戦カードと、プロレスファンが喜ぶ人材を使うカードの両極端で、大会全体に一本のテーマを感じづらい》（『格闘技通信』２００２年８月23日号）

それでも、特番のプロデューサーである日本テレビ編成部の宮本修二は「ＵＦＯ　ＬＥＧＥＮＤ」を継続的に放映する方針を示し「最低でも視聴率15％が目標」と強気の姿勢を崩さなかった。それどころか、８月８日午後７時から最大延長９時24分までの、２時間半の生中継も正式に発表した。対戦カードどころか、出場選手すらままならない異常事態にもかかわらず、プロレスやボクシングも含む格闘技中継における、史上初めての長時間生中継を実現させたのだ。

この背景には、大手芸能プロダクションであるケイダッシュへの配慮はもちろん「こうなった以上は、ひとしきり話題を集めて数字を獲ろう」というテレビ業界特有の開き直りがあったからと見るほかない。渡辺謙、南野陽子、高橋克典、坂口憲二といったケイダッシュの所属タレントが、当日、観戦に訪れることを明かしたのはその一例で、対戦カードより先に、来場する芸能人の顔触れを発表するなど前代未聞のことである。

対戦カードはなかなか決まらず、ドラマ性に乏しく、ライバル団体からは訴えられ、専門誌で告知する機会まで失われた。当然チケットの売れ行きも伸びず、約5万席の東京ドームのキャパシティが「開催1ヵ月を切ったこの時点でも、1000枚に届いていなかった」という話もある。最初の会見で「桜庭対ミルコ」を、その1週間後に「吉田対ホイス」を発表するなど2度に分けて会見を開くことでスポーツ紙に大きく報じさせた「Dynamite!」とは何から何まで対照的だった。

つまり、日本テレビの潤沢な資金はあっても、イベントを盛り上げる頭脳がなかったのだ。試合に出場する選手の確保より、観戦に訪れる芸能人のスケジュールを優先させていたら、こうなることは目に見えていたと言っていい。

頭で勝負出来ないなら顔で勝負するしかない。とすれば、採るべき方法はただ一つ。

猪木の後見人

アントニオ猪木の名前でどれだけ観客を集め、高い視聴率を獲るかということである。

「UFO　LEGEND」の開催まで3週間となった7月17日、滞在先のロサンゼルスからアントニオ猪木が帰国した。

成田空港で待ち構えていた記者からイベントの迷走ぶりを伝えられると「PRIDEを意識しすぎだ。もっと独自の色を出さないと」と不満を洩らした。

しかし、自身が指揮を執るわけでも、率先してプロモーションに取り組むわけでもなかった。むしろ消極的だった。理由はいくつか考えられる。

一つは、日本テレビに対する違和感である。

70年代から80年代後半にかけて、アントニオ猪木の姿はテレビ朝日にあった。日本テレビは競争相手であるジャイアント馬場を支援しており、猪木自身、かつての敵が仕切るイベントに、そこまで必死になれなかったというのは、なくはないのかもしれない。

もう一つは、猪木を取り巻く複雑な人間関係にある。

〝アントニオ猪木の後見人〟を自任していた川村龍夫だが、猪木をこよなく愛していたのは川村に限った話ではなかった。ここで、筆者はある挿話を思い出す。かつてテレビ朝日スポーツ局次長の重職にあり、退職後は新日本プロレスに専務取締役として出向した永里高平の証言である。

1969年にプロレス中継番組『ワールドプロレスリング』がスタートすると、運動部長にして番組プロデューサーである永里は、企業経営者や重役を招いての食事会を頻繁に開いた。食事会にはプロ野球選手や横綱・大関クラスの力士、プロボクシングの日本王者やサッカー選手の姿もあり、双方の交流を促すことで、番組のスポンサーになってもらおうという算段だった。

その中に新番組『ワールドプロレスリング』の顔である、26歳のアントニオ猪木の姿もあった。このとき、猪木は所属する日本プロレスにおいて、ジャイアント馬場に次ぐナンバー2の座にあった。

横綱や大関、プロ野球選手の多くは、ソファーにふんぞり返って何をするわけでもなく、交流は思うように進まなかった。しかし、猪木だけはビールの栓をパッパッと抜いて、自ら注いで回った。苦労人の多い企業経営者の中には、説教を好む肌合いの人物も少なくなかったが「勉強になります」「今度、ご挨拶に伺います」「ご招待しますので、一度、試合を観に来て下さい」と一人一人に頭を下げた。

その結果と言い切っていいかはともかく「プロレスなんてイカサマだろう」と小馬鹿にしていた経営者が「じゃあ、ウチもプロレスの枠を一口買うか」と番組のスポンサーに名乗りを上げていった。「そういった経営者の何人かは、最終的に猪木の個人的なタニマチになって、後々大変な目に遭わないでもないんだけど」と生前の永里は苦笑した。

この挿話を筆者に教えてくれた永里高平も含め、アントニオ猪木に生涯魅了され続けた人物は数知れない。そうした人々が、現役時代はもちろん、引退後も猪木の支援者であり続けたのは自然なことだったが、2002年のこの時期は、彼らの存在が足枷になっていたかもしれない。

と言うのも、この時期のアントニオ猪木には、川村龍夫だけではない、もう一人の〝後見人〟がいたのである。

戦後最大の不良

筆者の手許に古い新聞記事のコピーがある。見出しには「石原裕次郎宅を捜索　外人機長のピストル密輸事件」とある。

《警視庁組織暴力犯罪取締本部は、十六日朝、映画俳優石原裕次郎さん（三〇）の自宅など、五か所をピストル不法所持の疑いで家宅捜索（中略）したがピストルは発見できなかった。調べによると、石原さんは、すでに逮捕のピストルブローカー、百瀬博教（二四）と親しくしており、百瀬の手を通じてばらまかれた密輸ピストルの一部が、石原さんに手渡された疑いが出てきたため》（『読売新聞』１９６５年２月16日付）

エールフランス航空の機長が、ベルギー製のブローニング、アメリカ製のハイスタンダードといった拳銃を日本人に売りさばいていたこの事件は、機長の名前から取って「ユルトレル事件」と呼ばれる。その仲買人として名前の挙がった24歳の容疑者こそ、後年、川村龍夫と並んでアントニオ猪木の後見人となる百瀬博教《ももせひろみち》である。百瀬博教に猪木を紹介したのも川村龍夫で、二人は私立市川高校の先輩（百瀬）後輩（川村）の間柄だった。

出所後は詩集を上梓したり『週刊文春』で連載を持つなど、作家となった百瀬博教と格闘技の関わりは１９９８年、Ｋ－１創始者の石井和義と知り合ったことに端を発する。

紹介したのはやはり川村龍夫で、場所は飯倉片町のイタリアンレストラン「キャンティ」。川村にとっては、高校の先輩である百瀬に、飛ぶ鳥を落とす勢いの格闘技プロモーターを引き合わせたにすぎなかったが、K－1で仕事をしたがった百瀬を、石井はやんわり拒んだ。

「愛すべき人ではあるんですよ。繊細な人だし、勉強になることも多い。でも、ペースに巻き込まれるのが、当時の僕はしんどかった。あの人は博徒の家の出身でしょう。それも含めて『K－1に関係させるわけにはいかんよなあ』と思ったのもある」（石井和義）

石井は、ラグビーボールをパスするように、ブレーンだった谷川貞治に百瀬を紹介した。谷川は深夜の来訪や長電話に悩まされながら、関係を続けた末に妙案を思いつく。

「百瀬さんを使って、猪木さんをPRIDEのリングに上げてしまおう」

1998年以降、DSEによる新体制に移行したPRIDEのブレーンでもあった谷川貞治は「プロレスファンを味方に付けなくては意味がない」という、かねてからの持論を遂行しようと、PRIDEとアントニオ猪木の合体を画策する。そこで〝猪木の後見人〟を自任していた百瀬の力を借りたのだ。

かくして「PRIDEエグゼクティブプロデューサー」に就任したアントニオ猪木が、2000年8月27日の「PRIDE10」以降、常に会場に現れるようになると、猪木の隣にいる百瀬博教も注目され始める。「FOREVER YOUNG AT HEART」のネームの入ったキャップをかぶった大柄な男を記憶する読者も多いかもしれない。幻冬舎社長の見城徹に「PRIDEの怪人」と命名された百瀬まで、PRIDEに欠かせない存在となっていく。

《もし百瀬さんがいなければ、猪木さんはあそこまでPRIDEに協力しなかったでしょう。猪木さんはPRIDEのリングに上がって「い～ち、に～、さ～ん、ダーッ！」をやるようになって、現役プロレスラーのアントニオ猪木から、プロデューサー的なアントニオ猪木にうまく変わって、また違ったブームとなった。（中略）百瀬さんが猪木さんをうまくコントロールした賜物だったのです》（『平謝り　K－1凋落、本当の理由』谷川貞治著／ベースボール・マガジン社）

百瀬博教の手引きでPRIDEのリングに登場した猪木が、今度は川村龍夫に担がれ「UFO　LEGEND」の顔となったことは、百瀬にとって面白かろうはずがなく、「高校の後輩に面子を潰された」と百瀬が考えたのは容易に想像がつくのである。

物見遊山

「UFO　LEGEND」と「Dynamite！」を、おそらく、最も多く取材したのが『昭和プロレス禁断の闘い』（河出書房新社）などの著書を持つ『スポーツ報知』記者の福留崇広だろう。22年経った今、アントニオ猪木が当時、置かれた立場をこう解説する。

「何より『UFO　LEGEND』はプロモーションが機能していなかった。『Dynamite！』と比較すれば如実なんです。とすると、UFOは猪木さんを徹底して露出させる以外の方法はないんだけど、思うように、稼働出来ていませんでした。川村さんからすれば『アントン、もっと協力してよ』ってなるけど、百瀬さんからすれば『何であんなのに協力するんだ』となる。当時の猪木さんは、市川高校の先輩後輩の板挟みになっていて、本当に気の毒でしたね」

大会まで2週間を切りながらチケットの売れ行きは伸びず、話題を集めていたとも言い難かった。にもかかわらず、百瀬博教の圧力は「UFO　LEGEND」の事務局にも及んでいた。

そこで、猪木本人が稼働するのではなく、猪木の名前を利用したプロモーションが頻繁に行われるようになる。例えば、藤田和之の対戦相手が同じ猪木事務所に所属する安田忠夫に決まると『スポーツ報知』（2002年8月6日付）は「どちらかがつぶれては困る。立会人をやる」といった猪木のコメントを紹介し「最低限リングサイドで戦いを見守り、場合によってはレフェリーを務める用意があることも示した」とまとめている。広報を請け負っていた猪木事務所の要望に沿ってのことなのは言うまでもない。

急遽来日したアメリカの女子プロレスラー「チャイナ」ことジョニー・ローラーの場合は、より顕著である。空港で男子選手への挑戦を表明し「私は試合をするために来たのよ。この爆乳でどんな相手でも圧殺するわ」とまくし立てた。記事になれば何でもよかった。

何でもよかったのは、猪木案件に限った話ではない。小川直也の対戦相手であるマット・ガファリの公開練習は最たるもので「日本のアマチュアレスリングの聖地」とも言うべき早大レスリング部道場で行われたその様子は、次のように報じられた。

《独占取材にガファリは「倒して殴ってチョークで絞め上げる」と勝利のプランを公開だ。193センチ、157キロ。小川より40キロも重い禁断の肉体を、ガファリが披露した。（中略）巨体を震わせながらタックル、縄跳び、打撃技の練習を見せた巨鯨男は「何の問題もない。絶好調だ」前日に来日した疲れも見せず高笑いをあげた》（『スポーツ報知』2002年8月4日付）

福留崇広が抱いたマット・ガファリの印象は、実際は次のようなものだった。

「完全なる物見遊山。やる気？ ないない。腹はタップタップで適当に仕事して帰る気満々。

『ああ、この大会は失敗するなあ』って暗い気分になったのを憶えています」

しかし、これらの空虚なプロモーションでも反響があったというから、宣伝とは本当に馬鹿にならないものである。

そして、驚くことに、ある超大物の来日計画まで極秘で進められていた。

猪木対タイソン

７月下旬、猪木事務所の関係者は、プロボクシング元統一世界ヘビー級王者・マイク・タイソンの代理人にメールを送っていた。「ＵＦＯ　ＬＥＧＥＮＤ」への来場を打診するためである。

このプランを聞いた福留崇広は「どうせ、ガセだろう」と半信半疑だったが、放映する日本テレビを思うと「意外となくはないかも」と思い直した。「ゴールデン２時間半生放送」も本当に確保していたし、ヒクソン・グレイシーを来日させる件も、裏が取れたからだ。

８月５日深夜、猪木事務所からマスコミ各社にリリースが届いた。「ＦＡＸでマイク・タイソンの代理人から来日ＯＫの言質を取った」というのだ。緊急会見まで開かれ、福留も眠い眼をこすりながら駆けつけた。

猪木事務所の沢野慎太郎は集まった報道陣に英文のコピーを見せ「タイソンとマネージャーを含む３人が７日に来日します」と宣言した。本当のところはよく判らないが「ミスターイノキが言うことなら何でもします」とタイソンは代理人を通して明言したという。「発表までしたんだから、さすがに来日させないわけはないだろう」と福留は思った。

会見を受けて『スポーツ報知』（2002年8月7日付）は、タイソンが来場する前提で、三つの可能性を挙げている。

①「アントニオ猪木対マイク・タイソン」のスペシャルエキシビションマッチ
②「藤田和之対安田忠夫」の特別レフェリー
③女子プロレスラーのジョニー・ローラーとのプロレスマッチ

②と③は論外で、ファンと関係者が望むのは①しかない。往年の「アリ対猪木」のようなリアルファイトになるはずはなく、顔見世程度で終わるに違いないが「猪木とタイソンが同じリングに上がるなら面白そう」と感じたファンは多かったはずだ。

事実、ここから問い合わせが急に入るようになった。「チケットぴあ」など前売券を引き上げた直後だったが「手数料を取られない当日券の売り上げを伸ばすため」と福留は睨んだ。当たらずとも遠からずではないか。

マイク・タイソンの到着予定は、開催前日の8月7日夕刻である。

未確認情報

《本当に来日すれば、猪木はかねてからぶち上げている異種格闘技戦へ本格交渉に入る構え。「これだけの逸材は他にいない。タイソンをターゲットに本物の異種格闘技戦を展開できる」U

FOの小川直也（34）、藤田和之（31）＝猪木事務所＝、あるいはヒクソンをも巻き込んだ空前の異種格闘技戦争をUFOマットで仕掛けるプラン》（『スポーツ報知』2002年8月7日付）

対戦カードも思うように決まらず、話題性もチケットの売れ行きも「Dynamite!」に大きく水をあけられていた「UFO　LEGEND」だったが、マイク・タイソンが登場するとなると話は別で、世間を巻き込む大ニュースになるのは間違いない。

百瀬博教と川村龍夫の板挟みとなり、プロモーションに消極的だったアントニオ猪木も、大会前々日に行われた合同記者会見の席上で「歴史的なイベントになる」と上機嫌で語った。

猪木事務所の発表によると、タイソン一行が到着するのは8月7日夕刻で、搭乗するのはノースウェスト機。『スポーツ報知』記者の福留崇広も成田まで向かった。成田空港第1ターミナルに着くとすでに20人ほどの記者が集まっており、その顔には一様に「本当にタイソンは来るんだろうな」と書いてあった。

ともかく、成田まで足を運んだからには、出口付近で到着を待つしかない。海外の有名ミュージシャンやアスリートの到着を迎え入れる成田空港のいつもの場所である。現れたらカメラのシャッター音とともに、多数のフラッシュが焚かれることになるのだろう。

午後4時すぎ、空港公団の職員が報道陣にそろりと近付くと「タイソンは第2ターミナルの方に到着したらしい」と洩らした。全員が驚きの声を挙げたのは言うまでもない。

「『えーっ』って感じになりました。『今まで何をやってたんだ』って。それで、みんながドタバタ走って第2ターミナルに移動したんです。もはやコントですよ」（福留崇広）

全員が大慌てで第2ターミナルに移動したが、VIPが現れた気配はなかった。「もう、来たのか」「いや、まだか」「もしかしたら、裏をかいて第1に来たんじゃ」と全員が疑心暗鬼になったことは想像がつく。とにかく、20人の報道陣は待ちに待った。

午後5時過ぎ、猪木事務所のスタッフが報道陣の前に姿を見せた。「いよいよ」と全員が思った瞬間、スタッフは意外なことを口にした。

「確か、沢野さんだったと思うけど『皆さん、すみません、タイソンは来ません』ってそれだけ言って引っ込んじゃった。コケる気力もない。この前フリは何だったんだ。『薬物を持ってて空港で暴れた』とか聞いたけど、どうでもよかった。怒る気にもならなかった」

福留は一連の騒動を、《UFOだけに未確認の情報をぶち上げたのか》（『スポーツ報知』2002年8月8日付）と締めくくった。

カレリンが最も恐れた男

「2002年8月8日、大安吉日、東京ドーム。誰が世界で一番強いのか、格闘技世界一決定戦！」

日本テレビの人気アナウンサーだった福沢朗の力強い前口上が、暗転の東京ドームに響き渡った。その号令を合図に『炎のファイター』の流れる中、ボロ衣をまとったアントニオ猪木が登場した。ホームレスということらしい。

「ボロは着てても心は錦。俺の心にでっかい夢がある。出ればタイソン、戻ればヒクソン、小さな常識ぶち破れ」と自作の詩を詠み上げ「1、2、3、ダーッ」で締めた。

２００２年８月８日、『世界最強伝説　ＵＦＯ　ＬＥＧＥＮＤ』を筆者は午後7時からのテレビ生中継で視聴した。スポーツ中継のベテランアナウンサー・船越雅史の実況には安定感があり、ヒクソン・グレイシーと対戦経験を持つ船木誠勝の解説も、淡々と伝えて好ましい。22年が経過した今、録画した番組を改めて視聴すると、２時間半の特別番組は、さほど悪くない気がするのはどうしたものか。

出色は第7試合「菊田早苗対アントニオ・ホドリゴ・ノゲイラ」である。〝寝技五輪〟と呼ばれる「アブダビ・コンバット」優勝者の菊田と〝柔術マジシャン〟の異名を取るノゲイラの攻防は、広い東京ドームの観客に、どの程度伝わったかという問題はあるにしても「寝技では手に負えない」と菊田のポテンシャルに舌を巻いたノゲイラが、２Ｒ開始早々、右ストレートでＫＯした結末も含め、２００２年に行われたすべての総合格闘技の試合の中で、最も高度な展開を見せたのかもしれない。

スペシャルリングアナウンサーとして、渡辺謙、高橋克典、伊原剛志、坂口憲二と人気俳優が居並び、リングサイドに座る南野陽子と奥菜恵の美しい姿が映し出される。中島美嘉の君が代独唱も斬新だ。

セミファイナルの「藤田和之対安田忠夫」の同門対決は、対戦相手が決まらなかった同士によるる気の毒なマッチメイクのはずだったが、日本テレビは「闘魂伝承者決定戦」と名付け、ＶＴＲをふんだんに使用することで、味気無さを覆い隠した。

「格闘技世界一決定戦」と銘打たれたメインイベント「小川直也対マット・ガファリ」は「五輪銀メダル対決」にすぎないが、小川に「暴走柔道王」、ガファリに「カレリンが最も恐れた男」と、確かめようのないキャッチフレーズを付けるあたり、ディレクターの苦心の跡が窺える。

無論、脂肪だらけのガファリの身体は大問題に違いなく、小川の左クロスで呆気なくTKO負けを喫するも、入れ替わるようにリングインしたのが、黒く日焼けして精悍なヒクソン・グレイシーだった。その対比を際立たせるためだけに、ガファリはリングに立ったのかと思わせたほどである。

視聴率は平均10・8％と目標の15％に届かなかったものの、瞬間最高視聴率21・2％は合格点だろう。

しかし、会場にいた多くの関係者からは、いずれも異なる感想を耳にしたのである。

小川だと伸びない

アメリカに本部を置くキックボクシングの国際組織「ISKA」の日本事務局長として、多くの海外選手のブッキングを手掛けている中崎寿光は、猪木事務所のスタッフから「余りまくってるから」と「UFO　LEGEND」のチケットを受け取ったという。

「タイソン来日」が報じられると、問い合わせが殺到した「UFO　LEGEND」だったが、来日不可が伝わると、問い合わせはぴたっと止み、当日券も伸びなかった。大量に余ったチケットは関係者に配られ、あるチケット販売業者は「業務委託」と称し、スタンド席のチケットを無料で顧客に渡している。

「とにかく、ガラガラでした。K－1やPRIDEで満員の会場を見慣れていたので、珍しかったのを憶えています。しばらく待っていたら、一部でザワザワし始めて、そしたらセレモニーも何にもなく、第1試合が始まったのにも驚きました」（中崎寿光）

この日、第1試合に出場した総合格闘家・横井宏考のセコンドに付いていたのが、現役の格闘技レフェリーとして30年以上のキャリアを持つ和田良覚である。「バックヤードはとにかくドタバタだった」と振り返る。

「客も入ってないけど、スタッフも全然足りてない。誰も呼びに来ないから、試合がいつ始まるかもわからない。そのくせ、急に呼びに来たりして、慌てて控室を出た。アップの時間も取れなくて、もう、てんやわんや」

観客動員数は2万8648人。「過去の東京ドーム興行の最低」と発表されたが「2万人？　嘘だよ、実際は1000人程度」と和田はこぼす。『スポーツ報知』記者の福留崇広は、観客の不入りについて次のように分析する。

「プロモーションが足りなかったことはあったけど、当時の小川選手に引きがなかったのも否めません。強いし知名度もあるけど、関心を惹く対象じゃなかった。この頃、新日本プロレスの関係者が『小川だとチケットが伸びない』とぼやいていたのを思い出します。プロレスファンからすれば、感情移入しにくい存在だったかもしれません」

さらに、こうも言う。

「TBSやフジテレビとは異なり、事業（興行開催）に踏み込まなかった日テレですが、この不入りを見て『ああ、判断は間違ってなかった』と思った可能性はあります」

その判断が、翌年の混乱に大きく影響することになるのだが、それは、少し先の話である。

社内政治

不手際ばかりが伝えられた「UFO　LEGEND」だが、先に触れたように、目標の15％には届かなかったとはいえ、視聴率は予想外に健闘した。事情はどうあれ、この数年の格闘技ブームが追い風となったのだ。

興行の主催者であるケイダッシュ会長の川村龍夫は、この結果に胸を撫で下ろしたに違いない。テレビは視聴率がすべてであり、日本テレビが首肯すれば「小川直也対ヒクソン・グレイシー」も早晩、実現させられるからだ。実はこの時期、ヒクソン・グレイシーの招聘オプションを握っていたのが川村龍夫だったことは、さほど知られていない。

事実、次回開催の可否について問われると、上機嫌で次のように答えている。

「（次回大会の可能性は?）ありますよ。何月頃になるかは日本テレビさんとの相談になりますから。（中略）今年はどうですかね。来年だと思います。こういうハードな試合ですから、多くできて年に2回だと思うんですね」（『週刊プロレス緊急増刊』2002年9月1日号）

また「大赤字」と伝えられた収支だが、実際はそうでもなかったという。

「細かい数字は憶えていないんですけど、収支はトントンのはずです。平日の休館日を日テレ名義で借りられたので、ドームの使用料は驚くほど安かった。広告収入もあったし、放映権料もあります。詳しくは知らないけれど、ゴールデンで2時間半ですから億は下らない。ファイトマネーも抑えたし、芸能人のギャラはタダ。だって、全員が自社のタレントですから」（当時、ケイダッシュの系列事務所のマネージャーだった人物）

ちなみに、最も高額なファイトマネーだったのが、アントニオ・ホドリゴ・ノゲイラで、推定で3000万円。彼の所属するBTTの日本代理人の内田統子は「PRIDEとUFOを天秤にかけ、ギャラを吊り上げた」というが、川村からすれば必要経費ということになろう。

しかし、日本テレビの社内における評価は、まったく異なっていた。

《大会を主催し、試合を中継した日本テレビが突き付けたのは厳しい現実だった。「今後の開催は白紙です。今はそれ以上の話をすることは難しいです」と同局の有力筋は断言した。来年1月に計画していたLEGEND第2章の開催が一気に暗礁に乗り上げるばかりか、小川対ヒクソンの同大会での実現は非常に厳しい状況に追い込まれてしまった》（『スポーツ報知』2002年8月10日付）

どの業種の会社においても、一つのプロジェクトに、会社一丸で取り組む事例ばかりではない。むしろ逆で、熾烈な〝社内政治〟の末に実現に至る場合が多い。このときの日本テレビも一枚岩ではなく、「独自の格闘技コンテンツを持ちたい」と考える推進派と「格闘技なんてやめておこう」と考える反対派がいた。すなわち、イベントが終了して、諸々の社内情勢から反対派が巻き返したということだ。ただでさえ、新しいことに慎重な社風なのである。

ともかく、日本テレビは「独自の格闘技コンテンツの制作」という理想を一旦諦め、格闘技のプロジェクトから手を引いたのである。

真夏の夜の夢

2002年8月28日は、日本の格闘技史に残る一日である。国立競技場で「Dynamite!」が開催されたのだ。

朝から晴れ渡り、真夏の暑さとなったこの日のことは、筆者も鮮明に記憶している。観戦するために京都から上京した友人と、出版社に勤務する知人、柔道経験のある書店経営者の4名で観戦したことも、自宅を出る前に聴いたJ-WAVEのトラフィックインフォメーションが「今夜は国立競技場でイベントが開催されますので、夕方から246(青山通り)は渋滞が予想されるでしょう」と伝えたことも、昨日のことのように憶えている。

スタンドもアリーナもびっしり、観客は9万1107人(主催者発表=超満員)。立錐の余地もないとはこのことで、招待客もかなりの数に上るのだろうが、そんなことはどうでもよかった。「よく、平日の夜に、これだけの人間が集まったものだ」と嘆息した。

取材に訪れたマスコミの数は150社・1400人、警備員120人、警察官70人、ダフ屋120人、駅員30人(通常は5人)、仮説便器数30個(男16・女14)、グッズ販売員120人、売店数40店舗、花火17発、JR千駄ケ谷駅利用者1万1000人と、すべてが規格外となった。

開会式では、半世紀前に木村政彦と戦ったグレイシー一族の総帥・88歳のエリオ・グレイシーと、アントニオ猪木によって聖火台に火が灯された。〝格闘五輪〟を印象付ける演出である。

PRIDEミドル級王者のヴァンダレイ・シウバが、極真空手出身の岩崎達也を左ハイキックからパンチの連打で1RTKO勝ちを収めたかと思えば、アームレスリング世界王者のゲーリー・グッドリッジも、K-1戦士のロイド・ヴァン・ダムをマウントパンチで1RTKO勝ち（いずれもPRIDEルール）。

K-1ルールでも〝フランスの暴君〟ジェロム・レ・バンナが〝PRIDEの番長〟ドン・フライを強烈な右フックで1RTKO勝ちと、派手な試合が続いたのは、主催者である石井和義にとって目論見通りだったはずだ。マニアを唸らせる高度な技術戦より、素人を沸かせるKO劇を欲した彼らの思惑は、プロモーターとして間違ってはいない。

セミファイナルの「吉田秀彦対ホイス・グレイシー」は地味な寝技の攻防に終始しながら、9万人が固唾を呑んで見守った。最後は柔道金メダリストの吉田が、古典的な柔道技「袖車絞め」を完全な形で極《き》めるも、「落ちた」と判断したレフェリーの誤審にグレイシー陣営が猛抗議、大乱闘となったが、場内が一層盛り上がったのも事実である。

メインイベントの「桜庭和志対ミルコ・クロコップ」は、マニアも素人も唸らせる一進一退の攻防が繰り広げられた。10kgの体重差をものともせず、打撃のスペシャリストであるミルコにあえて打撃勝負を挑み、タックルで揺さぶりをかけ、寝技に引き込もうとする姿は「桜庭強し」を改めて印象付けたが、試合はミルコの下からのペダラーダ（蹴り上げ）で右眼窩底骨折、ドクターストップの2RTKO負けを喫した。

「夏休みの最後に負けてしまって、申し訳ありません」という桜庭のマイクアピールに、9万人は惜しみない拍手を送り、真夏の夜の夢は終わった。

エンディングに登場した石井和義は「来年も、またやります」と宣言。大団円を迎えた「Dynamite!」だったが、二つの変事については書き残しておく必要があるだろう。

バカヤローッ

第5試合が終わると、場内の照明が一斉に落とされた。

夜空を見上げると、神宮外苑の上空にヘリコプターが飛来している。程なくして、アントニオ猪木のテーマ曲『炎のファイター』が流れてきた。2日前にスポーツ各紙が「猪木決死の闘魂ダイブ」と報じていたのが脳裏をよぎる。スカイダイビングで国立競技場に舞い降りる一世一代のパフォーマンスである。

装着した小型カメラがとらえた猪木の表情が、大型スクリーンに映し出されると、笑顔はありながら、表情が引きつっているようにも見えた。無理もない。高度3000mからのダイブである。漆黒の暗闇を飛び降りるのだから死に行く気分だったろう。事実「万が一、事故が起きても責任は問わない」という誓約書に署名し、10億円の生命保険まで掛けていたのだ。

フィールド後方の芝生に無事着地すると、9万人は万雷の拍手でカリスマを迎えた。リングに登場した猪木の左手には、いつの間にかマイクが渡っている。「元気ですかーっ」という、いつもの台詞が聞かれるかと思いきや、意外な一言を口にした。

「バカヤローッ」

さらに、こうも言った。

「俺は怒っているぞーっ」

9万人が一斉に笑った。猪木も笑顔だったが「一歩踏み出す勇気で、今日はこの国立競技場のリングにへりくだって来ました」という発言が引っかかった。「ヘリで降りる＝へりくだる」という洒落は皮肉に違いなく「猪木は本当に怒っているのかも」と筆者は思った。

「確かにこのとき、猪木さんは、かなり怒っていました。『UFO　LEGEND』に協力した罰ゲームだったからです。でも、猪木さんにしたらいい迷惑ですよ。だって、頼まれたから協力しただけなのに『何で俺がこんな目に遭わなきゃいけないんだ』って心の底から思ったでしょう」（福留崇広）

これまで何度も述べてきたように、猪木自身が「UFO　LEGEND」を開催したわけでもなければ「やりたい」と率先して主張したわけでもない。日本テレビとケイダッシュ会長の川村龍夫の依頼に応じたにすぎない。

にもかかわらず、こんなペナルティを課せられる道理はないはずだ。〝闘魂ダイブ〟が、お祭りの余興として、大観衆の記憶に刻まれたのは間違いないが、「こんな目に遭うなら、K－1もPRIDEも、これ以上は協力しない」という心情が猪木に芽生えても不思議はない。

さらに、この直後の第6試合で、もう一つの〝懲罰〟が行われたのである。

二人のアントニオ

3週間前、同じく「UFO　LEGEND」に出場し、菊田早苗と戦ったPRIDEヘビー級王者・アントニオ・ホドリゴ・ノゲイラと、これまで山本宜久、田村潔司と元リングス勢を秒殺KOで下した大型ファイター、ボブ・サップの一戦である。

PRIDEの運営会社で「Dynamite!」の運営と制作を任されていたDSEが、ノゲイラの所属するBTTを「契約違反だ」と告発したことは先に触れた。結論から言うと、契約には何ら抵触せず、「UFO　LEGEND」に対する法的拘束力さえなかった。

BTTも契約上、問題がないことは把握しており、そうでなくても、PRIDEのエグゼクティブプロデューサーであるアントニオ猪木が関わっているイベントなのだから、さしたる問題はないと考えたのだろう。

ただし、BTTにとっては契約違反でなくても、二度とPRIDEに出場が出来なくなる事態は避けたかった。それだけ、ファイトマネーが高額だったからだ。

そんな折、DSEから歩み寄って来たのである。和解を示唆してきたばかりか、「Dynamite!」への出場オファーまで提示してきたのだ。ノゲイラとしては菊田戦の疲労も取れていなかったし、持病の腰痛まで再発していたから固辞したかったはずだが「今後のことを思うと、受けた方がいい」と判断した。すなわち、DSEは和解を装ってノゲイラをおびき寄せ、体格で上回るボブ・サップを使って潰そうと考えたのである。

開始早々、ノゲイラのタックルを潰したサップが、高々と抱え上げてパワーボム。さらに、パウンドを数発振り下ろすと、ノゲイラが失神したようにも見えた。そんな絶体絶命のピンチをしのぎ、柔術技を駆使してサップを蟻地獄に引き込んだノゲイラの執念は特筆に値する。その後は、サップのスタミナ切れを待って攻勢に転じ、最後は腕ひしぎ十字固めで大逆転勝利を収めた。筆者はこのとき、9万人のどよめきを聞いた。紛れもなく、この日のベストバウトである。

とはいえ〝二人のアントニオ〟に対する苛烈な処置は、その後に招来する、あらゆる不測の事態を暗示していたように見えなくもない。

文科省の所管

9万人という空前絶後の大観衆を動員し、熱戦や名勝負も相次ぎ、アトラクションも好評で、22年経った今も語り継がれる「Ｄｙｎａｍｉｔｅ！」。

その主催者である石井和義は、伝説のイベントを、改めてこう振り返る。

「興行って『行ったれーっ』って気合で行ける場合もあるんですけど、このときは、勢いだけで行けなかった。だって、国立競技場ですよ。まず、ハコの確保から何とかせんならん。例えば、国立代々木体育館は第一も第二も借りるのに手間がかかる。それでも借りられないことはない。でも、国立競技場となると『何で屋外の競技場で格闘技の興行をやるんですか』っていう問いからクリアする必要がある。とすると、事前に根回しをする必要まで出てくるんです」

「事前の根回しとは？」という筆者の問いに、石井は衒《てら》いもなく答えた。

「政治家の先生に頼むんです。森先生ですよ。元総理の森喜朗さん。文教族のトップでしょう。国立競技場は文部省、今の文科省の所管なんです。それもあって、何度も霞が関に行って、企画書も何回書き直したか。正式に許可が下りるまで、2年半くらいかかったんちゃうかな」

右の発言が正しければ、2000年頃からイベントを計画していたことになり、桜庭和志の快進撃でPRIDEが軌道に乗り始めた時期と重なる。2000年5月1日に東京ドームで行われた「PRIDE GP2000決勝戦」では桜庭和志がホイス・グレイシーとの90分間にわたる死闘を制し、「PRIDEはK－1人気を超えた」と言われるようにもなっていた。PRIDEの急成長はK－1創始者である石井和義にとって脅威に映ったはずだ。

この頃より「K－1とPRIDEの両方を傘下に置こう」と石井は考えたのかもしれない。前年の大晦日の「猪木祭」も、真夏の「Dynamite!」も、その種の興行で国立競技場という前代未聞の興行の実現に奔走したのも、「PRIDEとの合同興行」という建前のためとすれば合点がいく。DSEにとっても断る理由はないからだ。

全試合終了後のグランドフィナーレにおいて、石井和義がマイクを通していった一言は、今も筆者の耳に残る。

「来年の夏に第2回大会を開催します。これが終わりじゃない、ここからが始まりです」

実際は、これが「終わりの始まり」となったのである。

第2章
石井和義逮捕

K-1創始者の石井和義館長は2003年3月、東京地検により法人税法違反容疑で逮捕された
©共同通信社

9万1107人という未曾有の大観衆を集めて、史上初となる国立競技場での格闘技イベントを大成功させたことで、主催者である石井和義の評価は一段と高まった。

知名度は一般層にも浸透し、深夜のラジオ番組『オールナイトニッポンR』木曜パーソナリティを担当するまでになった。ある関係者が「これで館長はPRIDEも傘下に収める算段がついた」と口にしたのを筆者は憶えている。そもそも、PRIDEは石井が出資をして立ち上がった経緯があった。事実「Dynamite!」の1ヵ月前、石井は次のように語っている。

「サッカーのワールドカップを見ていて思ったんですよ。僕らもあのイベントに負けないように頑張らないといけないな、と。そのためにも僕自身は今よりも2ステップぐらい上にいかなければいけない。これからはK−1とPRIDEを一つにまとめるイベントをもっと仕掛けていきますよ」(『スポーツ報知』2002年7月26日付)

石井和義の眼は世界にも向けられていた。「2003年春には米国本土50州すべてに、K−1公認のジムを設立、選手を育成し、1万人規模の大会を随時開催する」という壮大な計画を発表し、アメリカのメジャープロレス団体「WWE」と提携して、プロレス興行に進出するというニュースまで報じられた。

荒唐無稽な計画に思えたが、11月には全日本プロレスの社長に就任したばかりの武藤敬司と組み「ファンタジーファイト・WRESTLE−1」を開催している。触手を伸ばすどころか、プロレス界をも手中に収めようと考えたのかもしれない。

その上「現役復帰」まで匂わせている。

「オレも本来は空手家。プロデューサーとよく人に言われるが、その意識はありませんよ。ダイナマイト2で現役に復帰しようかと思う。（中略）いつ以来の試合になるのか覚えてませんが、戦いの感触はいまでもこの体にたっぷりとしみ込んでますよ」（石井和義のコメント／『スポーツ報知』２００2年8月18日付）

石井自身がリングに上がるとなると、相手はアントニオ猪木ということになろう。エキシビションマッチとはいえ、ジャニーズの滝沢秀明を相手に試合を成立させた猪木ならば、格・知名度ともに適任と言ってよく「アントニオ猪木対石井和義」が実現寸前だった可能性は低くなかったのではないか。

「K－1のマッチメイク会議に出席したことがあるんですけど、館長自身はほとんど口を開かない。ブレーンが話す内容を黙って聞いていて、それを会見の場で反映させるだけ。どんなアイデアも無駄にしない。『この人は優秀な人だ』とつくづく思ったものです」（『スポーツ報知』記者の福留崇広）

石井和義は我が世の春を謳歌していた。プロモーターでもプロデューサーでもなく「館長」という肩書さえあれば、何でも出来るのだ。

しかし、実情は必ずしも、そういうわけでもなかったのである。

マルサ

「Ｄｙｎａｍｉｔｅ！」が開催される1年前の２００1年9月3日。ホテルのスイートルームで眠っていた石井和義は、午前8時にチャイムの音で眼が覚めた。

ドアを開けると、５人の男が立っていた。

「どちら様？」

「東京国税局査察部の者です」

マルサである。

前年の２０００年7月に、自身が代表を務める「株式会社ケイ・ワン」に税務調査が入っていた。修正申告では済まず、その1年後、マルサがやって来たのだ。

急遽、事情聴取が始まった。代表者らしき男から質問を受けている最中に、複数の捜査員は、部屋中をくまなく見て回った。テーブルに置いてある現金を写真に撮っては、手帳やスケジュール帳を容赦なく押収した。

ガサ入れは5時間に及び、強制捜査は渋谷区の株式会社ケイ・ワン本社や大阪市天満の正道会館総本部でも１００人ほどの捜査員を動員して行われていた。繰り返すが、２００1年9月3日の話である。

その7ヵ月後『週刊現代』（２００2年4月13日号）に「衝撃！　まもなくあの有名人が脱税で逮捕へ」という告発記事が載った。Ｋ－１の脱税に関するもので「8億円弱の所得隠しと3億円近い脱税」と具体的な数字まで明示され「大会の入場者数などから、収入は簡単に計算できます。いつもドームを満員にしているのに、その割に申告所得が少な過ぎるということで内偵が始まりました」（同）という国税庁担当記者のコメントまで紹介している。

石井和義に当時のことを尋ねると「もちろん、罪は罪だし、実際、それで服役もしたんだから」と前置きした上で次のように明かした。

「何よりも次の興行のため。Ｋ－１の大会を東京で初めてやったときだって、銀行はお金を貸してくれないから、大会収益は『次の大会に。また、次の大会に』とやりくりするしかない。興行で赤字を出さないようにするしか方法はないんです。とはいえ、興行って本当に費用が嵩《かさ》む。よく『東京ドーム札止め』とか書かれても、実際は出ていく金も多い。『Ｄｙｎａｍｉｔｅ！』だって、国立競技場に９万人集めても黒字はわずかだもの」

興行に費用が嵩み、資金調達に頭を悩ませたことは、拙著『沢村忠に真空を飛ばせた男』（新潮社）の主人公・野口修も幾度となく口にしてきたことだ。若き日の野口修もボクシングの世界戦をプロモートする折、闇ドルに手を付け、外為法違反で逮捕されている。資金難とはいつの時代も、プロモーターの身に降りかかる宿痾《しゅくあ》のようなものかもしれない。

言わんとすることはわからないでもないが、興行収益を正確に申告しなければ、法に触れるに決まっている。

そもそも、その目的は弁疏《べんそ》するように、次回興行のプールだけだったのだろうか。

元首相・森喜朗

筆者は、こんな噂を耳にしたことがある。

「石井館長は高級外車を何台も所有して、新高輪プリンスホテルの駐車場にズラリ。マンションも都内にたくさんあって、土地は国内海外に数え切れないほど持っている」

そのことを、現在の石井和義本人に質すと「みんな、いろいろ言いよんねん」と一笑に付した。ただし『週刊新潮』（2002年5月23日号）でこう述べている。

「車は趣味ですから。選手の移動のためのワンボックスカーやベンツ、ベントレーのオープンカーなど、4台持っています。そのうち会社の所有が3台で、僕個人所有のベントレーは2400万円で買いました」

少なくとも、高級外車に関する噂はでたらめではなかった。そして、こうも述べている。

「僕には10年来の付き合いで企画会社を経営している古くからの友人がいて、K－1の仕事も手伝ってもらっていました。僕自身は税務知識がまるでなかったので、税理士と友人に任せていましたが、その友人の会社へ利益を移していったのです。（中略）実は今回の税務調査が入って初めて気づいたのですが、99年以後の2年間はその金が向こうから返ってきていなかった。それがプール金として問題になったのです」（同）

優れた才能を遺憾なく発揮し、K－1を大ブームに導いたばかりか、格闘技を文化として定着させた天才プロモーターも、経営に関しては杜撰《ずさん》だったと言うほかない。そして、そのことは、周囲の関係者も認識していたのかもしれず、脱税の事実を知っていた人物も少なからずいたのではないか。

引っかかるのは、国税の査察と並行して「Ｄｙｎａｍｉｔｅ！」の準備を進めていたことである。これは偶然だろうか。

株式会社ケイ・ワンに税務調査が入ったのが２０００年７月、石井和義が自宅代わりにしていた都心のホテルにマルサの強制捜査が入ったのが２００１年９月、その様子を週刊誌がすっぱ抜いたのが２００２年４月。

一方、「Ｄｙｎａｍｉｔｅ！」の企画が持ち上がったのは２０００年夏、「猪木軍対Ｋ－１軍」を発表し、総合格闘技への進出を匂わせたのが２００１年８月、吉田秀彦のプロ転向が初めて報じられたのが２００２年４月。

「Ｄｙｎａｍｉｔｅ！」の実現に向けて、石井和義が元首相の森喜朗を頼ったことはすでに触れた。「何度も企画書を書き直した」と言うぐらいだから、折衝を繰り返したに違いなく、事実、森喜朗は「Ｄｙｎａｍｉｔｅ！」のリングサイド最前列に姿を見せている。

以下はあくまでも、筆者の憶測である。

石井和義は元首相の力を借りて、マルサのプレッシャーをかわそうとしたのではないか。そのために、あの歴史的なイベントが必要だったとすれば「９万人集めても黒字はわずか」という石井の証言も信憑性を帯びてくる。

真夏の国立競技場の大観衆の記憶も、異なる風景が脳裏に広がることになる。

脱税報道

2002年の春に『週刊現代』が報じるまで、石井和義の脱税に関するニュースが大衆の耳目に触れることはなかった。

実際は、2001年9月3日にマルサから強制捜査を受けてから検察庁に呼び出されるようになり、幾度となく取調べを受けていた。

2002年3月3日に名古屋レインボーホール（現・日本ガイシ スポーツプラザ）で行われた「K－1 WORLD GP2002inNAGOYA」のバックヤードで、石井は報道陣を前に「僕が脱税で逮捕されても、これまでと変わらず付き合って下さいね」と発言している。居合わせたマスコミの多くは「館長一流のジョーク」と受け取ったようだが、事情をよく知る関係者は、そうは受け取らなかったはずだ。

2002年8月28日に、国立競技場で「Dynamite!」を開催した後は、取調べの頻度は以前より増え、月曜から金曜日までの平日の4日間、午前9時から夕方まで行われていた。解放されてから、会社に戻ってプロモート業務に移る。相当な激務だったに違いない。

「しんどかった。K－1のスタッフと夜遅くまでイベントの打ち合わせをし、ときにはそのあとに別の関係者と会食する。だから夜が余計に遅くなるのです。そんな毎日でした」（石井和義のコメント／『文藝春秋』2004年4月号）

マルサの強制捜査が入った時点で、各所に情報が回っていた蓋然性は高い。とすれば、今まで見えてこなかったいくつかの疑問が、ぼんやりとではあるが形を成してくる。

例えば、２００１年の大晦日の件がそうだ。石井和義は「この企画は最初、日テレに持って行ったけど蹴られた。何で日テレが蹴ったのか今もわからない」と証言したが、強制捜査の情報を日本テレビが摑んでいたとすれば「願ってもない話だけど、この件は断ろう。館長とは少し距離を置こう」と判断したということではないか。対照的に、引き受けたＴＢＳは「それでも構わない。今年の大晦日は数字（視聴率）を獲りに行こう」とリスクを顧みず、話に乗ったということになる。どちらが正しいということではない。

とすると、２００２年８月の「ＵＦＯ　ＬＥＧＥＮＤ」についても、異なる心象風景が見えてくる。何故、あのタイミングで日本テレビはケイダッシュ会長の川村龍夫に開催を持ちかけたのか。何故、川村もその要請を引き受けたのか。

「大晦日のプランを逃がした悔しさがあった」「独自の格闘技コンテンツを持ちたかった」等々、双方にとって幾許《いくばく》かの事情はあったにせよ「どうやら、石井館長の脱税の捜査は本格的に進んでいるらしい」という情報を彼らが知り得ていたとすれば。そして、その前提で「ＵＦＯ　ＬＥＧＥＮＤ」の企画が持ち上がっていたとすれば……。

権力の空白が起きようとするとき、それに取って代わろうとする新たな権力が萌芽するのは、いつの時代でも、どの社会にも見られる、歴史の必然である。

K-1を変えた男

「2002年に最もブレイクした格闘家は誰か」という議論があったとすれば、識者の多くは迷わず「ボブ・サップ」と答えるだろう。

1973年、アメリカ・コロラド州出身。本名・ロバート・マルコム・サップ・ジュニア。不仲の両親、ネグレクトの母親という複雑な家庭環境で育ち、14歳で年齢を偽ってバウンサー（用心棒）稼業に就く。この時点ですでに2m・108kgの巨体を有した少年は、バウンサーから足を洗うとアメリカンフットボールに打ち込み、ワシントン大学卒業後はNFLのシカゴ・ベアーズに入団する。

しかし、禁止薬物を使用したとしてシーズン前に解雇され、その後はチームを転々とするが、故障もあって思うような結果を残せないまま、志半ばで現役を引退する。

アントニオ猪木とも戦った往年のプロレスラーで、引退後はミネソタ州知事も務めたジェシー・ベンチュラの勧めもあり、プロレスに転向したサップだが、程なく所属団体が倒産。つくづく運のない男は、病院の遺体搬出係として、どうにか生計を立てていた。

そんな矢先、同じプロレス団体に所属していた元K-1ファイターのサム・グレコに、K-1の興行にブレーンとして携わっていた『格闘技通信』元編集長の谷川貞治を紹介されたのだ。

見た目のインパクトから、すぐに契約を交わすのだが、その時点では何をするか決まっておらず、石井和義のボディガードをやる話もあった。契約内容は1年間で契約金・ファイトマネー込みで10万ドル（約９５０万円）というから、その後の活躍を思うと、随分と安い買い物だったことになる。

ボディガードではなく、ＰＲＩＤＥのリングでデビュー戦を飾ったボブ・サップだったが、実質的にブレイクしたのは「Ｄｙｎａｍｉｔｅ！」でのアントニオ・ホドリゴ・ノゲイラ戦だった。前章でも述べた通り、９万人の大観衆の前であと一歩まで追い込みながら、腕ひしぎ十字固めで惜敗を喫したサップのポテンシャルに、多くの関係者は目を見張った。

「Ｄｙｎａｍｉｔｅ！」から１ヵ月後の９月22日には〝マルセイユの悪童〟シリル・アビディとＫ－１ルールで対戦し、１Ｒ１分17秒でＫＯ勝ち。２週間後の10月５日には、同じくＫ－１ルールでアーネスト・ホーストとの対戦が決まる。この試合の勝者には12月に行われる「Ｋ－１ ＷＯＲＬＤ ＧＲＡＮＤ ＰＲＩＸ２００２決勝トーナメント」への出場権が懸けられた。

１９９３年のスタート以降、一撃必殺のノックアウトを売りにしてきたＫ－１だったが、高い技術に裏打ちされてのことは、誰もが理解しており「世界中の立ち技格闘技の最高峰」を謳い文句にもしていた。なかでも〝ミスター・パーフェクト〟の異名を取るアーネスト・ホーストは、攻撃と防御が一体となった無駄のないファイトスタイルでＫＯ率も高く、マニアもビギナーも夢中にさせる奇特な存在だった。

さいたまスーパーアリーナに２万人を集めて行われたこの一戦だが「さすがのビーストもホーストに一蹴される」と識者の多くは予想した。事実、試合が始まると17発ものローキックを蹴られ、サップは苦悶の表情を浮かべている。

しかし、ここで驚くことが起きた。死力を振り絞ってホーストをコーナーに押し込むと、パンチのラッシュを浴びせ2度もダウンを奪ったのだ。ホーストの左瞼はカット。ドクターストップによるTKO勝ちを収めたのである。

「信じられない。K-1の歴史が変わってしまいました。（中略）K-1はサップ中心に回り始めたんです」（石井和義のコメント／『スポーツ報知』2002年10月6日付）

K-1を3度も制したホーストを、格闘技経験を持たない2m・160kgの大男が、丸太のような腕を振り回すだけの戦法で倒してしまったのだ。「ボブ・サップがK-1の歴史を変えた」と創始者である石井和義が思ったのも無理はなく、サップ本人も「自分はセコンドの指示に従っていただけで、テレビゲームのキャラクターのようだった」などと自伝の中で述懐している。本人にもその自覚はあったのだろう。

この時期、脱税問題に揺れていたK-1だったが、サップの快進撃はK-1のリングを大きく揺らすことになったのである。

天才プロモーターの輝き

2002年12月7日に東京ドームで行われる「K-1 WORLD GP決勝トーナメント」への進出を決めたボブ・サップは〝オランダの巨人〟セーム・シュルトと、準々決勝で対戦することが決まった。

しかし、試合の2週間前に、PRIDEのリングでアントニオ・ホドリゴ・ノゲイラと対戦したシュルトは、三角絞めで一本負けを喫したばかりか肩を負傷、Ｋ－１への出場を辞退する。すかさず石井和義は、アーネスト・ホーストを敗者復活扱いとして「サップ対ホースト」の再戦を組んだ。記憶も生々しい２ヵ月前のリベンジマッチが突如として決まったのだ。

ここから、チケットの売り上げは急速に伸び始めた。12月３日の時点で前売券は完売。当日券の発売もなく、諦めきれないファンは、金券ショップやインターネットでプラチナ化したチケットを買い求めた。あるネットオークションでは、一枚３万５０００円のＳＲＳ席がペアで56万円にまで高騰している。

師走にもかかわらず、当日は早くから水道橋に人の渦が出来ていた。２０００年のＫ－１東京ドーム大会が動員した７万２０００人の記録を塗り替える７万４５００人（主催者発表＝札止め）という東京ドームで開催されたプロレス・格闘技興行の新記録を更新する。テレビの視聴率もＫ－１中継の最高記録となる28・４％。８月の「Ｄｙｎａｍｉｔｅ！」とは別の意味で記念碑的な興行となったのである。

場内には１億５０００万円を投じて縦５ｍ・横６ｍの巨大スクリーンを設置し、通常の３倍にあたる１０００人の警備員を配置。筆者もドームの最上階にいたが、正真正銘、立錐の余地もなく、文字通りの札止めだった。招待客を含まない実数だけなら「Ｄｙｎａｍｉｔｅ！」より多かったのではないか。

すべての理由は「サップ対ホースト」の再戦にあった。そして、前回以上に壮絶な試合となったのである。

雪辱に燃えるホーストは、開始と同時にサップと真正面から打ち合った。突き刺すようなリードジャブに左右のコンビネーション、18発もの強烈なローキックを矢継ぎ早に繰り出し、1分が経過する頃には、サップは早くも青息吐息。ホーストはただ勝つだけではなくKOを狙っていたのだ。サップの挑発が余程、腹に据えかねていたのだろう。

そして、1分半すぎ、ワンツーからのレバーブロウでサップの腰が落ちた。機を逃さずホーストは再びレバーブロウを叩き込むと、巨人は崩れ落ちた。この瞬間、大袈裟ではなくドームは揺れた。「サップ万事休す」「ホーストリベンジ成功」と誰もが思った。

どうにか、カウント8で立ち上がったサップだったが、劣勢は明らか、後はホーストがいかに料理するかに観衆の大半の関心は移っていたはずだ。

しかし、戦いはここからが本番だった。

2Rに入ると、息を吹き返したサップが襲いかかる。大きく振り回す左右のフックがホーストのテンプルを直撃しダウンを奪い返す。それでも、ホーストは死力を振り絞ってのストレートにローキック、再びレバーブロウを叩き込むと、またもや、サップの表情が歪んだ。勝敗はどちらに転んでもおかしくなかった。

録画していたテレビ中継を改めて視聴すると、解説の谷川貞治は「ホースト危ない」「サップ危ない」「うわうわうわ」くらいしか言わない。これを解説と呼ぶべきかという議論はさておき、単純なフレーズの繰り返しが、戦いの凄まじさを伝えるのだから皮肉なものである。同様に、これまで実況席で声を張り上げてきた藤原紀香も、いつになく口数が少なかった。壮絶な死闘を目撃して言葉を失っているのだ。こんなリアルな反応があるだろうか。

極上のドラマの終幕は唐突に訪れた。ホーストをコーナーに押し込んだサップが猛ラッシュ、何とか防戦するホースト、攻撃を止めないサップ、無抵抗のホースト。ここで、レフェリーの角田信朗が割って入った。サップ２Ｒ２分53秒ＴＫＯ勝ちである。

サップ返り討ち、ホーストリベンジ失敗、熱戦、激闘、興奮、熱狂。テレビ格闘技のすべてが詰まったような試合で、巨大スクリーンに映し出された観戦中の西武ライオンズのエース・松坂大輔の何とも言えない表情こそ、この試合の実相を雄弁に物語っていた。ともかく、この瞬間、ボブ・サップは日本の中心にいたと言っていい。

そしてそれは、天才プロモーター・石井和義の最後の輝きだったのかもしれない。

２００２年の石井和義

歴史に残る大激闘の末にアーネスト・ホーストを返り討ちにし「Ｋ－１ ＷＯＲＬＤ ＧＰ決勝トーナメント」準決勝に勝ち進んだボブ・サップだったが、ホースト戦で右の拳を負傷し、トーナメントを棄権する。

代わりに、敗れたホーストが出場し、準決勝でレイ・セフォーを１Ｒ１分49秒、決勝でジェロム・レ・バンナを３Ｒ１分26秒といずれもＫＯで下し、前代未聞の代打優勝を成し遂げた。意外すぎる結末に７万４５００人の観衆は茫然としながらも、〝ミスター・パーフェクト〟のゾンビのような強さに驚嘆した。

表彰式を眺めながら、筆者の脳裏にあらゆる疑問符が去来した。

「かつて、こんな完成し尽くされたストーリーがあっただろうか」「はたして、これは偶然だろうか」「そもそも、サップは本当に負傷したのだろうか」

もし、サップが準決勝でレイ・セフォーと対戦しても、サップが確実に勝てる保証はなかったはずだ。ホーストと違ってサップに憎しみのないセフォーが打ち合う理由はなく、セフォーがアウトボクシングに徹すれば、スタミナを使い果たしたサップが勝てる見込みは薄かっただろう。

仮にサップが勝てたとしても、決勝の相手はバンナである。「ジェロム・レ・バンナ対ボブ・サップ」という夢のカードを切ってしまうより、来年以降に温存した方が得策である。それだけで大会場は満員になるに違いない。

「館長ならやりかねない」と筆者は思った。同時に「来年も館長がいろいろと仕掛けるんだろう」と期待に胸を膨らませもした。

もし、格闘技界全体にプロ野球やJリーグのようなアワードがあれば、2002年は石井和義こそMVPに相応しかった。

2月に魔裟斗や小比類巻貴之を擁して「K－1 WORLD MAX」を立ち上げ、4月にはPRIDEとの対抗戦をスタート、8月に国立競技場に9万人を集めて「Dynamite!」を成功させ、12月には東京ドーム史上最多の動員記録を更新。併せて大晦日には2年連続となる「猪木祭」である。それらと並行して、柔道五輪金メダリストの吉田秀彦をプロに転向させ、無名の黒人青年・ボブ・サップを大スターに育てた。

ＭＶＰは石井和義以外いなかったと言っていいし、そうならないとおかしい。石井和義はプロモーターとして頂点に君臨したのだ。

表彰式を終えると、石井はバックヤードに移動し、報道陣の質問に答えている。「大晦日もあるから休む暇がない」「来年はＫ－１ ＭＡＸに新展開を作る」「いいアイデアがあったら、皆さんも遠慮なく言って欲しい」……疲れた様子を見せながらも、来年に向けての抱負を述べた。

その直後である。バックヤードにたむろしていた報道陣に一報がもたらされた。

「速報が入りました。東京地検が石井和義館長を脱税容疑で在宅起訴です」

報道陣から説明を求められた石井和義は「聞いたばかりなので、確認してからお答えします」とだけ言って東京ドームを後にした。会場入りしたときは、こんな離れ方をすることになるとは、夢にも思わなかっただろう。

ニュースは一般紙でも報じられた。

《若者に人気がある格闘技イベント「Ｋ－１」の興行会社「ケイ・ワン」（東京都渋谷区）が、架空取引などの手口で一九九八年九月期までの二年間に二億円近い所得を隠し、法人税約六千万円を免れていた疑いが強いことが、七日わかった。（中略）東京国税局から告発を受けたうえで、近く同社と石井社長らを在宅起訴する方針だ》（『読売新聞』２００２年12月８日付）

12日木曜日の午前には、東京地検特捜部の捜査員十数名が、渋谷区のケイ・ワン本社に現れ、証拠となる資料を押収するなど本格捜査に乗り出している。地下で蠢《うごめ》いていたＫ－１の脱税問題が一気に噴出した形となった。

しかし、筆者が今も不思議に思うのは、一報が流れた時間のことである。「東京ドーム史上最多動員記録」「ボブ・サップ対アーネスト・ホーストの大熱戦」「ホースト奇跡の代打優勝」とK－1が最も世間の耳目を惹いていた2002年12月7日夜10時という最高のタイミングで「脱税で在宅起訴へ」という最悪のニュースが流れたのだ。

一体、どういうことだろう。

東京地検特捜部

東京地検特捜部。正式名称は、東京地方検察庁特別捜査部。

旧日本軍が隠匿した軍需物資が、政界に流れているという情報を摑んだGHQが、東京地方検察庁に命じて1947年に発足させた「隠匿退蔵物資事件捜査部」がその前身で、49年には「特別捜査部」と改称し、現在の呼び名が定着した。

設立の経緯からもわかるように、政治家の汚職や脱税、経済事件の摘発が主要な捜査案件で、「昭和電工事件」「造船疑獄」「東京都議会黒い霧事件」などの政財界の金銭スキャンダルを、片っ端から摘発してきた。

東京地検特捜部の名を一躍有名にしたのは「ロッキード事件」だろう。全日空の新しい旅客機の選定に絡み、前首相の田中角栄が受託収賄と外為法違反で逮捕された、戦後最大の政界スキャンダルである。それ以降、名実共に「日本最強の捜査機関」と呼ばれるようになった。

一方、捜査の偏向性を指摘する声もある。代表的なものが「陸山会事件」である。民主党代表だった小沢一郎の資金管理団体「陸山会」の不動産購入をめぐる一連の疑惑だが、嫌疑不十分で不起訴となっていた小沢を、虚偽の捜査報告書を検察審査会に送ることで、２度も強制起訴させた。小沢は一審二審ともに無罪とはなったが、報じられたダメージは大きく、事実上、政治的に抹殺された。「小沢首相を阻止するトラップ」という見方は的外れとも言えまい。元検察官で弁護士の郷原信郎は著書『検察の正義』（筑摩書房）で「現政権の意向に左右されやすく、強引な捜査手法」を批判している。

主に政界スキャンダルの告発に血道をあげてきた東京地検特捜部だったが、対象は政治家に限った話ではない。２００６年の「ライブドア事件」と「村上ファンド事件」、２０１８年の「カルロス・ゴーン事件」、最近では日大前理事長・田中英壽による「日大背任事件」と著名な存在を狙い撃ちにした感は否めない。すなわち、石井和義の一件もその文脈から外れるものではなかったと見ていい。

「特捜って、実は週刊誌と同じ発想なんです。有名人をあげれば話題になる。特捜部の知名度も上がる。貢献度も高まる。同時に国民に周知される。それらが大きく報じられるから、犯罪抑止にもつながる。つまり、彼らにとっての社会正義とは幾分、強引なものです」（『週刊新潮』編集部の藤中浩平）

とすると、東京ドーム過去最多の観客動員を記録した大会の終了直後、ディレイ放送でテレビ中継の真っ只中に「石井館長　在宅起訴へ」という一報を流したのは、アナウンス効果以外の理由はなかったことになる。――また、こういう見方もある。

「予算の問題もでかいと思います。特捜にはいろんな案件が持ち込まれるけど、手掛けるものの数には限りがある。でも、予算は取らないといけない。そのためには『現政権の敵』とか、あるいは『世間に知られている大物』とか、わかりやすいターゲットを叩くのが非常に効果的ですから」(『週刊現代』編集部の阪上大葉)

K－1が大衆人気を得ていく過程において、創始者たる石井和義の知名度も上がった。本来それは喜ばしいことではあったが、こうなることも、必然だったのかもしれない。

紅白をぶっ飛ばせ

石井和義の脱税問題には、これまでK－1を中継してきたテレビ局も対応を迫られた。

3月に予定していた「K－1 JAPAN高知大会」は、高知県が体育館の貸し出しを拒否したことで中止が決定、放送する日本テレビは対応に追われた。

一方、大晦日に『INOKI BOM-BA-YE 2002』を放送予定のTBSは「放映は予定通りに行います」と言うに留まった。TBSにすれば前年14％もの高視聴率を獲得した優良コンテンツを、中止にするわけにもいかず、無事にやり遂げるにはどうすればいいかを考えた。答えはすぐに出た。これまで石井和義が担っていたPR活動を、別の人間に担わせるほかなく、適任はもはや一人しかいなかった。

12月20日に都内のホテルで「吉田秀彦対佐竹雅昭」を発表すると、立会人としてアントニオ猪木が登場した。「柔道対空手」の他流試合なら、異種格闘技戦の元祖とも言うべき猪木は、その任に相応しく、それ以降も、ＰＲ番組やイベントに時間の許す限り出演した。

28日には大阪市内に現れ「闘魂注入キス」を敢行、百人斬りとはいかず10人ほどだったが『スポーツ報知』は一面で報じた。30日には、宣伝カーに乗って都内各所に現れ、正午から新宿中央公園でホームレス２０００人にラーメンの炊き出し。午後2時は池袋サンシャイン前、午後3時には上野駅前、午後5時に渋谷ハチ公前に姿を見せると、大勢の人が集まりパニックとなった。その都度、握手をし、ハグをし、張り飛ばした。移動はもっぱら宣伝カーである。

「皆さん、明日は大晦日、大晦日はイノキボンバイエ、イノキボンバイエをご覧下さい。紅白をぶっ飛ばせ、紅白をぶっ飛ばせ」

マイクを握った猪木は、車中から大音量で繰り返し訴えた。ＰＲと言うより選挙活動に近く、文字通り、客寄せパンダとなって大会の成功目指して奔走した。

こうまで、アントニオ猪木を稼働させたのは、ＴＢＳ及び周囲の関係者である。彼らの思惑はただ一つ。

「石井館長抜きで格闘技イベントを成功させられるか」――である。

野村沙知代出てこい

２００2年大晦日、さいたまスーパーアリーナの周辺は早くから混雑していた。

午後2時には当日券が完売し、前年以上の観客動員が決定的となった。それも、『INOKI BOM-BA-YE 2002』総合プロデューサー・アントニオ猪木の広報活動の賜物だろう。

超満員の観衆の熱気に押されるように、第1試合から盛り上がった。前年、ジェロム・レ・バンナを破り人生を好転させた安田忠夫は、K−1のヤン〝ザ・ジャイアント〟ノルキヤに呆気なくTKO負け。それでも膠着した試合になるよりかえってよく、続いて登場した新日本プロレスのホープ・中邑真輔《なかむらしんすけ》はダニエル・グレイシー相手に大善戦、一本負けを喫したが場内を大いに沸かせた。K−1のマイク・ベルナルドが〝PRIDEの門番〟ゲーリー・グッドリッジを1Rでなぎ倒したかと思えば、〝PRIDEの暴走ホームレス〟クイントン〝ランペイジ〟ジャクソンが、シリル・アビディを圧倒して勝利を摑んだ。

場内が暖まったところで登場するのが、アントニオ猪木である。思えば、2002年の猪木は本当に慌ただしかった。4月に「ロス猪木道場」を設立し、夏は「UFO LEGEND」に担ぎ出され、「Dynamite!」では上空3000mからダイビングである。おそらく、そのほとんどが自分の意志で行ったものではなく、常人なら神経をやられていただろう。

マイクを握って「元気ですかーっ」といつものように叫んだ後、こう言った。

「ぶっ飛ばしたいやつがいる。野村沙知代、出てこい」

夫の野村克也と並んで最前列で観戦している野村沙知代を指名した。2001年に5億6000万円もの所得隠しが取り沙汰され、夫の野村克也は阪神タイガースの監督を辞任。5月1日に懲役2年執行猶予4年の有罪判決が言い渡されている。この時期はメディアに登場する機会もめっきり減っていた。

その〝サッチー〟を猪木が呼び上げたから穏やかではない。戸惑いの表情を見せながら、野村沙知代はおずおずとリングに上がった。すると「世の中の怒りをぶっ飛ばせーっ」と叫ぶや、いきなり張り手を喰らわせた。前年、ＰＲＩＤＥのリングで清原和博にやったのと同じ、猪木の常套手段である。

すると、あろうことか、彼女は猪木を軽く張り返した。しかし、次の瞬間、猪木は倍以上の強さで野村沙知代を張り倒した。足許はよろけ、イヤリングが吹っ飛んだ。彼女からすれば、急にリングに上げられて、公衆の面前で2発も殴られたのだ。いい迷惑と言うほかないが、彼女は気色ばむでもなく、笑みさえ浮かべながら、夫の待つ特等席に戻った。

このパフォーマンスに何の意味があったかわからない。わからないが、同じように脱税が原因で姿を消した石井和義に対するメッセージかもしれず、ともかく、場内が異常に盛り上がったことだけは間違いなかった。

民放歴代2位

アントニオ猪木と野村沙知代が、奇妙なビンタの応酬を見せた後は、メインカードの始まりである。

第6試合「藤田和之対ミルコ・クロコップ」は、前年8月以来のリベンジマッチに相応しく、白熱した好勝負となった。正面からミルコの膝蹴りをまともに喰らった前回の教訓を生かし、藤田はフェイントを交えながら、何度もタックルを試みた。しかし、その都度ミルコにすかされ、それどころか、ミルコはショートのアッパーを合わせたり、離れ際に強烈なローキックを叩き込むなど、藤田を寄せつけず、3対0の判定勝ちを収めた。

セミファイナル「吉田秀彦対佐竹雅昭」は「柔道対空手」の派手な攻防になるかと思いきや、開始早々、佐竹を難なく捕らえた吉田がネックロックで一本勝ち。わずか50秒という呆気ない幕切れではあったが、観客に不満の声はさほどもなかった。

メインイベント「高山善廣対ボブ・サップ」は文字通りの肉弾戦である。双方タックルのぶちかましから始まり、除夜の鐘を突き合うような、スーパーヘビー級の殴り合いに場内は沸きに沸いた。どちらかが倒れてKOで決まるかと思いきや、サップは高山をコーナーに押し込むと、足をすくって倒し、そのままマウント。そして、するりと身体を回転させ、腕ひしぎ十字固めでフィニッシュ。まさかのグラップリングテクニックに大観衆はどよめいた。

猪木祭は前年以上の盛り上がりのうちに幕を閉じた。石井和義の脱税のマイナスイメージは、もはやどこにもなかった。

「総合格闘技がまた進化した気がする。それぞれが研究を重ねて、日本人でサップを倒すような選手が早く出てきて欲しい。視聴率？　皆さんが期待する以上のものが出ると思いますよ」（アントニオ猪木のコメント／『スポーツ報知』２００３年1月1日付）

猪木が予言した通りの結果が出た。ＴＢＳで放映した『INOKI BOM-BA-YE 2002』は前年を上回る民放歴代2位となる16・5％を記録したのだ。

脱税問題で一時は放送どころか、開催すら危ぶまれた猪木祭だったが、いざ蓋を開けたら大成功に終わった。

この結果を受けて、関係者の多くはこう考えたはずだ。

「館長がいなくても、日本の格闘技は成立するだろう」

そして、年明け早々、格闘技界をさらに揺るがす大事件が発生するのである。

首吊り自殺

２００３年1月9日、午前0時45分頃、「ホテルの浴室で男性が首を吊っている」と１１９番通報が入った。救急隊が駆けつけると、男性はすでに死亡していた。

第一発見者は、男性と一緒にホテルに宿泊する予定だった20代後半の女性で、新宿署は女性の証言から「別れ話のもつれから突発的に首を吊った」と見て、事件性はなく、自殺と断定した。

亡くなった男性がＰＲＩＤＥを運営するＤＳＥ社長の森下直人だったから、蜂の巣を突いたような騒ぎとなった。と言うのも、死亡推定時刻の約8時間前に、同じホテルにマスコミを招いて記者懇親会を開いていたからだ。冒頭の挨拶は約20分間にも及び「ＰＲＩＤＥを世界一の格闘技にしたい」と新年に相応しい所信表明を、力強く述べていたばかりだった。

1月9日夕方、赤坂のＤＳＥ本社で会見が開かれ、80人もの報道陣を前に説明に立った榊原信行常務取締役（当時）は「事件性がないこと」「自殺の動機が女性との別れ話のもつれだったこと」を明かした上で、「仕事上のトラブルはなかったし、経営が圧迫されるような問題もなかったが、良くも悪くも激情タイプだった」と話した。森下の遺体はその日のうちに名古屋市内の自宅に搬送され、荼毘《だび》に付された。

筆者も森下直人と面識がないわけではない。筆者が20代の頃にキャスターを務めていたCS放送・サムライTVの情報番組『格闘ジャングル』のスタジオに、森下が関係者とともに姿を見せたことがあった。1999年のことだ。森下直人はパーフェクTV！（現・スカパー！）の立ち上げに関わった創設メンバーで、その関係でDSEの社長に就任した経緯があった。

一通りの挨拶を交わし「毎回、ご招待しますから、その様子を番組で伝えて下さい」と言うと、若い筆者に深々と頭を下げた。「物静かな人物」という記憶は鮮明で「恋愛関係のもつれによる自殺」と聞いて、仰天したのは言うまでもない。

懸案となるのが3月16日に予定されている「PRIDE25」である。一時は開催が危ぶまれたというが「ここで立ち止まるわけにはいかない。森下社長の遺志を引き継いでいままで以上に頑張っていきたい」（榊原信行のコメント／『スポーツ報知』2003年1月10日付）と、予定通り行うことが決まった。すなわち、新体制に移行するということだ。

森下直人の死から1ヵ月後の2003年2月3日、任意で出頭を求められたK－1プロデューサーの石井和義は、霞が関の検察庁舎の取調室にて、検察事務官から一枚の紙を見せられた。

そこには「逮捕状」とあった。

石井和義逮捕

東京ドームに7万4500人を動員した「K－1 WORLD GP決勝トーナメント」の終了直後、「在宅起訴へ」という一報が流されたことで、石井和義は表舞台から姿を消した。

自身がプロデュースした大晦日の猪木祭においても、テレビに映し出されることはなかった。それでも、関係者の間では「逮捕までいかない」と楽観視する声がなかったわけでもない。「書類送検止まり。莫大な追徴金を支払って、数年間謹慎して、相応の社会的制裁を受けて、頃合のいい時期に復帰する」と青写真を描いていたマスコミもいた。「このタイミングで館長にいなくなられては困る」という依存性の強い見通しもあったことは否定できない。しかし、東京地検特捜部にとって、そんな事情は何の関係もない。

２００３年2月3日、石井和義は1億７０００万円を脱税したとして、法人税法違反容疑で逮捕された。このとき、石井は「え、本当ですか」と意外な様子で訊き返すも、逮捕状を目の前で広げた東京地検特捜部の担当検事は、「本当だよ」とにべもなく答えている。

石井が「本当ですか」と発したのは、「逮捕まではいかない」という確信があったからだろう。元首相の森喜朗が背後に控える安心感もあったはずで、先述の格闘技関係者の抱いた希望的観測もそうだが「たった、1億程度で」と首を捻るマスコミもいなくはなかった。

にもかかわらず、特捜部が逮捕に踏み切ったのは、別の容疑が加わったからだ。

逮捕前の石井和義は取調べにおいて、次のように弁明していた。

《「一九九九年に、ボクシングの元世界ヘビー級チャンピオンのマイク・タイソン氏を招へいする契約を結んだが、実現せず一千万ドル（現在の為替レートで約十二億円＝引用ママ）の違約金が発生した」と主張。違約金を損金として計上すれば、九九―二〇〇〇年の期間は所得がゼロだった》（『読売新聞』２００３年2月4日付）

右のことが証明されたら、問題とされる「隠し所得」は相殺され「脱税にあたらない」という主張は確かに成立したかもしれない。事実、石井は捜査員に違約金が盛り込まれた契約書を見せ、契約の正当性を訴えていた。特捜部が逮捕に踏み切れなかった一番の理由はそこにあった。

しかし、この契約書が架空であることを特捜部は突き止めた。「手の込んだ証拠隠滅工作だった」と書きたいところだが、まったくそうではない。

呆れるくらい、初歩的なミスだったのだ。

タイソン招聘計画

プロボクシング元統一世界ヘビー級王者のマイク・タイソンは、これまで2度、日本で試合をしている。

最初は1988年3月21日、オープンしたばかりの東京ドームでトニー・タッブス（アメリカ）と統一世界ヘビー級王座防衛戦を行いタイソンの2RKO勝ち。2度目は1990年2月11日、同じく東京ドームでジェームス〝バスター〟ダグラス（アメリカ）を相手に統一世界ヘビー級王座防衛戦。当初はタイソンの楽勝と思われたが、10RKO負け。王座から陥落したばかりか、キャリア初の黒星を喫してしまう。

それ以降のタイソンは、事件やトラブルが相次いだ。翌年7月には婦女暴行容疑で逮捕され、3年間服役している。それでも、出所後の96年にはフランク・ブルーノ（イギリス）を破ってWBC王座に、ブルース・セルドン（アメリカ）を破ってWBA王座に返り咲いてもいる。全盛期の実力は失せたとはいえ、人気と知名度は抜群だった。

そのタイソンに秋波を送り続けたのが、日本の格闘技界だった。

総合格闘技団体「リングス」を主宰していた前田日明は、放映契約を結んでいたWOWOWのコネクションもあってタイソンの招聘に動いていたし、高田延彦も自身の引退試合にタイソン戦を望んでいた。かつて、モハメド・アリと戦ったアントニオ猪木は、タイソン戦のアドバルーンを幾度となく打ち上げた。同様に、石井和義も「タイソン招聘に動いている」と噂されていた。

石井は逮捕前の取調べにおいて「タイソンを呼ぼうとしたが実現せず、莫大な違約金を支払ったから脱税にはあたらない」と供述し、契約書も明示してきた。東京地検特捜部も、ある時期までは、その言い分を信用していたかもしれない。

しかし、アリバイは崩された。何のことはない。会社の住所から足が付いたのである。

株式会社ケイ・ワンは2000年に、神宮前3丁目から神宮前2丁目に移転している。マイク・タイソンと契約を交わした時期について石井和義は「1999年6月」と説明していたが、契約書に記された会社の所在地は「神宮前2丁目」とあった。

2004年に石井和義を取材したノンフィクション作家の森功は《契約書に古い住所を書き間違えたのならわかるが、未来の住所を書くことはありえない》(『文藝春秋』2004年4月号)と呆れた筆致で伝える。用意周到とは程遠い初歩的なミスだったのだ。

さらに、株式会社ケイ・ワンの社員に事情を訊くと「タイソンとやるなんて知らない」「そんな話はなかった」と口を揃えて言った。加えて、捜査線上に元イトマン常務の伊藤寿永光《いとうすえみつ》の名前まで浮上した。伊藤が架空の契約書の作成を指南していたことが明らかになると、ここから一気に逮捕へとつながった。

ともかく、社長の死で新体制に移行したＰＲＩＤＥと、ほぼ同時期に、Ｋ－１も新体制に向けて動き出すことになったのである。

そんな話知りません

時計の針を、石井和義が逮捕される半年前の、２００２年秋に戻す。

この時期、石井和義は東京地検特捜部から週４日の取調べを受けていたことはすでに述べた。

同じ頃、格闘技評論家の谷川貞治の携帯電話にも「任意で話を聞かせてほしい」と特捜部から電話があった。特捜部がＫ－１の金銭問題を嗅ぎ回っていることは谷川も知っていたが、自分まで取調べの対象になるのは要領を得ない。とはいえ、拒む理由もなく、谷川は東京地検の五反田分室まで出向いた。

着席すると、担当検事はこう切り出した。

「Ｋ－１とマイク・タイソンの契約書の件ですけど、あれは本物なんですか」

谷川は検事が何の話をしているのか、さっぱり判らなかった。

「タイソン？　何の話ですか」

「あなたが知らないはずがない。Ｋ－１とタイソンが交わした契約書が、本物がどうかを尋ねています」

本当に何も知らない谷川はこう返した。

「すみません、他のことなら知っていることも、たくさんあります。でも、タイソンの話は本当に何も知りません」

そう答えると、検事は不審そうな表情を隠さず、なおも、こう訊いてきた。

「では、Ｋ－１がタイソンを招聘しようとしていることを、Ｋ－１のブレーンであるあなたが、何も知らないとでも？」

「はい、知りません。別に隠しているわけじゃないですよ」

そして、こう付け加えた。

「僕が知らないくらいですから、そんな話ないんじゃないですか」

禅問答のような2日間の取調べから解放され「やれやれ」と思いながら自分の会社に戻ると、スタッフが大慌てでこう言った。

「大変です。谷川さんが出てすぐ捜査員がやって来て、いきなり、パソコンやノートや手帳まで持ってっちゃいました」

専門誌『格闘技通信』の第2代編集長だった谷川貞治は、１９９６年に版元のベースボール・マガジン社を退社すると、格闘技評論家としてフジテレビのＫ－１中継の解説や『ＳＲＳ』などの情報番組に出演してきた。その傍ら、Ｋ－１のマッチメイクのアイデアを出したり、イベントのプランを提案したりと、石井和義のブレーン的な立場にあった。

22年前の出来事について、現在の谷川貞治は次のように回想する。

「確かに、K－1のブレーンみたいなことはしていましたけど、タイソンのことは何も知らなかった。だから、本当にそんな話はなかったんです。それでも、地検は『こいつなら知ってるだろう』と邪推して、僕まで引っ張った。でも、何も出なかった。当たり前です。それに、僕は組織の金の流れまでは全然知らなかった。『選手のファイトマネーがいくら』とか『制作費がいくら』とか、そんなことすら知らなかった。なぜなら、そこに関心がなかったからです」

数日後、谷川はフジテレビスポーツ局専任部長の清原邦夫から、あることを告げられた。

新しいプロデューサー

谷川貞治はフジテレビスポーツ局の清原邦夫のことを「とても大事な人」と言う。

1996年に専門誌の編集長を辞めて、在籍するベースボール・マガジン社も退職した谷川を「格闘技評論家」の肩書で、K－1中継の解説者に据えたばかりか、同年4月からスタートした新番組『SRS』においてもレギュラー出演者として厚遇し続けたのは清原である。清原は、谷川を自身のブレーン的な立場に置きたかったのだろう。

その清原邦夫が「K－1の脱税問題は、ウチの社内問題になっている。K－1の中継が出来なくなるかもしれない」と明かした。それを聞いて「やはり、そうなるのか」と谷川は思った。

K－1が大きく発展し、ブームを起こしたのは、創始者である石井和義の天才的なセンスや選手の人気もあったが、中継を行ったフジテレビの力なくしてはありえなかった。フジテレビの電波に乗って試合が流れる影響は、興行を支える莫大な放映権料も含めて、計り知れないからだ。

常時、高視聴率を弾き出す優良コンテンツを、フジテレビが打ち切りたいはずはなく「とすると、フジの意向はどこにあるのだろう」と谷川は考えた。

次の瞬間、清原は意外なことを口にした。

「この機会にＫ－１も新しい法人を作って、谷川さんが新しいプロデューサーになってくれたらいいんだけどなあ」

すかさず、谷川は「冗談でしょう」と笑った。長年、マスコミの世界にいた自分が興行を回せるとは思えなかったからだ。事実、この時期はＰＲＩＤＥのアドバイザー的立場にもあった。それらの仕事をこなしながら、Ｋ－１のプロデューサーをやれるはずがない。

「でも、もし、谷川さんが館長の後継者に名乗りを挙げるなら、俺は社内をうまくまとめて、どうにか乗り切るよ」

話はそれで終わった。すると不思議なことに「谷川さんこそＫ－１の新しいプロデューサーに相応しい」「谷川さんが、新たにＫ－１を仕切るべき」と複数の人間から異口同音に言われるようになった。本気で取り合わなかったが、考えないわけにいかなくなった。

当時の心境を、彼はこう振り返る。

「組織が脱税なんて、今なら一発アウトですけど、この頃はまだコンプライアンスも緩かった。それでフジテレビは『Ｋ－１は新しい法人を作って乗り移る』という起死回生のプランで中継を続けようとしたわけです。だから、これに自分が乗らないと『本気で中継をやめちゃうかも』という危機感がありました」

「よく『館長の指名で谷川が後継者になった』みたいに言われたりもしたけど、まったくそうではないんです。実際にそう言ってきたのはフジテレビの清原さん。館長の本音は、最後まで自分でやりたかったんじゃないかな」

固辞しようにも、自身にとって、最大の取引先とも言うべきフジテレビの意向を無視することは出来ない。谷川は腹をくくった。

2003年2月1日、K－1の新プロデューサーに、正式に谷川貞治が就任した。

K－1の新体制はここから始まった。

第3章
ミルコ・クロコップという奇跡

「K-1 WORLD GP 2003 IN SAITAMA」(2003年3月)で実現した
ミルコ・クロコップvs.ボブ・サップ

K－1プロデューサーに就任した谷川貞治が株式会社ケイ・ワンに入って驚いたのは、社員同士の横の繋がりがほとんどなかったことだ。

会社とは、経営者を下から社員が支えるという単純な図式で成り立っている。組織を揺るぎないものにするためには、社員同士の協力が不可欠なのは言うまでもない。

しかし、株式会社ケイ・ワンの場合はそうではなかった。トップである石井和義と社員一人一人の、個人的な関係性だけで成り立っていた。こういう組織では横の連帯など生まれようがない。それぞれが「俺は館長にとって特別な存在」「私こそ館長にとってオンリーワン」という意識を抱いてしまうからで、逆の見方をすれば、トップさえ盤石なら、彼らの忠誠心だけで組織を回すことが出来る。競争意識を原動力に利用するのだ。

一見、いびつな形に映るが、連帯感を持って、トップを支える理想的な組織こそ少ないのかもしれない。トップが優秀であればあるほど、その傾向は強まるのではないか。

例えば、往年の渡辺プロダクションがそうである。創業者である渡辺晋・美佐夫妻は「ファミリー」を主唱して家庭的な会社運営を標榜しつつ、一方では社員同士の競争を煽りながら組織を拡大させた。結果〝ナベプロ帝国〟と畏怖されるほど類を見ない一大芸能コンツェルンを完成させるに至るのだが、綻《ほころ》びが生じると栄華は長くは続かなかった。

競争意識は時として裏目に出る。自身の担当歌手が賞レースから外れると、同じナベプロの歌手ではなく、別の事務所の所属歌手の手助けをするようになった。有能なマネージャーの多くが独立し、それぞれが一国一城の主となったのは、実態を如実に示している。

　政界においても同様の事例はある。田中角栄が率いた木曜クラブ（田中派）は、潤沢な資金と権力、田中角栄の人間的魅力を源泉とした鉄の結束を誇りながら、竹下登が反旗を翻すと、金丸信、小渕恵三、橋本龍太郎といった〝奉行〟たちも造反し、呆気なく瓦解した。さらにその竹下派も、小沢一郎と梶山静六の慢性的な対立構造もあって、派閥のみならず、党まで二分してしまう。いずれも、トップが有能であり、横の連帯などあるようでなかった組織の悲劇と言える。

　これまで数々のイベントを成功させ、人気スポーツに成長したＫ－１も、同様の状況にあった。優秀なトップが君臨しているときは問題も起きようがないが、いざ失脚すれば、どうなるか火を見るよりも明らかだった。

　そんな中、谷川貞治はＫ－１の新プロデューサーに就任したのである。

社会現象

　マスコミ出身の新しいプロデューサーを迎えたことで、テレビ各局はＫ－１の新体制に軒並み好意的で、フジテレビがいちはやく「中継継続」を表明すると、ＴＢＳと日本テレビもそれに追随したため、テレビ中継打ち切りという最悪の事態は免れた。３月１日に有明コロシアムで行う「Ｋ－１　ＷＯＲＬＤ　ＭＡＸ２００３日本代表決定トーナメント」も予定通り、ＴＢＳでの放映が決まった。

しかし、谷川が歓迎されたのは外部だけで、組織の内部はまったくそうではなかった。

「本当にやりにくかった。それぞれが館長との個人的なつながりだけでいる人間の集合体で『俺だけは特別』っていう意識を持った人ばかり。その中に放り込まれたんです。当然『何でお前が新しいプロデューサーなんだよ』って目で見られる。『知らねえよ』って余程言いたかった。だから、僕の味方はゼロ。でも、全責任は僕。やりにくいことこの上なかった」（谷川貞治）

それでも、新体制として再起動した以上、何もやらないわけにいかない。「結果を残す以外、自分が生き残る道はない」と悟った谷川は、これまで手掛けていたPRIDEのブレーンの仕事から離れた。K－1の業務に専念するためである。

K－1がイベントであり、テレビコンテンツである以上、その人気を継続させるのは必須である。となると、目玉はボブ・サップ以外いなかった。前年に大ブレイクをはたしたサップは、格闘技界の枠を超えた存在となっており、組織を揺るがす脱税スキャンダルがあっても、その人気は微動だにしなかった。あらゆる媒体に露出し、フジテレビの月9ドラマ『東京ラブ・シネマ』にもキャスティングされ、チョンマゲのカツラをかぶって『志村けんのバカ殿様』にまで出演するなど、その人気は社会現象となっていた。

プロデューサーに就任したばかりの谷川貞治が、この異常人気を利用しない手はなく、就任一発目のイベント「K－1 WORLD GP2003」開幕戦のメインイベントに「ボブ・サップ対ミルコ・クロコップ」という夢のカードをマッチメイクする。

しかし、これが混乱の元凶となったのだ。

ミルコ・クロコップという奇跡

ミルコ・クロコップ。１９７４年クロアチア生まれ。本名・ミルコ・フィリポヴィッチ。幼少期より空手やテコンドーに親しむも、ユーゴスラビアの民族紛争の激化により断念。自らも軍人となって戦うことを決意する。19歳でキックボクシングを始めたのも、兵士として強くなるためだった。

Ｋ－１初代王者・ブランコ・シカティックに師事したことが契機となって、１９９６年に「ミルコ・タイガー」のリングネームでＫ－１に初参戦。初戦でジェロム・レ・バンナから大金星を挙げる。翌年には世界ボクシング選手権にクロアチア代表として出場し、99年のＫ－１ＧＰでは準優勝。この時期より、リングネームを現在の「ミルコ・クロコップ」に改名している。

しかし、強いことは強いのだが、伸び悩んでもいた。いきなりバンナ超えをはたしながら、アーネスト・ホーストやアンディ・フグの牙城は崩せず、特にホーストには、何度戦ってもコロコロと負け続けた。それどころか、ジャビット・バイラミのような無名の伏兵にも足をすくわれ、２００１年のＫ－１ＧＰ予選では、ノーマークのマイケル・マクドナルドにまで１ＲＫＯ負けを喫してしまう。まったく、安定感に欠けるファイターだった。

マクドナルド戦はファンのみならず、多くの関係者も落胆させた。このとき「もうＫ－１での道はない。総合の試合に出るしかないよ」と最後通告をしたのが、誰あろう、当時はＫ－１のブレーンだった谷川貞治である。

配置転換の感覚があったし、見切りを付けたのもあった。そこで組まれた試合が、「猪木軍対K－1軍」における藤田和之との総合格闘技戦だった。本来、藤田を売り出したいカードだったはずだが、タックルに膝蹴りを合わせて藤田から大流血のTKO勝ちをもぎ取ると、突如として注目を集めるようになった。ここから、ミルコ人気は急上昇するのである。

同年11月にはPRIDEに初参戦し、高田延彦を相手に完勝同然のドロー。『INOKI BOM-BA-YE 2001』では永田裕志をハイキックKOに葬った。奇跡的に高騰したミルコ・クロコップの商品価値は、前述の谷川の一言がなければ実現していない。つまり、谷川貞治こそ〝新生ミルコ生みの親〟なのである。

2002年に入ると、PRIDEのリングでヴァンダレイ・シウバと拳を交えたかと思えば、国立競技場「Dynamite!」では桜庭和志から勝利を収め『INOKI BOM-BA-YE 2002』では藤田和之を返り討ちにした。

K－1の枠を超えて時代の寵児となったボブ・サップが、思いがけない掘り出し物だったように、一躍、格闘技界の中心人物となったミルコ・クロコップも、想定外の僥倖でスターの座を摑んだ稀有な存在だったのだ。

サップとミルコ

格闘技界、スポーツ界の枠さえ超えて、社会現象を引き起こすほどの人気者となったボブ・サップについては「この頃は、いろんな記憶がある」と谷川貞治も言う。

「めちゃくちゃ稼ぎました。1ヵ月で10億は行ったんじゃないかな。テレビもCMも出まくった。M－1に優勝して、急にブレイクする芸人さんってああいう感じかもしれません。〝対世間〟という意味において、サップみたいな存在がいてくれたのは、運がよかったと思うんです」

一方、K－1では思うように結果が残せず、伸び悩みながら、総合格闘技戦で藤田和之、永田裕志、桜庭和志と日本人ファイターを次々と打ち破り、新しいタイプのK－1のスターとなったミルコ・クロコップについても、谷川は独特な印象を持っている。

「ミルコが総合で結果を残したのは大きかった。この時期、PRIDEの快進撃があったでしょう。テレビ局の人に『総合格闘技のほうが新しい』みたいに思われてたけど、そういう〝総合コンプレックス〟をミルコが払拭してくれた。K－1ファイターが自信を持ったし、何よりテレビ局の人が『K－1は総合でも強い』って思ってくれた。だから、ミルコのブレイクは、実はK－1にとっても、格闘技界にとっても大きな出来事だったんです」

そのボブ・サップとミルコ・クロコップの一騎打ちを、谷川貞治はマッチメイクしたのである。脱税問題で一時は「テレビ放映打ち切り」の危機に晒されながら、どうにか乗り切ったことで、「ここは出し惜しみせず、テレビ局を喜ばせよう」と考えたのだ。

もちろん、自身のプロデューサー就任一発目のイベントを派手に成功させたい思惑もあった。加えて、最初の興行を大成功に導けば、プロデューサーとしてK－1の組織内で求心力が高まるかもしれない。そのためにも、この大会をしくじるわけにいかなかった。

かくして「ボブ・サップ対ミルコ・クロコップ」という夢のカードが話題を呼ばないはずがな

く、発表と同時にチケットは飛ぶように売れた。中継するフジテレビも、スポーツ番組や情報番組で夢のカードを繰り返し煽った。問い合わせはひっきりなしで、超満員札止め間違いなし。すべては計算通りだった。

唯一誤算があったとしたら、石井和義に代わって日本の格闘技界を仕切ろうと目論んだ人間が、谷川が想像する以上に跋扈《ばっこ》していたことかもしれない。

そして、それはK－1の内部にも巣食っていたのである。

東京拘置所

2003年2月3日に法人税法違反で逮捕された石井和義は、東京拘置所に収監された。

著名人が逮捕されると、収監される場面がニュース映像として繰り返し流される。石井和義も例に漏れず、帽子を深く被ったまま、中に入る様子がニュース番組に何度も映し出された。K－1プロデューサーとして、マスコミに登場する華々しい面影はどこにもなかった。

この年の3月に、現在の中央管理棟と南収容棟が新築された小菅の東京拘置所だが、このとき、石井和義が収監されたのは北収容棟で、旧館のままだった。季節は2月、古い建物らしく大きな換気口から冷たい風が容赦なく吹き込み、ゴミ箱と塵取りで換気口を塞ぐしか寒さを防ぐ方法がなかった。都心の最高級ホテルを住処にしていたのが嘘のようである。

接見は弁護士以外許されず、それ以外の人間が接触するのは手紙のみ。ただし「便箋7枚まで」と決まっていた。谷川貞治も、事あるごとに手紙で業務報告をするしかなく「3月30日にさいたまスーパーアリーナで大会を開く」「メインはボブ・サップとミルコ・クロコップのカードが決まった」などと伝えた。一応は指示を仰ごうとしたのだろう。

それでも、チケットは相変わらず売れていたし、フジテレビのプロモーションも順調に運んでいた。時の人となっていたボブ・サップは、ミルコ戦が決まってもオファーはひっきりなしで、スケジュールはびっしり。とはいえ、練習させないわけにはいかず、どうにか調整して練習時間を作った。

不甲斐ない試合をさせるわけにいかないことは、谷川はもちろん、スタッフ全員が認識していた。それは、本人が一番身に沁みて感じていたはずだ。1年前は無名の黒人青年だったのだ。ミルコは強く、万全の調整を施して来日するに違いない。しかし「そのミルコを子供扱いするホーストを、2度もKOで破ったサップはもっと強い」という論理は成立する。事実「サップ有利」を予想する識者もいた。

何はともあれ、白熱した好勝負になってくれさえすればいい。会場のファンが歓声をあげて、テレビの前の視聴者が興奮する試合になるのが理想であり、リアルファイトの醍醐味はそこだ。プロモーターですら、どっちが勝つか見えない試合なんて最高ではないか。

谷川貞治が準備に奔走していたある日のことである。K－1の渉外担当の今井賢一が「話があります」と言ってきた。

谷川が指定された場所で待っていると、今井は一人の人物を伴って現れた。

川又誠矢

２０２１年夏、『日刊ゲンダイ』の米田龍也デスクに紹介され、筆者は川又誠矢と会った。それを契機として「２００３年の大晦日格闘技」をテーマに連載を始めることになった。

川又誠矢は筆者にとって謎多き人物だった。筆者だけではない。マスコミの多くが、彼の実像を何ら把捉していなかったのは、この20年間に、あらゆる噂がまことしやかに語られていたからだ。「金を持ち逃げして海外に逃亡した」「日本にいられなくなり、命を狙われている」「実はもう死んでいるらしい」といったものである。

筆者も噂を大方信じていたが、ある時期から、それらは事実ではないことを知った。それも、些細なきっかけからである。

筆者が放送作家時代に担当していたテレビ番組『5時に夢中！』（東京ＭＸテレビ）のゲストに、クレイジーケンバンド（ＣＫＢ）の横山剣がゲスト出演した。その日は筆者の担当日ではなかったが、ＣＫＢのファンである筆者は、番組スタッフであることを幸いにスタジオに顔を出して、生放送に立ち会った。

本番終了後に番組のプロデューサーが複数の関係者と名刺を交換しているのが見えた。いつもの光景だから、さして気にも留めなかったが、驚いたのは、名刺の中に川又誠矢の名前があったことだ。川又はＣＫＢのマネージメントに関わっており「川又さんは、前から芸能の仕事をやってますよ」と編成局長は言った。

その川又誠矢と、改めて会うことになったのである。指定されたホテルのロビーで彼を待つ間「どんな人物なのか」と身を固くしたのを憶えている。写真を見る限り威圧感があったし、押しの強そうな印象も抱いた。

引っかかるのは「死亡説」が根強く残っていたことだ。「もし、それが事実ならば、これから現れるのは誰なのか」——そんなことをつらつら思いながら待っていると、本人が姿を見せた。

身長はそれほど高くはないが、体格はがっちりしており、手にはCKBのニューアルバムがあった。一見して音楽業界のプロモーターのようだと思ったが「あ、それは間違っていないのか」と思い直した。

この川又誠矢こそ、K-1渉外担当の今井賢一が、K-1プロデューサーに就任したばかりの谷川貞治に引き合わせた人物である。

力を貸して欲しい

川又誠矢は1967年、広島に生まれた。

幼少期に香川に移住、少年時代は野球に明け暮れ、中学の頃には、周辺に名前が知れ渡る存在となっていた。

中3の夏休みに、高知の明徳高、徳島の池田高、香川の尽誠学園と三つの強豪校から推薦入学の話が来て、地元の尽誠学園に進学するも、2年で退部、学校も中退してしまう。

ここから複数の仕事に就いた。セールスマンをやったこともあったし、バーやクラブを経営していたこともあったという。そんな川又誠矢が1996年に上京したのは、芸能プロダクションを起業するためである。

上京してすぐ、知人の紹介で石井和義と知り合うと「力を貸して欲しい」と懇願された。「その代わり、芸能の仕事で協力させてもらうから」と石井は餌をぶらさげることも忘れなかった。

東京、大阪、名古屋、福岡と4大ドーム大会を成功させていたK‐1だったが、日本テレビの「K‐1 JAPANシリーズ」は長崎、宮城、愛媛、熊本などの地方大会のローテーションが多かった。地方興行とは独特のもので、それぞれの土地のしきたりがある。プロレスの興行において、地方大会の大多数が、地元のプロモーターによる売り興行なのはそのためだ。このとき、川又に課せられた仕事は、招待券を手に、その土地の親分に事前に挨拶を済ませることだった。

程なくして、川又は中森明菜を始めとするアーティストのマネージメントを手掛けるようになる。ジャニーズ事務所などの芸能プロダクションが抱えたトラブルを表沙汰にせず、解決することにも手腕を発揮した。その過程において、音楽業界との接点も出来た。前出のクレイジーケンバンドのマネージメントはその流れである。

また、格闘技興行にも携わるようになった。2002年1月11日、極真会館を母体とした運営組織による主催興行「一撃」が行われた際、実質的なプロモーターとして興行を仕切ったし、2002年3月23日に横浜アリーナで行われた「WBC世界スーパーフライ級タイトルマッチ／王者・徳山昌守《とくやままさもり》対挑戦者・柳光和博《りゅうこうかずひろ》」においても興行に参画し、渡辺ジム会長の渡辺均を始め、渡辺ジムマネージャー、同後援会長らと並んで「K‐confidence代表取締役」という肩書で、大会パンフレットにメッセージを寄せている。

その川又のことは、谷川貞治もK－1プロデューサーに就任する以前から面識はあったし、この時期「ケイコンフィデンス」という自分の会社を持っていることも把握していた。ただ、その川又が自分に何の話があるのか見当もつかない。

渉外担当の今井賢一が口を開いた。

「谷川さん、ミルコ・クロコップのマネージメントですが、3月の大会から、こちらの川又さんにお願いすることにしました」

順調に運んでいた「サップ対ミルコ」に暗雲が垂れ込めるのは、このときからである。

法外なギャランティ

芸能プロダクションを経営しながら、K－1の興行の暗部に関わってきた川又誠矢が、ミルコ・クロコップのマネージメントを請け負うことになったことは、新プロデューサーの谷川貞治にとって寝耳に水だった。

この時期、日本人の代理人を置く外国人ファイターも珍しくはなかったが、ミルコは、弁護士資格を持つミロ・ミヤトビッチという、クロアチア人の代理人を2002年から雇っていた。にもかかわらず、新たな代理人を据えるということは、これまでにない要求を突き付ける可能性があるということだ。これまでも、試合直前にファイトマネーの吊り上げを要求する外国人選手は少なからずいたが、ミルコはまさにその常習だった。

「もちろん、川又さんのことは前から知ってはいました。ただ、館長とどういう関係か、よく知らなかったので『ミルコの窓口になりますから』っていきなり言われて、さすがに戸惑いました。それに、僕はこの手のタイプの人に免疫がなくて『厄介なことになったなあ』って思ったんです」（谷川貞治）

事実、K－1渉外担当の今井賢一が「予想通り、ミルコサイドが法外なギャランティを要求してきそうです」と報告してきた。「どれくらいですか」と谷川が尋ねると、「わかりませんけど、大変な額になるでしょう」と今井は不安を煽るように言う。ただでさえ、ミルコは前年の「Dynamite!」の際、ファイトマネーを4倍も吊り上げていた。さらに跳ね上がるのだろう。

そして、その交渉相手は、今回からミルコのマネージメントを請け負った川又誠矢になる。「相当ゴリ押しするに違いない」と谷川は暗澹《あんたん》となった。不可解なのは「ミルコのマネージメントを、川又さんにお願いすることになった」と言ってきたのは今井自身なのだ。ファイトマネーの件も知らないはずがなく、腑に落ちないことだらけである。

「館長なら、この場合どうするかな」と谷川は思いを巡らせたが、相談しようにも石井和義は収監の身である。やりとりは7枚以内の手紙のみ。これでは、どうしようもない。

開催まで2週間を切った。フジテレビは大会のスポットCMをバンバン流していたし、チケットの売れ行きもソールドアウト寸前。ボブ・サップは相変わらずプロモーションに稼働しまくっていた。それもこれもすべて、「ボブ・サップ対ミルコ・クロコップ」という夢のカードが担保されてのことである。

もはや、キャンセルの効かない状況になっていた。試合不成立になれば、払い戻しが殺到するのは目に見えている。各方面に頭を下げるのも自分だし、マスコミから叩かれるのも自分、「プロデューサー失格」の烙印を押され、組織内で居場所を失うのも自分である。

交渉の日が来た。谷川貞治は川又誠矢と対峙することになった。

試合は中止します

以前より、インターネットの書き込みなどから仄聞《そくぶん》するに「川又誠矢はK－1を乗っ取りたかった」といった見方は根強くあるし、その手の野心を抱いたこともあったのかもしれない。
よって、K－1プロデューサーに就任したばかりの谷川貞治が「キャンセルが出来ないタイミングで、ゴリ押ししてくるはず」と危惧したのも納得がいく。しかし、実際に会った川又誠矢の印象はやや違った。
「このとき『谷川さん、悪いけど、どの程度まで呑めそうですか』と手の内を明かしてきたんです。これは意外だった。無理強いする感じはなかったし、前年の『Dynamite!』のときにミロ・ミヤトビッチが言ってきたように、ギャラの4倍増を要求するわけではなかった。守秘義務があるから、具体的な金額は言えないけど」（谷川貞治）
とはいえ、K－1側が求める条件から程遠いのも事実で、妥協点を見出せずにいた。「これ以上は埒が明かない」と判断した谷川は、何度目かの交渉のとき「もう結構です。試合は中止。ミルコは負傷欠場ということで」と言い放った。

「このときは、駆け引きとかそんなんじゃなくて、すべてが嫌になった。あっちこっちに頭下げなきゃいけないんだけど『もう、どうでもいいや』って思って」

するると、思いもよらぬことが起きた。

「わかりました。では、この条件で持ち帰ってまとめます」と川又の方から妥協したのである。つまり「Ｄｙｎａｍｉｔｅ！」より安い金額を呑んでくれたことになる。

「僕はそもそも押しの強い人が苦手なんだけど、川又さんが『Ｋ－１を乗っ取る』というのは少し違いました。もちろん、彼にも野心はあった。でも、それは『Ｋ－１やＰＲＩＤＥと協力して、自分が主催するイベントを開きたい』ってことだったんです」

右の証言を受けて筆者が思うに、このタイミングで川又誠矢が妥協したのは「ここで、ミルコをＫ－１に出さないのは得策ではない」と判断したからにほかならない。おそらく、フジテレビの電波に乗せることを優先させたかったのだろう。

その上で、谷川はあるからくりに気付いた。

館長の寵愛

設立当初こそ、日本人エースである佐竹雅昭を擁して旗揚げしたＫ－１だったが、次第に外国人ファイターが主流となっていったのは周知のことである。

ピーター・アーツ、アーネスト・ホースト、アンディ・フグ、マイク・ベルナルド、ジェロム・レ・バンナ……。Ｋ－１の歴史は外国人ファイターの栄枯盛衰の物語でもあり、彼らとの交渉を一手に担う渉外担当者は、代表者である石井和義から全権を委任されて交渉にあたるほかなく、余程、優秀でないと務まらないのは道理である。

他の社員が知りえない秘密を共有することもあったろうし、自分の権限で大金を動かす立場にもあったのだろう。当然、組織における権力もおのずと大きなものとなっていったはずで、K－1で5年にわたって、渉外担当の重責にあった今井賢一もそうだったと思われる。

もともと、ゲーム会社に勤務していた今井は、対戦型格闘ゲーム『ストリートファイターⅡ』映画版のイメージキャラクターに、アンディ・フグを起用したことで石井和義と知り合い、スキルの高さを買われ、K－1に転職した経緯がある。その今井賢一にとって、外部ブレーンにすぎなかった谷川貞治がK－1の新しいプロデューサーとなったことは、度し難い出来事だったのかもしれない。

「今井ちゃんは館長の寵愛が深かった分、新しくプロデューサーに就いた僕に、腹立たしい感情を抱いたとは思う。『俺こそがK－1の新しい代表だ』という気持ちもあったでしょう。でも、この時期のK－1は誰がトップに立っても、まとまらなかったはず。それは今井ちゃんもそう。特に彼は館長がいたときから別格みたいな存在だったので、組織を収める感じにはならなかったと思う」（谷川貞治）

今井にとって不運だったのは、石井和義が法人税法違反で逮捕、収監されたことで、自身の立場も危うくなったことである。谷川貞治が任意で事情聴取を受けたように、今井もその対象となった。海外選手の招聘という興行の肝を握っていた今井は、峻烈な取調べを受けたはずだ。

谷川貞治によると「私までが逮捕されかねない。どうにかならないか」と今井は泣訴したというが、K－1の顧問弁護士は「利益相反になってしまうので、あなた自身は、別の弁護士を立てて下さい」と言下に拒んだという。この話が事実だとすると、筆者は今井に同情する。これまでK－1、そして石井和義に尽くしてきたのに、この期に及んで自分を守ってくれないばかりか、冷淡に切り捨てようとしている。これまで、無私の〝K－1愛〟を貫いてきた今井賢一の感情が、〝K－1憎し〟に反作用したのは無理からぬことだった。

そして、それは後々も尾を引く、騒動の大きな要因となっていったのである。

ボブ・サップ弁当

二転三転しながらも、K－1プロデューサーの谷川貞治は、ミルコ・クロコップの代理人である川又誠矢と正式に試合出場契約を結んだ。それによって、3月30日、さいたまスーパーアリーナ「ボブ・サップ対ミルコ・クロコップ」は、どうにか行われる運びとなった。

ボブ・サップはこのとき、タイの首都バンコクに飛んでいた。「ムエタイ式の技術を習得し、自分のスタイルに取り込む練習を重ねた。ミルコの得意な左ハイキックの防御も完ぺきだ」（ボブ・サップのコメント／『日刊スポーツ』2003年3月14日付）とムエタイ修行を強調するも、実際はCM撮影も兼ねてのバンコク渡航で、ホテルにタイ人のコーチを呼んでレッスンを受けていたにすぎなかった。

帰国後の3月16日には横浜アリーナで行われた「PRIDE25」に来場、アントニオ・ホドリゴ・ノゲイラを下し、PRIDEヘビー級王者に輝いたエメリヤーエンコ・ヒョードルに対し「このベルトに挑戦する」とアピールすると、超満員のファンは喝采を送った。

試合10日前の3月20日には、横浜・伊勢佐木町にオープンした「横濱カレーミュージアム」のオープニングセレモニーに登場、ミルコ対策を訊かれ「スパイスの効いた激辛な技で料理する」と答えたかと思えば、コンビニエンスストアチェーンの「サンクス」（現在はファミリーマートに統合）の全国3270店舗にて「牛カツ・骨付きフランク・サイコロステーキ・ハンバーグ・ポテトフライ」からなる「ボブ・サップ弁当」（550円）が、2週間の期間限定で発売されると「ミルコ有利といわれているそうだが、そんなものはビースト様が覆してやる」とコメント。

試合4日前の26日には、都内のホテルで新CM「エスカップ」（エスエス製薬）の発表会見が行われ「日本コカ・コーラ」「ライオン」「アルゼ」「日清食品」「ロッテ」「パナソニック」「味覚糖」「ピザーラ」「クラウンファンシーグッヅ」に次いで10社目の新CMとあって、大勢の報道陣が集まった。今で言うなら綾瀬はるか級のCMタレントだったことになる。

ここでも、ミルコ戦に向けてコメントを求められたが、普段の威勢のよさは影を潜めた。「ベリービジー（超忙しい）だぜ。CMがあったかと思えば、テレビ番組だろ。その合間をぬって体を休めたり、トレーニングしたりで大変よ。疲れて夢も見られないほどさ」（ボブ・サップのコメント／『スポーツ報知』2003年3月27日付）

さらに「ミルコに勝てる確率は？」と訊かれると「90％」と不安を覗かせた。練習不足の自覚はあるのだ。

同じ日、ミルコ・クロコップが羽田空港第3ターミナルに降り立った。

死刑

試合2日前の2003年3月28日発売の『週刊ポスト』（2003年4月4日号）に「ボブ・サップが憧れの女性原沙知絵に誌上赤面プロポーズ」という対談記事が載った。

「オレは沙知絵に初めて会った瞬間、体に電流が走ったんだよ。完全に一目惚れでさ、それからは寝ても覚めても沙知絵のことが頭から離れなくなっていたんだ」（ボブ・サップのコメント／同）

ドラマ『逮捕しちゃうぞ』（テレビ朝日）で共演した原沙知絵に、ボブ・サップが一目惚れしたのは、筆者が知りうる限り事実らしく、サップが再会を熱望したところ、対談の企画が持ち上がった。対談は「第一印象」「初恋」「趣味」「好物」「休日の過ごし方」など、どうということのない内容に終始しているが、2日後のミルコ戦にも話は及んでいる。

「緊張して沙知絵と話をすることに比べたら、試合なんて楽なものさ。（中略）沙知絵がリングサイドから見てくれたら百人力なんだがな。待てよ、でも沙知絵に気を取られて負けちゃったりしてな（笑い）」（同）

この対談記事の公開前日に、対戦相手のミルコ・クロコップは、スポーツ紙の取材に応じている。

「サップに技術はない。体重差のアドバンテージも2、3分たてばなくなる。（中略）見てくれ

れば分かる。自信？　102％だ」（ミルコ・クロコップのコメント／『スポーツ報知』2003年3月28日付）

試合前にもかかわらず、多忙な芸能スケジュールに追われていたサップとは対照的に、クロアチア警察を退職し練習に専念していたミルコは、150kgの巨漢の柔術家を招いてのスパーリングを連日繰り返した。立ち技だけでなく寝技のスパーリングも行った。悲鳴をあげることもあった。体重差を補うパワーを養うためなのは言うまでもない。

試合前日の3月29日、恒例となる前日会見が、新高輪プリンスホテルに大勢の報道陣を集めて行われた。これまで、前日会見の席上で幾度となく乱闘騒ぎを起こしてきたサップが、ミルコを前にどう振る舞うか注目されたが、サップは会見に姿を見せなかった。

K－1プロデューサーの谷川貞治は「顔合わせをさせるのは非常に危険と判断した」と集まったマスコミに説明したが、21年が経過した現在、本当の理由を教えてくれた。

「このときは、サップ個人が取ってきた芸能の仕事とダブルブッキングしてしまって、仕方がないから芸能を優先させたんです。この時期、サップにはウチとは無関係の個人マネージャーがいて、そいつが仕事を取りまくっていましたから」

代わりに、本人出演のビデオメッセージが流された。裁判官に扮したサップが「ミルコに判決を言い渡す。……死刑」と言うコント仕立てのVTRに場内は笑いに包まれた。対戦相手のミルコも「ボブは本当のパフォーマー。面白いやつだ」と相好を崩した。

ただし、勝敗はこの時点で決まっていたのかもしれない。

痛いよーっ

2003年3月30日。2万2000人(主催者発表=超満員)を呑み込んだ、さいたまスーパーアリーナに二人のファイターが現れた。

赤コーナーにボブ・サップ、青コーナーにミルコ・クロコップ。試合前は何かと対戦相手を痛罵するボブ・サップだが、いざ向かい合うと柔和な表情に戻る。本当は格闘家に向かない気質なのかもしれない。

開始のゴングと同時に突進するサップを、ミルコはバックステップで難なくいなす。特筆すべきは、サップに連敗を喫したアーネスト・ホーストのように、真っ直ぐ下がらない点にある。ロープに詰められそうになったら、半円を描くように左サイドへ。コーナーに押し込まれそうになれば、ダッキングしながら右サイドへ。逃げるばかりではなく、サークリングして迎撃態勢を取るのはさすがだ。ミルコを捕まえ切れないサップは、丸太のような太い腕を振り回すしかない。対するミルコは、大きく距離を取るか、自ら組み付いて距離を潰すことに徹している。パンチの当たる距離にいなければ、サップはスタミナを使いはたして自滅するだけである。

組み付いたミルコを振りほどこうとするサップだが、ミルコの腰は強く倒れない。この1ヵ月間、150kgの柔術選手と組み技のスパーリングを繰り返したのは、クリンチワークの強化にあったと見ていい。

それでも、サップの前進は止まない。芸能のスケジュールに明け暮れ、まともに練習をしなかったと言うが動きは俊敏、問題はいつまでスタミナが持つか。ミルコがほとんど攻撃を出さないのは、スタミナ切れを待っているからだろう。

パンチを振り回すサップ、かわすミルコ。捕まえようとするサップ、逃げるミルコ。同じ攻防を繰り返すうちにサップの動きが緩慢になる。次の瞬間——、ミルコはレバーめがけて強烈なミドルキックを叩き込んだ。サップはすかさず肘でブロック。同時に右のガードが下がる。「計算通り」とばかりに左ストレートを顔面に叩き込むと、苦悶の表情を浮かべたサップは、二、三歩後ずさりして、ぶっ倒れた。1R1分26秒、ミルコ・クロコップKO勝ち。場内大興奮である。

「サップの顔が『痛いよーっ』って訴えていたので、脳震盪を起こしたわけではないことはわかりました。顔面パンチに慣れていない選手にありがちなダウン。明らかに経験の差、ダメージはないけど、心が折れたんでしょう」（この時期、K-1公認審議員だった大森敏範）

この時期に東京拘置所に収監されていた石井和義は、リアルタイムでこの試合を見ていない。それでも、思うところがあるという。

「拙速なマッチメイクだと思いました。相性も最悪。僕なら組みません。初心者がパワーだけで勝てる相手じゃないよね。この試合から、サップに恐怖心が生まれたんです」

「今までの人生で一番価値ある勝利」と喜びの声を上げたミルコだが、実は数日前から高熱にうなされ、体調は最悪だったことを試合後に明かした。サップが前年のノゲイラ戦や、ホーストとの2連戦と同様のモチベーションで練習に取り組んでいれば、結果が違った可能性はあったのかもしれない。

ともかく、大人気のボブ・サップを破ったミルコ・クロコップは、K－1のみならず、格闘技界の中心に躍り出たのである。

DNA

筆者が『日刊ゲンダイ』で「芸能界と格闘技界　その深淵」なる連載を行っていた頃、川又誠矢から企画書一式を手渡されたことがあった。

表紙には「DNA」とあった。これこそが、2003年8月に、川又誠矢が開こうとしていたイベントのタイトルだった。

世に出回る多くの企画書がそうであるように、1枚目には「開催主旨」があり、M1（20～34歳の男性）、M2（35～49歳の男性）、F1（20～34歳の女性）、F2（35～49歳の女性）に人気のスポーツがサッカーと格闘技であることや、前年の大晦日に、TBSで放映された『INOKI BOM-BA-YE 2002』が16・5％と紅白歌合戦の裏番組において、歴代2位となる高視聴率を記録したことが記されていた。いかにも広告代理店が作ったと思しき内容で、協賛スポンサーに向けたものであるのは言うまでもない。

この手の企画書は、筆者も放送作家時代に幾度となく目を通したし、ライティングを頼まれもしたが、概要は可能性に留める場合が一般的だったと思う。しかし、これは決定事項として詳細に明記されていた。

●開 催 日　2003年8月16日（土）または17日（日）
●会　 場　さいたまスーパーアリーナ
●時　 間　開場14：00　開始16：00
●主　 催　DNAパートナーズ（仮）
●入場料金　SRS¥32，000　RS¥20，000
　　　　　S¥10，000　A¥6，000

具体的なのは収支である。3万人動員したと仮定して「TV放映権料」「協賛スポンサー」「チケット」「マーチャンダイジング」（グッズ等）などの収入部分と、「ファイトマネー」「渡航費」「会場費」「プロモーション」などの支出部門が5パターンも計上されていた。

企画書には大手広告代理店の株式会社ADK（現・株式会社ADKホールディングス）の名称もあり「アニメと格闘技の連動」を謳っている。古くは『妖怪人間ベム』から『ドラえもん』『ガンダム』などの人気アニメを手掛けてきた実績があることを思うと、どの程度、実現したかは判然としないが「格闘技興行をテレビ局主導から広告代理店主導に」というADKの思惑も見え隠れする。

しかし、組織がいくら機能的でも、目玉カードがないと企画とは進まないものである。企画書を数枚めくると「スペシャルマッチ」の欄があった。

そこには「吉田秀彦対ミルコ・クロコップ」とあった。

秋元康プロデュース

川又誠矢が、2003年8月に開催しようと計画していた格闘技イベント「DNA」は、今もその実態には疑問が残る。ただし、その後の流れを見る限り、実際に開催に向けて動いていたのは事実と見てよく、目玉カードに据えていたのが「吉田秀彦対ミルコ・クロコップ」だった。

前年夏の「Dynamite!」でホイス・グレイシーを相手にデビュー戦を飾った吉田秀彦は、PRIDEのリングでドン・フライに一本勝ち、大晦日の『INOKI BOM-BA-YE 2002』では佐竹雅昭を秒殺に葬るなど、桜庭和志と並ぶ総合格闘技のスターとなっていた。

その吉田秀彦の対戦相手に選んだのが、日本人ファイターを次々と打ち破り、人気者のボブ・サップを1RKOに葬ったミルコ・クロコップだった。この時期に考えうる最も注目度の高いカードであり、むしろ、このカードを実現させるために、川又誠矢はミルコ・クロコップのマネージメントを引き受けたようにさえ映る。

川又誠矢とパートナーシップを結んだ大手広告代理店のADKは、イベントの開催に向けてチームを編成した。タイトルを「DNA」と命名したのも彼らで、会議には秋元康まで顔を出していたという。AKB48のプロジェクトを立ち上げる2年前のことで「秋元康が格闘技イベントをプロデュースする」という噂は、筆者も耳にしたことがあったが、この「DNA」のことだったのである。

しかし、新体制となったK－1は、川又のイベントに、協力的とは言い難かった。

「だって、川又ちゃんがイベントをやるもやらんも、本人の裁量でしょう。そもそも『イベントに協力する』なんて、僕は絶対に言ってないし、谷川君もそうだったと思う。どのみち、収監される直前でそれどころじゃなかったもの」（石井和義）

「確かに、館長から川又さんのイベントについて聞いた記憶はないです。館長は何も言わずに、小菅に収監されましたから。だから、川又さんから『館長から聞いてる？』と訊かれたときは、本当に知らなかったので『確認してみます』と言う以外なかった。いくらプロデューサーになったとは言っても、まだ、自分の一存で何も決められなかったんです」（谷川貞治）

谷川は石井和義の実弟でK－1の興行に参画していた石井俊治に相談した。俊治は「俺も何も聞いてないから、グッズ関係の権利を川又さんに渡しては？」と代案を出した。しかし、川又がそれで納得するとも思えず、谷川は東京拘置所に収監されている石井宛に手紙を書いた。石井の返事には「寒いからコートを差し入れして」とか「本も何冊か欲しい」とイベントと無関係の要求ばかり書き連ねられ、最後に「そんな約束した覚えがない」という一文があったという。

「僕の本心を言うと、川又さんのイベントに協力するのは、やぶさかではないんだけど『みんなで一緒にやるなら』って思っていました。K－1もPRIDEも一緒にやるのが理想。と言うのも、前年の『UFO　LEGEND』が大失敗だったでしょう。あんな風になるのは勘弁で、とにかく、このときは館長と川又さんの板挟みで大変だった記憶はあります」

結局、収監中の石井和義から返事は得られず、ゴールデンウィークに突入してしまった。

そんな川又誠矢に、意外な人物が接触して来るのである。

テレビマン

モハーヴェ砂漠の中心に存在するネバダ州・ラスベガスは、人類がこの世の娯楽と欲望を集めて創り上げた、世界最大の歓楽都市である。

2003年5月2日、通算7回目となるK-1ラスベガス大会が行われた。石井和義が姿を見せない初めての大会となったが、さしたるトラブルもなく大団円を迎えた。

3年後の2006年に川又誠矢が明かしたところによると、この日の夜「フジテレビのプロデューサーと話し合いを持った」とある。プロデューサーは川又にこう持ちかけたという。

「8月にはPRIDEがミドル級GPを開催する。ウチも大々的に放映する。川又さんのイベントと日程がカチ合うので、そっちを中止してもらえないか。(中略)代わりに、PRIDEと組んで大晦日にイベントをやってもらえないか」(『週刊現代』2006年4月15日号)

このプロデューサーの依頼を川又はやんわり断ったというが、プロデューサーはなおも食い下がったとある。

ここに登場する「フジテレビのプロデューサー」とは、当時、フジテレビスポーツ局専任部長の職にあった清原邦夫のことだ。谷川貞治にK-1の新しいプロデューサーになるように示唆した人物であることは前章で触れた。

この時期、フジテレビの格闘技番組全般を統括していた清原邦夫は、90年代の格闘技ブームを語る上で欠かせない人物である。

戦前の司法官僚で、1960年代に検事総長を務めた清原邦一を祖父に持ち、産経新聞社社長、会長を歴任した清原武彦を叔父に持つ彼は、慶応大学卒業後の1984年にフジテレビに入社。営業畑を歩んできたが、編成部に異動になったことが、日本の格闘技史を変えることになろうとは、本人もまったく想像していなかっただろう。

1993年のゴールデンウィークに、代々木公園でフジテレビの事業部が開催した「LIVE UFO」、そのイベントの一環として、国立代々木競技場第一体育館で行われたのが「第1回K-1グランプリ」だった。その際、深夜枠で中継番組をスタートさせたのは編成マンだった清原邦夫である。95年にはスポーツ局に異動し、K-1はもちろん、極真空手の世界大会の中継も手掛けるなど、格闘技番組全般に携わるようになった。

96年4月には格闘技情報番組『SRS』を立ち上げ、無名のモデルだった藤原紀香を抜擢。K-1人気と比例するように、彼女もスターの階段を上り始めた。同年10月には、ゴールデンタイムでK-1の生中継を実現させるなど、創始者の石井和義と文字通りの二人三脚で、K-1を人気スポーツに成長させた。

拙著『沢村忠に真空を飛ばせた男』でも詳述したことだが、格闘技界には時としてこの手のテレビマンが現れる。60~70年代にかけて〝TBS運動部の雄〟として、国際プロレス、沢村忠のキックボクシング、具志堅用高のプロボクシングを手掛けた森忠大は代表的な存在だろう。他にも、NET（現・テレビ朝日）運動部長として『大相撲ダイジェスト』『ワールドプロレスリング』『エキサイトボクシング』を立ち上げ『モスクワ五輪独占中継』では現場で指揮を執った永里高平や、東京12チャンネル（現・テレビ東京）運動部長として、やはりプロレス、ボクシング、キックボクシング、さらに箱根駅伝の中継を初めて手掛けた白石剛達が続く。

試合結果が新聞に報じられるスポーツ中継は、ドラマや情報番組と違って実績が目に入りやすく、担当プロデューサーは思いのほか昇進しやすいとも言われる。事実、ＴＢＳの森忠大も、テレビ朝日の永里高平も、親会社である新聞社の強い影響下にありながら異例の出世を遂げ、テレビ東京の白石剛達に至っては、プロパー社員として初めて取締役に名を列ね、最終的には専務取締役にまで昇進した。清原邦夫も彼らと同種に列なるテレビマンと見てよく、１９９９年からはＰＲＩＤＥの中継番組も立ち上げている。

「今にして思えばですけど、あのとき清原さんがＫ－１の中継番組を立ち上げなかったら、その後の格闘技の流れって全然違ったでしょうね。２０００年代のブームなんて絶対に来てないし、僕にとっても恩人ですよ。一介の雑誌編集者で終わらずに、解説者やコメンテーターまでやらせてもらえたのは、清原さんが声をかけてくれたからなんで」（谷川貞治）

その清原邦夫が「ＤＳＥの榊原信行と一緒にやって欲しい」と川又誠矢に依頼したことで、事態は思わぬ方向へ進むことになる。

ミルコ、PRIDEへ

ラスベガスから帰国した川又誠矢は、Ｋ－１プロデューサーの谷川貞治と会談を持った。

真夏のイベント「ＤＮＡ」において、Ｋ－１の協力が得られるか、改めて問い質すためだが、ここでも「館長が出所するまで待ちましょう」と谷川は従来からの回答を繰り返した。

「本当に〝引き延ばし作戦〟とかじゃなくて、館長から確約をもらわないと、何も決められなかったんです。決定権ゼロ。そろそろ回答しないといけないことはわかっていたけど、そうとしか言えなかった。ただ、館長に何通か手紙を書いて尋ねた感じで言うと、川又さんに協力する気がさらさらないことは、この時点で、すでにわかっていました。だって館長は、僕がＫ－１の新しいプロデューサーになることも、いい気がしなかったように、川又さんが独自のイベントを開くことも、絶対に嫌だったと思います」（谷川貞治）

話し合いは平行線に終わった。谷川貞治から色よい返事が得られなかった川又誠矢の肚《はら》は、ここで決まったものと見ていい。ＤＳＥ社長の榊原信行との話し合いの様子について、川又は前出の『週刊現代』でこう述べている。

《都内ホテルでの榊原との話し合いでは、Ｘ組やＩ氏との関係を質しました。
「ヤクザとの関係はありません。ＰＲＩＤＥに関する判断は、Ｉではなく全部私がしています」
　榊原は断言しました。私は紳士的な彼を信用し、ＤＳＥと「覚書」を交わすことになりました。内容は、〈川又が８月に企画していたイベントを取りやめる〉、〈ミルコを６月と８月のＰＲＩＤＥに出場させる〉、〈対価としてＤＳＥが川又に３０００万円を支払う〉、〈大晦日に川又とＤＳＥが協同で大会をプロデュースする〉というものでした》

かくして、ミルコ・クロコップのＰＲＩＤＥ転出は、ホテルの一室で極秘裏に決まった。

決裂

2003年5月20日夜のことである。谷川貞治の許に「ミルコ・クロコップがPRIDEのリングに上がる。明日発表」という情報が入ってきた。

谷川は驚いた。なぜなら、その前夜もDSE代表の榊原信行と電話で話していたからだ。ミルコの件など、おくびにも出さず、他愛もない世間話をしていたのに、何故、そのときに話してくれないのか。谷川は榊原の携帯電話を鳴らした。

「バラさん、どういうこと? 何で昨日言ってくれないの」と谷川が迫ると「お聞きの通りです」と榊原は冷淡に言い放ったという。

「K-1のプロデューサーになって思ったのは『このままだと先細りするから、PRIDEとは協力してやっていかないといけない』ってこと。だから、ミルコがPRIDEに上がるのは、いくらでも許可したし『むしろ、ドンドン上がればいい』とさえ思った。でも、黙ってやることはないでしょう。それも前日に電話で話してるのに」(谷川貞治)

谷川は榊原と直接会って話すために、渋谷のさくらタワーまでタクシーを飛ばした。榊原は前夜とは打って変わって別人のオーラを纏っており、谷川が改めて問い質すと「だって、谷川さんが『PRIDEを潰す』なんて言うからさ」と榊原は答えた。

「俺がいつ、そんなこと言ったの」

「言ったでしょ」

「言ってないよ、そんなこと信じるの」

谷川は「ははーん、今井さんや川又さんが、何か焚きつけたんだな」と勘付いた。

「何より腹が立ったのは、清原さんまでが僕に黙っていたこと。知らなかったのは僕だけ。つまり、潰そうとしていたのはＰＲＩＤＥじゃなくてＫ－１だったってこと」

谷川貞治は、榊原信行にこう告げた。

「わかりました。今後一切、ＰＲＩＤＥには関わりません。仕事するのもやめます」

これをもって、Ｋ－１とＰＲＩＤＥの蜜月関係に終止符が打たれた。

翌21日、都内の高田道場にて、6月8日に行われる「ＰＲＩＤＥ26」の追加カードを発表するための記者会見が開かれた。練習用マットに胡坐《あぐら》をかく記者の前に、ＰＲＩＤＥ統括本部長の高田延彦がTシャツ姿で現れると「では、最も旬なカードを発表します。『ミルコ・クロコップ対ヒース・ヒーリング』」と発表した。

「今回のミルコの結果を含めた試合内容次第では、早い時期にヒョードルとの対戦もありえる」

（高田延彦のコメント／『スポーツ報知』２００３年5月22日付）

その日の夜である。マスコミ各社に「石井和義、明日、保釈決定」の一報がもたらされた。

第4章 あの夏のタイソン

2003年8月、「K-1ラスベガス大会」のメインイベント終了後、
ついにマイク・タイソン（写真右側の人物）がリングイン。
ボブ・サップ（写真左側）と対峙した

2003年5月22日、葛飾区小菅にある東京拘置所の正面は、早朝から報道陣でごった返していた。この日の午前中に、石井和義の保釈が決定したからである。

一報が流れたのは正午前だったが、報道各社は前日の段階で「保釈金は4000万円」も含め大方の情報を把握していた。K-1プロデューサーだった谷川貞治は「弁護士に聞いて、前日の午後には知っていた」と言う。

午後2時45分、拘置所の扉が開くと、グレーのスーツ姿の石井和義が約3ヵ月半ぶりに報道陣の前に姿を見せた。幾分やつれた様子ではあったが、足取りはしっかりしていた。石井は開口一番こう言った。

「私の不勉強さと、経営者としての自覚のなさとで、多くの方々にご迷惑をかけました。申し訳ありませんでした。時間をかけて誠心誠意、罪を償い、一からスタートしたい」

筆者は「保釈後、最初にどこに行きましたか」と現在の石井和義に尋ねた。「拘置所のとき？刑務所のとき？」と訊き返されたので「拘置所のときです」と答えると、首を傾げたのち「いろいろ連れ回された気がするけど、憶えてへんわ」と諦めたように言った。「少しの間、ボーッとしてた気もするし」とも言う。これについては、谷川貞治の回想が正確かもしれない。

「私は小菅まで迎えには行ってなくて、館長の運転手だけ行きました。まずは、新橋の整体治療院に直行して、身体をほぐしてもらって、その後は、目白に向かいました。ホテル椿山荘に部屋を取っていたんですよ。『ふかふかの布団で寝てもらおう』という配慮です。僕は椿山荘で会いましたが、仕事の話はしませんでした。事前に手紙で伝えてありましたから。ただ『明日から具体的にどうするか』というスケジュールの話だけはしました」

「出所したニュースが入ると、いろんな人が会いに来るでしょう。みんな、館長が出てくるのを待ち侘びていたわけだから。でも、いきなり仕事の話をさせるのもかわいそうだと思って、しばらく、姿を消してあげようと思ったんです。だから、僕もすぐに帰りました」

石井和義は当時の心境をこう振り返る。

「戦線復帰なんて意識はゼロ。失敗してるわけやから、そんな指揮官が最前線に復帰なんか出来ません。ただ『力になれることはなってあげよう』って想いはありました。そうでなくても、選手がいなくなって、まずいことになりそうでしたから」

「選手がいなくなって」とはPRIDEに転出したミルコ・クロコップを指すことは察しがついたが、実はそれだけではなかった。

PRIDEとの協力関係が破綻したのち、K－1の主力選手に、ことごとく、引き抜きの手が回っていたのである。

敗北の歴史

1993年にK－1がスタートしたとき、中心選手だったのは日本人エースの佐竹雅昭である。彼がいなければK－1は旗揚げしていない。それは、断言していい。

1965年に大阪に生まれた佐竹は、高校入学と同時に正道会館に入門、恵まれた体格もあってすぐに頭角を現し、大学在学中の87年には正道会館の全日本大会を制し、その後、3連覇を達成。「打倒前田日明」を広言するなど、マスコミに注目される存在となった。

1990年には日系アメリカ人キックボクサーのドン・中矢・ニールセンとキックボクシングルールで対戦しKO勝ちを収め、翌年には前田日明の主宰する総合格闘技団体・リングスに参戦、プロ格闘家としてのキャリアをスタートさせる。この過程において得た知名度こそが、K-1を旗揚げする原動力となった。つまり、佐竹雅昭がいたから、K-1というプロジェクトが動き出したのである。

佐竹雅昭と筆者は、過去『バラいろダンディ』（東京MXテレビ）というテレビ番組において、出演者と構成作家の間柄にあった。金曜日の生放送が終わると、半蔵門の居酒屋で何度か呑んだこともある。他愛もない酒の話の合間に、K-1黎明期の労苦について耳にすることもあった。

「あの頃は日本人が俺だけでしょう。テレビに出て、イベントに出て、スポンサー回りもやったし、業界の人に会うとき館長は俺を連れて行く。それをこなした上で練習も欠かさなかった。だから、ボブ・サップの気持ちが少しはわかるんよ」（佐竹雅昭）

そんなK-1のリングだったが、佐竹にとって安住の地とは言えなかった。無名の強豪外国人が対戦相手として立ちはだかって来たからだ。ピーター・アーツ、アーネスト・ホースト、マイク・ベルナルド、ジェロム・レ・バンナ……。彼らは佐竹に勝利を収めたことで知名度を上げていった。言わば、佐竹は彼らの踏み台にされたのである。

真剣勝負の世界において日本人のスターを欲しても、計画通りに進まないのは道理である。初期Ｋ－１最大の功労者である佐竹雅昭も例外ではなく、それ以降、Ｋ－１は外国人対決が主流となった。連綿と続いた「日本人対外国人」の構図を塗り替えたのは、紛れもなくＫ－１の功績であり、石井和義のプロモーターとしての慧眼だったが、同時にそれは、佐竹雅昭の敗北の記録でもある。何より重要なのは、この世界観の定着がなければ、後発のＰＲＩＤＥが成功することはなかったことだ。

協力関係にあったＫ－１とＰＲＩＤＥが、ミルコ・クロコップの出場をめぐるいざこざが発端となって、蜜月に終止符が打たれたのは前章で述べた。想定外だったのは一気に敵対関係に発展し、ＰＲＩＤＥが知名度の高いＫ－１の外国人ファイターに触手を伸ばしてきたことである。

「ピーター・アーツも、ジェロム・レ・バンナも軒並み誘われました。彼らは動かなかったけど動いた選手もいます。そのタイミングで館長が拘置所から戻って来たので、館長にとって一番憎かったのはＰＲＩＤＥだったと思います」（谷川貞治）

創始者が逮捕され、人気選手の流出に悩まされ、テレビからも見放されたＫ－１は、創立以来最大のピンチを迎えていた。

そんなとき、一通のＦＡＸが事務局に届いたのである。

その手があったか

Ｋ－１の事務局に送られてきた一通のＦＡＸには、英文でこう書いてあった。

「私はマイク・タイソンの代理人だが、条件さえ合えば、彼をＫ－１のリングに上げてもいいと思っている。どうだろう」

Ｋ－１プロデューサーの谷川貞治は「あ、その手があったか」と膝を打った。

何度も述べてきたように、元統一世界ヘビー級王者のマイク・タイソンほど、プロレス・格闘技界から熱心にラブコールを送られたプロボクサーはいない。前年８月８日の「ＵＦＯ　ＬＥＧＥＮＤ」でも「タイソン来日」が報じられると、ファンとマスコミが色めき立ったことは先述した通りである。

そこで、谷川はＦＡＸの送信元ではなく、Ｋ－１ ＵＳＡ代表のスコット・コーカーを通して、タイソン招聘の可能性を探ることにした。全米のボクシング業界にも明るい彼に調査を依頼することで、慎重に事を運ぼうとしたのである。「引っかからなくてもいいし、引っかかったら儲けもの」と軽い気持ちでコーカーにメールを送った。

他方、この時期の谷川は、テレビ関係者と頻繁に会っている。困ったときに頼みになるのはメディアの力だからだ。ＴＢＳテレビのスポーツ局に属していた樋口潮もその一人である。

１９８６年の入社以来、スポーツ畑を歩いた樋口は『筋肉番付』『スポーツマン№１決定戦』『ＳＡＳＵＫＥ』を手掛けるなどヒットメーカーとして知られ、Ｋ－１が初めてＴＢＳと組んだ

『INOKI BOM-BA-YE 2001』のプロデューサーを務めた縁で、２００２年スタートの「Ｋ－１ ＭＡＸ」でもプロデューサーの任にあたった。筆者は面識こそないが「人の心を摑むのがうまい」という評判を耳にしたことがある。

「樋口さんはアスリートの扱い方が抜群だったので『Ｋ－１ ＭＡＸ』が始まるとき、こちらからお願いして就いてもらったんです。樋口さんじゃなかったら、魔裟斗だってあそこまでスターになってないでしょう。あるとき、魔裟斗が負傷して大会に出られなくなった。『数字的に厳しいなら、ボブ・サップを出しますよ』って言ったら『いえ、ＭＡＸの世界観は守りましょう』って毅然と言ってくれた。あれは本当に有難かったです」（谷川貞治）

かくして、フジテレビがＰＲＩＤＥに接近するように、ＴＢＳがＫ－１との関係を深めたのも必然だったのだ。

3強時代

石井和義がミルコ・クロコップの代理人である川又誠矢の携帯電話に連絡を入れたのは、保釈されてすぐの5月下旬のことだという。

すぐさま、都内のホテルで会うことになった。このときの会話の内容を石井和義に尋ねると「川又ちゃんと会ったとは思うけど、どんな話をしたのか記憶にない」と言った。

「だって、保釈されたばかりですよ。次から次へと面会希望の人と会う。ああでもない、こうでもないと一日に何十人。もう21年前のことですから、いちいち憶えてませんわ」

この時期、K－1プロデューサーとして業務に忙殺されながら、石井和義のスケジュールを把握していた谷川貞治はこう言う。

「間違いなく、館長と川又さんは会っています。保釈されてすぐ、館長は椿山荘で数日間、休養を取っていたけど、その後は面会を繰り返していて、その中に川又さんもいました。僕は立ち会っていないので、二人がどんな話をしたか知る由もない。ただ、館長はPRIDEのことは腹に据えかねていて、それなのに、バラさんと組んだ川又さんに言いたいことはあったと思う。『もとはウチの人間なのに、何であいつらと組むんだ』ってことです」

その川又誠矢がマネージメントを手掛けるミルコ・クロコップが、2003年6月8日に行われる「PRIDE26」で、ヒース・ヒーリングとの一戦を3日前に控えて、羽田空港第3ターミナルに降り立った。群がった報道陣が口々に質問を投げかけると、苛立った様子で答えた。

「いつも同じ質問ばかりしやがって。いつだって、俺はコンディションはいいんだ。ルールは問題ない。長期戦でも大丈夫だ。当日はたっぷり俺のショーを見せてやる」

一方、対戦相手のヒース・ヒーリングは、「主導権を握らせはしない。グラウンドでの攻防も多くなるだろう。ミルコにとっては厳しい戦いになる」と自信満々に切り捨てた。

これまで、K－1を代表してPRIDEに参戦したミルコは、立ち技にも配慮した特別ルールで戦ってきたが、今回から1R10分、2Rと3Rは5分のPRIDEルールに従うことになり、本格参戦となると、アントニオ・ホドリゴ・ノゲイラや、エメリヤーエンコ・ヒョードルといった正真正銘のコンプリートファイターとも戦うことになる。ヒーリングも言うように、不利な展開になるのは否めないのではないか。

しかし、専門家の見方は別のものである。日本大学キックボクシング部主将を務め、卒業後はプロの道には進まず、Ｋ－１審議員を歴任した大森敏範はこう分析する。

「最初にそのニュースを聞いたとき『ミルコはいい選択をした』と思いました。と言うのも、当時のＰＲＩＤＥにはミルコのような打撃のスペシャリストがいなかった。高速左ハイキックという一撃必倒の武器もあって、Ｋ－１選手より柔術家やレスラーを相手にしたほうが、明らかに有利だと思ったからです。それに、彼は身体能力も運動神経も凄い。だから、寝技も練習を重ねたら対処出来るだろうし、ＰＲＩＤＥは膠着ブレイクがあるのも有利に働く。おそらく、そのことも見据えていたと思うんです」

試合前、向かい合ってレフェリーの注意を聞く両者の様子は対照的である。落ち着きなく身体を動かし、視線の定まらないヒーリングに対し、ミルコは微動だにせず、むしろ、柔和な表情でヒーリングを見つめていた。

ゴングが鳴った。〝荒馬〟の異名通り、積極的に前に出るヒーリングを落ち着いてさばくミルコ。マットを這うような素早い両脚タックルも、冷静に腰を落とし、がぶっては膝蹴りを喰らわし、カウンターでアッパーを合わせる。ならばとばかりに、自らマットに腰を落とし寝技に誘うヒーリングだが、ミルコは付き合わず、スタンドで攻勢を強める。

そして３分すぎ、不用意に前進したヒーリングのレバーに、強烈なミドルキックを叩き込んだ。たまらず、後退するヒーリング。すかさず、獲物を捕らえた猛獣のようにパンチで追い打ちをかけダウンさせると、合計11発の鉄槌を叩き落とした。レフェリーは試合をストップ。1R3分17秒、ミルコ・クロコップのTKO勝ち。場内は蜂の巣を突いたような騒ぎである。

「ファーストコンタクトで彼は私を捕まえることができないと思った。スタンドの打撃では絶対に負けないという確信があったので、予定通りの結果だと思っている。（中略）もし捕まったとしても、脱出できるように柔術のスパーリングもしてきたので、基本的には問題なかったと思う」（ミルコ・クロコップのコメント／『格闘技通信』2003年7月15日増刊号）

「ミルコからは『今PRIDEでやりたいんだ。心身ともに最高潮なんだ』というモチベーションが伝わってきた。彼がターゲットにしているヒョードルも今が最高潮。その時点ですでに答えが出ているよ。あとは結果で自然なストーリーが作られていくよ」（PRIDE統括本部長・高田延彦のコメント／同）

PRIDEのリングは、ノゲイラ、ヒョードル、ミルコの〝3強時代〟が始まったのだ。

PRIDEの夏

「PRIDE26」から10日後、都内で会見が開かれた。8月10日に、さいたまスーパーアリーナで開催される「PRIDE GP2003開幕戦」において、93kg以下の「PRIDEミドル級トーナメント」が行われることが正式に決まり、PRIDE統括本部長の高田延彦、DSE社長の榊原信行、そして吉田秀彦の3名が出席した。

そもそも、この大会は川又誠矢が大手広告代理店のADKと組んで行う予定だった格闘技イベント「ＤＮＡ」を取りやめて開催が決まった経緯があった。ＤＮＡの目玉カードは「吉田秀彦対ミルコ・クロコップ」だったが、吉田の身柄はＰＲＩＤＥにシフトされたのである。

このミドル級トーナメントには、桜庭和志、ヴァンダレイ・シウバ、アリスター・オーフレイム、クイントン〝ランペイジ〟ジャクソンの出場も発表され、さらに、ＵＷＦ～ＵＷＦインターナショナル～リングスと、三つの団体を渡り歩いた田村潔司の参戦も決定した。

その他の試合も豪華で、ＰＲＩＤＥヘビー級王者・エメリヤーエンコ・ヒョードルを始め、前王者のアントニオ・ホドリゴ・ノゲイラ、ミルコ・クロコップ、イゴール・ボブチャンチン、ゲーリー・グッドリッジと、「ＰＲＩＤＥオールスター戦」と言うべき陣容が発表された。

１週間後、さらなるニュースが舞い込んだ。「ＵＦＣ対ＰＲＩＤＥ全面対抗戦」である。

総合格闘技イベントの老舗であるＵＦＣ（Ultimate Fighting Championship）との対抗戦がまとまり「ＰＲＩＤＥミドル級トーナメント」にＵＦＣを代表してチャック・リデルと、ムリーロ・ブスタマンチの出場が決まった。ＵＦＣ代表のダナ・ホワイトが「次はＰＲＩＤＥがＵＦＣに選手を出す番だ」と挑発すると、榊原信行は「飛んで火にいる夏の虫とはこのこと」と応戦。「全面戦争待ったなし」を印象付け、前売券は飛ぶように売れた。

Ｋ－１の後塵を拝していたＰＲＩＤＥが、一気に突き抜けたのが、２００３年夏の快進撃だったのである。

奇特なプロモーター

この時期、榊原と絶縁状態にあった谷川貞治は、PRIDEの快進撃を意外な心境で眺めていた。

「バラさんと絶縁したときは『絶対にPRIDEを潰してやろう』って思った。だって、これまでのPRIDEでやってきたこと……例えば、フジテレビとコラボしたりとか、『桜庭対ホイラー』『桜庭対ホイス』とかのマッチメイクとか、猪木さんをリングに上げたりとか、ついでに百瀬さんまで有名にしちゃうだとか、そういうのは、僕と柳沢（忠之＝『紙のプロレス』発行人）のアイデアだった。それを具現化しただけ。だから『どうせ、初期のグダグダ時代のPRIDEに戻るだけだよ』って高をくくっていたんです」

しかし、そうはならなかった。

「舐めてましたね。このときの唯一の誤算はバラさんにめちゃくちゃ才能があったこと。むしろ、僕らと離れてPRIDEは一段と良くなった。バラさんのポテンシャルがそんなに高かったなんて思いもしなかった」

そして、こうも言う。

「格闘技のプロモーターって特殊な才能を要するんです。ケイダッシュの川村会長みたいに、あんなに才能のある人ですら、格闘技の水は甘くなかった。芸能界とは肚の決め方が違うんです。古くは野口修さんから始まる格闘技プロモーターって、それぞれ、独特な才能を持っている。正解は一つじゃない。だから後継者も育たない。そんな中、バラさんは今も最前線に立ち続ける、天然記念物みたいな存在だと思います」

筆者が『日刊ゲンダイ』の米田デスクに川又誠矢を引き合わされたことが、連載が始まる契機となったことは前章で述べた。程なく、筆者は石井和義と榊原信行に手紙を書き送るも、榊原からは梨の礫《つぶて》だった。その後も、知人を介して取材の可能性を探ってみたが、やんわりと拒まれた。現在もＲＩＺＩＮのＣＥＯとして辣腕を振るっている彼からすれば、取材に応じるリスクもそうだが「回想するなんて時期尚早」と言いたかったのかもしれない。

榊原信行は１９６３年、愛知県出身。大学卒業後の87年、フジテレビの系列局である東海テレビの関連子会社・東海テレビ事業株式会社に入社し、イベント制作や旅行代理業務に携わる。

榊原と格闘技の出会いは、94年12月10日に名古屋レインボーホールで行われた「Ｋ－１ ＬＥＧＥＮＤ～乱～」を手掛けたことに始まる。榊原はＫ－１の興行を名古屋で初めて開催して、会社の業績を上げたかっただけのことで、格闘技にさほど関心があるわけではなかったが、それでも９５５０人（主催者発表＝超満員）の観衆を動員し、大会を成功に導いている。

このときのＫ－１名古屋大会では「特別試合」と称し、話題を集めていたＵＦＣを模して、金網を使用しての総合格闘技戦「キモ対パトリック・スミス」が組まれた。

「この頃、まだ日本のどこの団体も金網の試合をやってなかったから、真っ先に反応を知りたかった。でも、失敗したら興行にダメージを与えてしまうから、第１試合の前の『第０試合』って扱いにした。ただすべりしたら『見なかったことにして』って言おうと思って」（石井和義）

実際は「だだすべり」どころか大きな反響を呼ぶことになるのだが、試合を目撃した榊原信行は「ハードコアすぎて、少なからず嫌悪感を覚えてしまった」(『プライド』金子達仁著/幻冬舎)と回想する。つまり、1994年の榊原信行にとって、21世紀を生きる自身の姿は、まったく、予見出来ないものだったことになる。

そんな榊原が格闘技ビジネスに本格参入するきっかけとなったのは、高田延彦との出会いだった。1996年6月26日に高田が主宰するプロレス団体、UWFインターナショナルの名古屋大会を手掛けた折、大会後の打ち上げで「東京ドームでタイソンと戦って引退したい」と高田に告げられた榊原は、格闘技にさしたる興味はなくとも「面白そう」と即座に企画書を書いた。

思いを実現させるには一枚の企画書から始まることを、かつて放送作家だった筆者も経験則として知っている。榊原の書いた「高田延彦対マイク・タイソン」の企画書も、タイソンがヒクソンになったり、8月が10月になったり、横浜アリーナが東京ドームになったりと、訂正とアップデートを繰り返しながら一つの形となった。それこそが「PRIDE」の興りである。

すなわち、榊原信行こそ「PRIDE生みの親」と言ってよく、程なく東海テレビ事業を退社し、PRIDEの運営会社に転職したのは、右の経緯を思えば当然かもしれない。

彼自身、興行の魅力をこう述べている。

「戦う舞台を必要としてくれる多くの選手とかファンがいて、その人たちが大会のときにエネルギーの交換をするような空間が生まれるわけです。そのときに多くの感動とか興奮に突き動かされて、腹の底から絶叫しているファンの人たちの姿を見ると、それこそが自分たちがこの仕事を

続ける原動力だと思うんですね」（『ＴＡＢＬＯ』２０２０年８月28日配信）
地方系列局の関連子会社出身の叩き上げから、海千山千に翻弄されながら、「２００３年の大晦日興行戦争」を戦い抜いた榊原にとって、不可能と言われた「那須川天心対武尊」を実現に持っていくことくらい、どうということはなかったのかもしれない。

モンスター路線

ＰＲＩＤＥの快進撃に押され気味となっていたＫ－１が、打開策として、元統一世界ヘビー級王者のマイク・タイソンの招聘に乗り出したことはすでに述べた。しかし、世界的な大物だけに一朝一夕でいくはずもなく、手探りでも粘り強く交渉を続けるほかなかった。

同じ頃、Ｋ－１プロデューサーの谷川貞治は、新日本プロレス取締役の上井文彦の携帯番号を押した。スポーツ紙に「新日本プロレス中西学　Ｋ－１参戦へ」の見出しが躍ったのは数日後のことだ。

そして、６月29日にさいたまスーパーアリーナで行われる「Ｋ－１　ＢＥＡＳＴⅡ」に中西学の参戦を発表、相手はニュージーランドの格闘家で、アマ相撲世界準優勝のＴＯＡに決まった。「Ｋ－１には、総合やプロレスをしたい選手もいる。これからも新日本プロレスとはいい関係を続けたい」と谷川がエールを送れば、「ウチの選手でＫ－１に出たい選手もいる」と上井も前向きな発言で返し、さらに、ボブ・サップまでが乱入して「今大会の勝利者がビーストと戦うことになる」と明言するなど、盛況のうちに会見は終わった。

「このときは、僕から上井さんに連絡しました。上井さんはやりたくて仕方のない様子でしたけど、新日の現場はそうでもなかった。多分、現場はボブ・サップが欲しかっただけだと思います」（谷川貞治）

このマッチメイクこそ、その後の「K－1モンスター路線」を加速させたように映るが「テレビ局の棲み分けの問題が大前提としてあった」と谷川は反論する。

「K－1って外国人対決が主流だったでしょう。でも、日本テレビで『K－1 JAPANシリーズ』を始めるとなったら、日テレって『子供からお年寄りまで』っていうアットホームな局だから『日本人対外国人』というわかりやすいテーマを設定したんです。でも、アーツやホーストに日本人が勝てないのは明らか。かといって、二流三流を呼んでも話題にならないし」

「そこで、プロレスラーなら知名度もあるし、総合格闘家なら話題も呼ぶ。身体の大きい人なら単純に関心も持てるし、プロモーションもしやすい。それがモンスター路線の始まりなんです。だから、生みの親は僕じゃなくて、言うなれば、日テレの高橋利之Pですよ」

前年の「UFO　LEGEND」の失敗で「二度と格闘技には手を出さない」と言われた日本テレビだったが、格闘技への欲求が再び頭をもたげようとしていたのである。

情状酌量

DSE社長の榊原信行が「PRIDEミドル級トーナメント」に吉田秀彦の参戦を発表したのと同じ6月18日、株式会社ケイ・ワン前社長で、前K－1プロデューサー石井和義被告の第3回公判が東京地裁で行われた。

株式会社ケイ・ワンの新社長に就任した小野優なる人物も出廷し、追徴課税約６億９５００万円のうち、２億３０００万円はすでに納税済みであること、残りの４億６５００万円は分割で納める方針であることを明らかにした。

新社長の小野優は、石井和義の脱税発覚後に、Ｋ－１の顧問税理士として就任した人物で、公明正大をアピールするために、急遽、社長になったいきさつがあった。

気になる返納の内訳だが、石井被告と元妻に１億円ずつの合計２億円を貸し付けて返納とし、７月から10月まで毎月１０００万円ずつ、また、10月11日に行われるＫ－１大阪ドーム大会と、12月６日の東京ドーム大会の収益や、被告の所有する時価６００万円相当の高級車を売却して返納に回すことを言明。

「会社を危うくした被告を追及しないのか」という飯田喜信裁判長の問いに小野新社長は「Ｋ－１の創業者としての貢献度が大きいし、考えていない」と答えた上で、罰金を要求する用意があることは明かした。情状酌量に狙いを絞った感のある第３回公判だが、新体制をアピールする場でもあり「旧体制とは無関係」と言いたかったのだ。

第３回公判から11日後の６月29日、さいたまスーパーアリーナで「Ｋ－１　ＢＥＡＳＴⅡ」が行われた。当初は苦戦していた観客動員だったが、新日本プロレスの中西学の参戦を発表した途端に前売券は売れ始め、当日券も予想以上に伸びた。蓋を開けたら１万３６００人（主催者発表＝満員）の観衆が集まった。

注目の「中西学対TOA」は1R1分38秒、TOAの強烈な右フックを浴びた中西が失神KO負けを喫し、二度とK－1のリングに上がることはなかった。それでも、視聴率は平均で14％、瞬間最高視聴率は17・3％と健闘し、日本テレビからは及第点が与えられた。

この直後、K－1 USAのスコット・コーカーから一報が入った。マイク・タイソンの代理人とアポイントメントが取れたのだ。

タイソンが取り持つ縁

これまでも、前田日明の主宰するリングスや、アントニオ猪木を担ぐUFO、前K－1プロデューサーの石井和義も招聘に動いた元統一世界ヘビー級王者のマイク・タイソンだったが、いずれもまとまらず、それどころか、費用ばかり嵩んで痛手を被っていた。

彼らと同じ轍は踏むまいと、谷川貞治はアメリカのボクシング界にも通じたK－1 USA代表のスコット・コーカーに調査を依頼し、同時にアメリカ中のプロモーターにもタイソンの情報を集めさせていた。それでも、色よい情報は得られず半分以上はガセ。「やっぱり、無理か」と谷川は臍《ほぞ》を噛んだ。

しかし、7月に入ってすぐ、スコット・コーカーから「タイソンのエージェントとアポイントメントが取れた」と連絡が入った。谷川は「本当か」と繰り返し尋ねた。

「ああ、本当だ。今すぐ来い」

すぐさま、谷川はラスベガスに飛んだ。高級カジノホテル・ベラージオの一室で「タイソンの代理人」を名乗る黒人の男と面会した。

「いかにも、胡散臭そうなやつが来た」と谷川は回想する。

「長々と説明するのが面倒だったんで、単刀直入に『タイソンを連れて来て欲しい』とだけ言ったら、向こうも手慣れたもんで『OK、3万ドル用意しろ』と言う。『思ったより安いんだな』ってパッと小切手を渡しました。すると『OK、ちょっと待っとけ』って言って出て行った。『このまま、いなくなったりして』って半信半疑でしたけどね」

数時間後、男は戻って来た。傍らに見覚えのある首が異様に太い男の姿があった。本当にマイク・タイソンを連れて来たのだ。

「びっくりしました。『まずいよ、本当に来ちゃった』って。いきなり、試合の話をしてもまとまるわけがないので『日本とアジアでのマネージメントをやらせて欲しい』って言ったら『いいよ』ってあっさりOK。『タイソンにしては安い』って思って、すぐ、30万ドル（日本円で約3500万円）の小切手を渡しました」

とはいえ、契約はすぐにはまとまらなかった。というのも、タイソンは日本の別の企業にもマネージメントを委託していた。つまりは二重契約だったのだ。

「そんなことだろうと思った」と帰国するとすぐ、谷川はその社長と会った。話し合いを重ねるうちに、パチンコ・パチスロ機の卸会社であるその企業がK－1の大会を支援してくれることになった。この後、7年にわたってK－1の冠スポンサーとなったフィールズ株式会社との出会いは、タイソンの二重契約が取り持つ縁だったのである。

とにもかくにも、マイク・タイソンのマネージメント権を手にした谷川の脳裏に、一つのアイデアが浮かんだ。

タイソンの〝窓口〟

7月20日、シアトルの自宅で静養していたボブ・サップが、愛知県の西浦海岸に現れた。正道会館の夏合宿に参加するためである。

全国の正道会館の支部道場から集まった300人の門下生と一緒に汗を流した後は、温泉に浸かってリフレッシュ。宿泊先の西浦温泉町は、人気者の突然の出現とあって即席のサイン会が随所で行われた。地元の子供たちは大喜びである。

「カラテ衣を着ると、なんだかフレッシュな気持ちになれるから不思議だ。初めて道衣に袖を通したが、どうだい似合っていただろう？（中略）これから俺様と闘う相手は、体が壊れないか心配だね。パンチだけではない。蹴りを覚えたビーストなんて、自分だったら闘いたくないね」

（ボブ・サップのコメント／『格闘技通信』2003年9月8日号）

また、8月15日（日本時間の16日）に行われる「K－1ラスベガス大会」での復帰戦も発表された。対戦相手は総合格闘家のキモである。加えて当日は「FOX」「ワーナー・ブラザーズ」「ニュー・ラインシネマ」などハリウッドの映画関係者が、会場に多数詰めかけることも決まった。アメリカでは無名のボブ・サップだが、日本で大ブレイクしたことが映画関係者に伝わり、異例の〝公開オーディション〟となったのだ。

さらに、３大ネットワーク「ＮＢＣ」の人気キャスター・ジェイ・レノが司会をつとめる『トゥナイト・ショー』の出演も決まり、テレビＣＭの企画も持ち上がるなど、〝サップ売り出し計画〟はトントン拍子で進んだ。

「大々的な売り出しというより、日本での人気が一段落したから『アメリカに持って行ったらどうなるか』っていう程度。だって、当たればデカいじゃないですか」（谷川貞治）

これらのボブ・サップ関連のニュースを報じた『スポーツ報知』（２００３年８月４日付）は同じ日に「タイソン　３６４億円（３億ドル）破産」という大きな記事を載せている。豪邸や高級車、宝石などを買い漁り、ベンガルトラを側近にプレゼントするなど散財の限りを尽くしたマイク・タイソンが破産して、その額が３６４億円だったという内容である。

「確かに金はなさそうでしたから、逆にチャンスだと思った。少々のはした金でも話がまとまりそう。ただ、厄介だったのは〝窓口〟がいっぱいいるんです。最初にタイソンを連れて来たマネージャーは、タイソンが『車が欲しい』って言ったら『俺も欲しい』って言うようなやつ。だから、そこに無駄な労力を使ったのはありました」（谷川貞治）

谷川のひらめいたアイデアとは、アクシデントを装って、タイソンをＫ－１ラスベガス大会のリングに上げることだった。

百瀬博教の感情

谷川貞治がタイソンの「Ｋ－１ラスベガス大会」参戦に社運を賭ける一方、ＰＲＩＤＥは、真夏のビッグイベント「PRIDEミドル級トーナメント&ヘビー級ワンマッチ」を着々と進めつつあった。

7月21日には対戦カードを発表し「エメリヤーエンコ・ヒョードル対ゲーリー・グッドリッジ」「アントニオ・ホドリゴ・ノゲイラ対リコ・ロドリゲス」「ミルコ・クロコップ対イゴール・ボブチャンチン」のワンマッチに加え、ミドル級トーナメント1回戦は「桜庭和志対ヴァンダレイ・シウバ」「クイントン〝ランペイジ〟ジャクソン対ムリーロ・ブスタマンチ」「アリスター・オーフレイム対チャック・リデル」さらに「吉田秀彦対田村潔司」という正真正銘の異種格闘技戦をラインナップしている。これらを発表すると、前売券は一気にソールドアウトした。

田村潔司は、プロレス団体である新生UWFで1989年にデビュー。UWFインターナショナル在籍時に、K-1のリングでキックボクサーのパトリック・スミスを相手にバーリトゥード(何でもあり)ルールで勝利を収め、前田日明が主宰するリングスに移籍後も、モーリス・スミスやヘンゾ・グレイシーを破るなど、リアルファイトを潜り抜けてきた歴戦の強者である。

2002年にPRIDE移籍後は、ヴァンダレイ・シウバ、ボブ・サップと連敗を喫するも、評価が下がることはなく、このたび、柔道金メダリストとの他流試合となった。

何もかも順調そうに見えたPRIDEだが、実際はそういうわけでもなかった。内部では関係者の思惑が入り組み、誰もが手をこまねくような、複雑な様相を呈していたのである。

例えば、百瀬博教の存在である。幻冬舎社長の見城徹に「PRIDEの怪人」と命名された作家の百瀬博教は、この時期、PRIDEにとって欠かせない存在となっていた。イベントに出演し、新刊を上梓し、テレビのレギュラー番組を持ち、ラジオ番組に出演するなど、メディアに露出することも増えていた。

繰り返すように、百瀬博教を格闘技イベントに引き込んだのも谷川貞治だったが、百瀬の心境の変化を次のように感じ取っていた。

「テレビやラジオの露出程度で終わっていればよかったし、水道橋博士が面白がるくらいの存在のままでいてくれたら、周囲も安心だったと思う。でも、百瀬さんからすれば『俺がアントンを動かしてる』って意識に変わっていった。それは、ある意味においては事実だったけど、周囲にとって非常に厄介になっていって、猪木さんも百瀬さんのことが煩わしくなっていった。そんな猪木さんの意識が可視化されたのが、例の『ＵＦＯ　ＬＥＧＥＮＤ』ですよ」

第１章で詳述した２００２年８月８日の「ＵＦＯ　ＬＥＧＥＮＤ」は、ケイダッシュ会長の川村龍夫と日本テレビが、アントニオ猪木を担ぎ出して開催しながら、失敗に終わるのだが、百瀬博教の心情にも暗い影を落とすことになった。〝アントニオ猪木の後見人〟を自認しながら、実際はハンドリングできていないことが露呈したことで、ＰＲＩＤＥにおける百瀬の立場も微妙なものとなっていったからだ。

さらに、百瀬にとって決定的だったのは、百瀬をＰＲＩＤＥに招き入れた張本人である谷川貞治が、Ｋ－１プロデューサーに就任し、ＰＲＩＤＥと訣別したことだった。

「このとき、百瀬さんはＰＲＩＤＥを選んだんです。Ｋ－１に来られてもやってもらう仕事はないから正解なんだけど、バラさんにとっては、百瀬さんと付き合いもないし、親近感もない。そ

れもあって、ＰＲＩＤＥは百瀬さんにとって、非常に居心地のよくない場所に変化していったんです」（谷川貞治）

ファンの期待に爆発寸前となっていた「ＰＲＩＤＥ真夏のビッグイベント」を目前にして、百瀬博教の感情も爆発しかかっていたのである。

真夏の格闘技オールスター戦

昭和から平成にかけて、プロ野球の巨人戦や人気アーティストのコンサート、プロレスのビッグマッチとなると、会場周辺には必ずダフ屋の姿があった。「チケットあるよ」もしくは「チケット余ってない？」が定番の呼び声である。

そんなダフ屋も近年は見なくなって久しい。「東京都迷惑防止条例」で取り締まりの対象になったこともそうだが、インターネットオークションで高額でチケットを売りさばくネットユーザーが頻出し、違法転売行為自体が一般化したことも、彼らの存在を希薄にしてしまった。

２００３年８月10日、さいたまスーパーアリーナで行われた「ＰＲＩＤＥ ＧＰ２００３開幕戦」。この日、珍しくダフ屋はいた。最寄駅のＪＲさいたま新都心駅の改札を出ると、大勢のダフ屋から「チケット余ってない？」の速射砲を一斉に浴びたことを思い出す。ただし「チケットあるよ」というダフ屋は一人としていなかった。つまり、前売券はソールドアウト状態。入場者数は４万３１６人（主催者発表＝札止め）である。

「真夏の格闘技オールスター戦」は期待以上の盛り上がりを見せた。

第1試合にPRIDEヘビー級王者のエメリヤーエンコ・ヒョードルが登場し、ゲーリー・グッドリッジを一蹴すると、〝UFCからの刺客〟チャック・リデルは、アリスター・オーフレイムをパンチの連打でKO。クイントン〝ランペイジ〟ジャクソンが、UFCミドル級王者のムリーロ・ブスタマンチとの頭脳戦を制したかと思えば、前PRIDEヘビー級王者のアントニオ・ホドリゴ・ノゲイラが、前UFCヘビー級王者のリコ・ロドリゲスを完封し、存在感をアピールしている。

その直後に組まれたのが「ミルコ・クロコップ対イゴール・ボブチャンチン」だった。ミルコのPRIDE移籍2戦目は、PRIDE創生期より活躍し続けるボブチャンチンが相手である。ヒョードルやノゲイラより後にラインナップされるあたり、PRIDE関係者のミルコへの期待値の高さが窺える。

期待に応えるように、ミルコはジャブの差し合いを制しながら、1分すぎに左ストレートを左目にヒット。ボブチャンチンがバランスを崩したのを見逃さず、伝家の宝刀である左ハイキックを繰り出し〝北の最終兵器〟をあっさり眠らせてしまった。

試合後マイクを掴んだミルコは「次はヒョードルとタイトルマッチをやります」とアピール。実況席に座ったPRIDE統括本部長の高田延彦も「やらせます」と言明し、アナウンサーの三宅正治も「ミルコ、次はヒョードルだーっ」と絶叫するなど、11月の東京ドームにおいて「ヒョードル対ミルコ」のヘビー級タイトルマッチは既定路線に思えた。

4万人が真夏のビッグイベントに大興奮する中、事件は起きようとしていた。

私の母は強い男が好きでした

全盛期のＰＲＩＤＥの興行において「一番の盛り上がりはどこか」と訊かれたら、筆者は迷わず「休憩明け」と答える。

「ＰＲＩＤＥエグゼクティブプロデューサー」の肩書を持つアントニオ猪木の登場は、いつも休憩明けと決まっていた。この日も『炎のファイター』のテーマソングに乗って颯爽とリングインした猪木が、夏らしいライトブルーのスーツの上衣を脱ぎ捨て「元気ですかーっ」と叫ぶと、４万人の大観衆は地響きのような大歓声で応えた。

いつもなら「元気があれば何でも出来る」から始まる自作のポエムを披露するところだが、この日は非常に重要なことを口にした。

「今年の大晦日も猪木祭をやります。ＮＨＫが紅白をぶっ飛ばして放送するという話もありますが……。今年は一番、高い山から放送するかもしれません」

「一番高い山」＝「富士山」つまり、今年の猪木祭はＴＢＳではなく、フジテレビで放映することを匂わせたのだ。場内が一段と盛り上がったのは言うまでもない。

猪木のパフォーマンスの後に行われたセミファイナル「吉田秀彦対田村潔司」は他流試合に相応しく、一進一退の攻防の末、吉田が金メダリストの地力を見せつけ袖車絞めで一本勝ち。メインイベント「ヴァンダレイ・シウバ対桜庭和志」は、過去２度敗れている桜庭の雪辱が期待されたが、シウバの強烈なストレートが炸裂し、桜庭にとって３度目の正直はならなかった。

興行はこれで終わるはずだった。が、勝者であるシウバの傍らに百瀬博教が立ったことで、風向きが怪しくなる。筆者も客席で観戦していたが「一体、何だ」と思った。観衆もざわつき始める。すると、シウバから恭しくマイクを手渡された百瀬がこう言ったのだ。

「もう、胸が一杯で、何を言っていいようなわからない気持ちです。私の母は強い男が好きでした。私も強い男が大好きです。これからも、皆さんに物凄い試合を観てもらおうと思っています。どうぞこれからも、PRIDEをよろしくお願いします」

まさかのマイクアピールに拍手はまばらで、それどころか野次まで飛び交い、ブーイングまで起きた。筆者の前の席に座っていた若者が、何かをわめいていたのを憶えている。

何故、このタイミングで百瀬博教がマイクを握ったのか筆者にはわからなかった。いや、誰にもわからなかったろう。と言うのも、直前になって決まった行動だったからだ。

谷川貞治は、この件について次のように推察する。

「私はPRIDEと縁が切れた後でしたから、当然、会場には行ってないし、テレビも見ていません。後になって、フジテレビの清原さんから事のあらましを聞きました。大会の数日前に百瀬さんが『俺もリングに上がらせて、マイクで喋らせろ』と言い出したそうです。複数の関係者からも聞いたので、おそらく間違いないでしょう」

「多分、自分が蔑《ないがし》ろにされている状況が腹立たしかったんだと思うんです。それで、フジテレビの電波にも乗せてしまった。大事故ですよ。誰も得をしない。『僕がいたら、百瀬さんを説き伏せたのに』って思いましたね。もし、このとき、僕がPRIDEに関わっていたら？　……そうだなあ、浅草キッドとか芸能人を使って、試合前に会場の一角を使ってトークショーをやったりして、百瀬さんを持ち上げまくって、満足させたと思います」

それぞれが、それぞれの欲求に従って、暴走し始めたのである。

タイソン登場前夜

8月15日（日本時間の16日）に行われる「K－1ラスベガス大会」に向けて一足早く現地入りした谷川貞治は、改めてマイク・タイソンに会った。

リングに登場する最終確認のためで「メインイベントのボブ・サップの試合が終わったら、リングに上がって欲しい」と依頼すると「OK」とタイソンは快諾し、隣にいるマネージャーは、何故かけたたけた笑っていた。マネージャーを名乗るこの男だが、子供の頃からのタイソンの悪ガキ仲間で、実際に代理人に相応しい仕事をしているわけではなく「本当にこいつで大丈夫か」と谷川は訝しく思ったが、とりあえず、確約が取れたことに安堵するほかない。

保釈中の石井和義もこのとき渡米している。「係争中なので派手な行動は控えて欲しい」と弁護士から釘を刺されていたが、石井がラスベガスに到着すると、谷川はホテルの部屋を訪ねた。

「館長、一生のお願いがあります。サップが試合後にタイソンを挑発するので、館長はタイソンと一緒にリングに上がって下さい」

「ほんまに、タイソン来るん？」

「来ます。試合後にリングに上がる手筈も整っています」

「そうなんや……。でも、僕、保釈中やで」

石井は難色を示したが「海外だから大丈夫ですよ。それに、テレビに映らなければいいんですから」と谷川は押し切った。谷川にとって、失敗の許されない仕掛けをする上で、石井和義のように数々の大舞台を踏んできた存在は得難いものだったのだ。

ボブ・サップ自身は自伝『野獣の怒り』（双葉社）の中で「タイソンがリングに乱入するなんて聞いていなかった」と回想するが「そんなことない」と谷川は言下に否定する。

「言いましたって。本人にも伝えました。『忘れるなよ、試合後にタイソンを挑発しろ』って。『だから、絶対に勝たなきゃダメだよ。日本でスターになったんだから、全米でもスターになろうよ』って随分とおだてたんです」

すでに触れたように、この日会場のベラージオ・ホテルには、多くの映画関係者が姿を見せることになっていた。そのセッティングを現地の関係者に依頼したのも谷川で、気分屋のボブ・サップのモチベーションを少しでも上げる必要があったからだ。

13日、大会前会見が行われた。散々ネジを巻かれたボブ・サップは、対戦相手のキモが姿を見せるや大ハッスル。ボールペンを投げ、水をぶちまけ大暴れ。「今ここでやってやる。かかってこい」と吠えると、キモは「お前には、選手に対するリスペクトがないのか」と冷静に言い返した。するとサップが「何がUFCだ。お前のは〝ユニバーサル・フェイク・チャンピオン〟のUFCだ」とジョークで返すと、会場はドッと沸いた。

「サップはWWEの見すぎだ。（中略）K-1のチケットとパブリシティー（宣伝）を考えて、あんなパフォーマンスに出たんだろうな」（アメリカのキックボクサー・デュウィー・クーパーのコメント／『スポーツ報知』２００３年８月15日付）

２００３年８月15日、ネバダ州ラスベガスのベラージオ・ホテルにて、この年２度目となる「Ｋ－１ラスベガス大会」が行われた。お盆休みの真っ最中ということもあって、会場は日本からのツアー客で超満員。目玉は約５ヵ月ぶりとなるボブ・サップの復帰戦で、相手は日本でもお馴染み〝怪人〟キモである。

フジテレビも録画ではあったが１時間半の放映枠を確保した。番組プロデューサーの清原邦夫からすれば「タイソンが本当に現れるなら、Ｋ－１との付き合いはまだ続けておこう」といったところだったに違いない。

イベントが始まった。Ｋ－１ＧＰ予選トーナメント第１試合は〝ミルコをＫＯした男〟マイケル・マクドナルドが、ブラジルのジェファーソン・シウバに強烈な右ストレートで２ＲＫＯ勝ち。続く準決勝もジョージ・ランドルフを相手に右フックで１ＲＫＯ勝ち。

一方、トーナメント第２試合に出場した〝鳥人〟レミー・ボンヤスキーは、パンクラスやＰＲＩＤＥにも出場経験のある総合格闘家のヴァーノン〝タイガー〟ホワイトにジャンピングハイキックを決め１Ｒ秒殺ＫＯ勝ち。続く準決勝でもジェフ・フォードを右ハイキックで沈め、危なげなく勝ち進んだ。決勝は「マイケル・マクドナルド対レミー・ボンヤスキー」という次代のＫ－１エース対決となった。

その決勝前に行われるスーパーファイトが、実質的なメインイベントの「ボブ・サップ対キモ」である。

その頃、事件が起きていた。谷川貞治が通訳を伴い、マイク・タイソンの座るリングサイドに歩を進めた。リング登場の念を押すためである。

「マイク、この後は予定通り、サップの試合が終わったらリングに上がって欲しい」

すると、タイソンは「何の話だ？」と訝しそうに返した。谷川は慌ててこう言った。

「いやいや、昨日も話したじゃないか。サップを挑発して欲しい。約束しただろう」

「俺は知らない」

そう言うと、タイソンはプイっと顔を背けてしまった。谷川は急いでマネージャーの男を捜した。男はロビーで、どこの誰ともわからないような女と談笑していた。

「マイクがこの後、リングに上がらないって言うんだけど、何とか言ってやってくれ」

谷川が懇願すると、マネージャーは、にべもなくこう言った。

「本人が嫌だって言うなら無理だよ」

「そんな、無責任な」

ここでタイソン登場がなくなったら、すべてが水の泡である。谷川は再びタイソンの席に戻って泣訴するが、まったく聞く耳を持とうとしない。どうしたらいいのか。

谷川が頭を抱えていると、見知らぬ黒人の男が話しかけてきた。

「何かトラブルのようだが、どうした？」

世紀のスーパーファイト

２００３年8月15日、ラスベガスのベラージオ・ホテルにて行われた「Ｋ－１ラスベガス大会」だが、事前の計画では、スーパーファイト「ボブ・サップ対キモ」の終了後、元統一世界ヘビー級王者のマイク・タイソンが、リングに乱入することになっていた。

しかし、試合直前になって「聞いてない」とタイソン本人が言い出した。手筈を整えた谷川貞治が慌てたのも無理はない。

会場にはＮＢＡのスーパースター・マイケル・ジョーダンの姿もあった。「最悪の場合、マイケル・ジョーダンを上げてしまおう」と谷川は思ったが、世界的スーパースターのジョーダンとなると、タイソンどころの報酬ではない。下手をしたら、会社が潰れかねない金額を請求されるかもしれないが「この際、もうどうでもいい」とも思った。

見知らぬ黒人の男が話しかけてきたのはそのときだった。谷川が一部始終を話すと「俺に任せろ」と男は自らタイソンの許に歩み寄った。谷川も、とりあえず付いて行った。

男が何やら話すと、タイソンは神妙そうに耳を傾けている。しばらくすると、男は後方にいる谷川に「こっちに来い」と目配せした。恐る恐る近付くと、タイソンは「ＯＫ」と軽く言った。男は「どうだ」という顔をした。

男の名はフランク・ライルズ。１９９４年にスティーブ・リトル（アメリカ）を破りＷＢＡ世界スーパーミドル級王座を獲得、バイロン・ミッチェル（アメリカ）に敗れる99年までの5年間、7度の王座防衛に成功した、アメリカの中量級の名ボクサーだった。

タイソンと近しい関係にあったライルズは2002年3月30日のデメトリウス・ジェンキンス（アメリカ）戦を最後にセミリタイア状態にあり、この日はたまたま観戦に訪れていたのである。余談になるが、この件にいたく感激した谷川は、大会後、ライルズとトレーナー契約を結び、武蔵の専属トレーナーに据えている。

どうにか、タイソン登場の確約も取れたところで、安堵する間もなく「ボブ・サップ対キモ」が始まった。筆者も動画で見直したが、お世辞にもレベルの高い試合とは言えず「よく、こんなレベルの試合を〝スーパーファイト〟と謳ったものだ」と嘆息する。

1R、軽くローキックで様子を窺うキモ、ガードを下げて前進しながら不格好なミドルキックを繰り出すサップ。しばらくこの状態が続く。場内のファンから、焦れたようなブーイングが一斉に飛ぶ。

試合が動き出したのは1分40秒すぎ。キモがたまたま放った左フックが、サップの顎にヒット。このチャンスにラッシュをかけ、サップをコーナーに押し込む。防戦一方のサップだが、振り解くように放った右ストレートがキモのテンプルに炸裂し、意外にもキモが最初のダウン。このままサップが押し切るかと思いきや、サップも足元が覚束ず、自ら倒れ込んでしまう。サップまさかのダウン。この程度の実力で、よくアーネスト・ホーストに2度も勝ち、ミルコ・クロコップと真っ向勝負をしたものだと、むしろ感心する。

場内、キモコールの大合唱の中、1R終了。絶体絶命の大ピンチを逃れたボブ・サップだが様子がおかしい。1分間のインターバルが終わり、「second out」とレフェリーの角田信朗が両者に立ち上がるよう指示するも、サップは椅子に腰を下ろしたまま。このままだとサップのTKO負けとなり、タイソン登場の機会を逸してしまいかねない。

谷川貞治は戦慄した。

歴史的乱入

「ボブ・サップ対キモ」の試合後に、元統一世界ヘビー級王者のマイク・タイソンをリングに上げるという筋書を書いたのは、何度も述べているように、このとき、K-1プロデューサーだった谷川貞治である。

もし、これが実現すれば世界中がひっくり返るビッグニュースとなり、ボブ・サップが注文通りにKO勝ちを収めてくれたら、万事うまくいく。谷川は抜かりなく手筈を整えた。

しかし、当のサップがはっきりしない。この時点でセミリタイア状態だったキモを相手にぶつけたのは、楽にKO勝ちさせたかったからで、試合が終わってからが本番なのは言うまでもなかった。にもかかわらず、サップはキモからダウンを奪われ、ダメージも抜け切れず、スタミナまで使いはたしてしまった。インターバルが終わったというのに、立ち上がる気配すらない。対するキモは「俺の勝ちだ」と、リングの中央で飛び跳ねている。

レフェリーの角田信朗が再三、立ち上がるよう呼び掛けるも、サップは一向に腰を上げない。テレビで放映された映像を見直すと、赤いジャケットを着たネバダ州アスレチックコミッションの役員が、何やらサップに訴えているのがわかる。サップは役員の顔を見ることなく微動だにしない。放心状態のようにも見えるが、明らかに不可解である。

この時期、K－1審議員を務めていた大森敏範は、映像を見て次のように解説する。

「インターバルは1分と決められていますから、1分間で立てないようならTKO負けというのは常識だし、ルールにも定められています。この試合も『キモの1R終了時TKO勝ち』が妥当。だって、サップは立てないんだから完全なる試合放棄。ネバダ州のコミッションは何のためにいるのかわかりません。私にも不可解なことだらけです」

ただし、こうも言う。

「そうは言っても、この試合は相当レベルの低い試合ではあるんだけど、リアルファイトであることは間違いない。ベガスで行われる試合はギャンブルの対象だから、フェイクをやらせることは絶対にありえないので」

2分間が経過して、ボブ・サップは何食わぬ顔で立ち上がった。大森も指摘するように不可解な試合続行なのだが、チーフセコンドのモーリス・スミスだけが、サップに大声で檄を飛ばしている。只ならぬ事態であることは間違いないらしい。

2Rが始まった。たっぷり休養を取ったサップがいきなりラッシュを仕掛けると、元気満々だったキモは防戦一方となり、サップがひたすら大振りのパンチを繰り出すと、ノーガードのキモはダウンを繰り返した。程なくして、レフェリーはあっさり試合を止めた。2R1分11秒、サップのKO勝ち。何が何だかよくわからないが、とにかく、サップは勝利を収めたのだ。

すると、サップは勝ち名乗りもそこそこに、リングサイドにいるタイソンの姿を捜し始めた。ここからが本番であることはさすがに認識しているらしく、タイソンの姿を見つけると、試合以上の迫力でこう叫んだ。

「上がってこい！」

挑発されたタイソンは、一瞬ニヤリとしながら立ち上がった。ボブ・サップは自伝で、このときのことを、次のように書く。

《K－1サイドから、タイソンの件は何も聞かされていなかった。リング上でのやりとりはまったくのアドリブだったわけだ。もっとも、トークが得意なオレからすれば、なんてことはない〝場外乱闘〟だった》（『野獣の怒り』双葉社）

本人の回想を無下に否定するのもどうかと思うが「そんなはずはない」と筆者は思う。「むしろ、綿密に打ち合わせをした」と言う谷川貞治の証言にこそリアリティがある。あのマイク・タイソンを、K－1のリングに登場させるという重大なミッションをアドリブで任せるとは到底思えず、事前に伝えただろうことは、このときのサップの様子からも明らかだからだ。

タイソンの姿を見つけたサップが、リング上から挑発すると、タイソンも「お前、本当にやる気なのか」と言い返した。「上等だ、ここでやってやる」とサップが応酬すると、タイソンは笑みを浮かべながら、リングに上がる階段に足を掛けた。

一歩、二歩、三歩目でエプロンに立つと、さほどの躊躇もなくロープをくぐり、リングに立った。統一世界ヘビー級王者として、80年代後半から90年代にかけて最強の名をほしいままにしたマイク・タイソンが、初めてボクシングとは異なる世界に足を踏み入れた瞬間だった。

「谷川君から『タイソンの手を引いて上がってくれ』と言われた記憶はないんだけど『一緒に上がってくれ』と言われた気はする。タイソンがリングに向かっていったから『あ、俺も上がらんと』って慌ててリングに上がったんちゃうかったかな」（石井和義）

タイソンがリングに上がるのとほぼ同時に、大勢の関係者がどっとリングに集まった。その数30人ほど。大混雑である。結果、至近距離で小競り合いを始める予定だったタイソンとサップが、皮肉なことに人の壁に阻まれ、かえって距離が出来てしまった。

それでも、ボブ・サップは職務に忠実であろうとした。会場には映画関係者も姿を見せているし、酷い試合を見せた自覚もあったに違いなく、試合後の本番で失点を取り返そうとしていたのかもしれない。

何とかタイソンの姿を確認したサップは、人の波を掻き分け、まるで、恋人と出会ったように、タイソンに近付いていった。

ビッグボーイ

「興奮しましたねえ。『やばいよ』っていう恐怖心と『ついに』っていう超感動がごっちゃになりました。これはあくまでも第一段階で、本当に大変なのはこれからなんだけど、達成感はあったなあ。関係者でごった返している様子も『何だかよくわからないけど、大事件が起こっているようで、凄くいい』って思ったくらいでしたから」（谷川貞治）

リング上には保釈中の石井和義の姿もあった。テレビで視聴していた筆者は「館長がベガスにいる」と驚いた。同様に思った視聴者は多かったらしく、インターネットの掲示板には「石井館長現る」「館長とタイソン夢のタッグ」「館長が仕掛人か」といったような書き込みが相次いだ。実際は石井和義は何の関係もなく、無理やり引っ張り出されたのだが、その存在が「何かが起ころうとしている」という期待感を煽り、反響を余計に大きくしたのは事実だった。

ボブ・サップはごった返すリング上で、タイソンに向かって突進した。大騒ぎとなる場内。禁断の扉が開かれようとしている。それでもタイソンは身構えるでもなく、至近距離まで来た大男をどこか値踏みしたように眺めている。

サップが不意に出した右手がタイソンの肩口に当たると、テレビの実況を担当していたフジテレビアナウンサーの三宅正治は「ボブ・サップが右のパンチ！」と絶叫した。次の瞬間、トレーナーのモーリス・スミスに制止されたサップに対し、タイソンはまったく動じず、むしろ、新しい世界に踏み込んだ喜びを噛みしめているようにも見える。

タイソンの手にマイクが渡されると、昔からの友人に話しかけるようにこう言った。

「こんなショーの後だしさ、俺もリングに上がって、ベルトを獲るっていうのもいいな」

場内は割れんばかりの大歓声である。満足そうなタイソンとは対照的に、怒りの形相のサップはこう返した。

「お前、自分のことをダイナマイトだと思っているかもしれないが、お前の導火線ごと引っこ抜いてやるぜ」

タイソンも負けじと言い返す。

「誰かトランクス持ってこい。ここでやってやる。契約書にサインしろよ、ビッグボーイ」

サップも試合後の疲労困憊にもかかわらず、頭脳をフル回転させてこう切り返した。

「上等だ、俺の血でサインしてやる」

極上のエンターテインメントがそこにあった。

逆転ホームラン

前代未聞の乱闘劇はPPVで全米に流れ、インターネットを通じて全世界に配信された。この時代、まだYouTubeのプラットフォームは出来上がっていないが、今のようにビジネス展開が出来ていれば、莫大な収益を上げた可能性は低くない。

翌朝の日本のスポーツ紙は『スポーツ報知』と『スポーツニッポン』が一面、『サンケイスポーツ』が裏一面、『日刊スポーツ』と『デイリースポーツ』も普段より大きく採り上げた。

「この半年はPRIDEと決裂して、ミルコを引き抜かれたり、挙句にフジテレビからも袖にされかかったり『谷川に代わってからダメになった』って言われたりで散々でしたから、逆転ホームランは打ちたかった。そしたら、マスコミの論調も一気に変わったんです」（谷川貞治）

事実、このとき中継したフジテレビのスポーツ局の慌てぶりと言ったらなかった。格闘技番組の統括プロデューサーの清原邦夫は「谷川さん、本当にタイソンと契約結んだの？」と繰り返し尋ねてきた。谷川はのらりくらりとかわしたが「K－1が息を吹き返したことをアピールする」

という目的の一つが達せられたことに、少なからず満足感もあった。

ともかく、目標の第一段階をクリアした谷川貞治は、大会終了後もラスベガスに残って「正式契約を結ぶ」という第二段階に取り掛かった。

そこで、谷川とK－1 USA代表のスコット・コーカー、新しくK－1の渉外担当となった寺口大介の三者は、タイソン側の弁護士、時にはタイソン本人も交え、何度も会談を行った。かねてから報じられてきたように、この時期のマイク・タイソンは、約364億円の財産を使いはたし、2月に破産していた。谷川はそれを好機と捉えた。

「お金に困ってることはわかりました。『服がない』『バッグがない』『車を買え』って随分せがんできたので、呑む代わりに複数試合契約を打診したんです。『サップだけじゃもったいない、他にも何試合か組みたい』って要求したら、あっさりOK。ファイトマネーは200万ドル（日本円で約2億3600万円）、タイソンにしては格安ですよ。通常のボクシングの試合なら3000万ドル（33億円）になる。破産してなかったら絶対に無理だもの」

ここで言う「複数試合契約」とは「タイソン対サップ」以外にもK－1ファイターとの試合を組む意向を示したことにほかならない。『スポーツ報知』（2003年8月17日付）は「タイソン対バンナ」「タイソン対ホースト」「タイソン対ミルコ」を予想し、「格闘技の祭典のような試合をしたい」とタイソン本人が望んだことも伝えている。

ここで注目したいのは、谷川がミルコ・クロコップの名前を挙げたことである。

「あれは揺さぶりです。ただ『これで、ミルコの気持ちがK－1に戻ってくれたらいいな』とは思いました。だって、タイソンと戦えるチャンスをみすみす逃すとは思えないし、そうならなくても、PRIDEにごねてギャラが吊り上がったら、それはそれでダメージを与えられる。『どっちに転んでも美味しいな』って思いました」

ただし、疑問もなくはない。筆者が「ルールの問題はそんなに容易くいかないでしょう」と尋ねると、谷川はこう返した。

「それはボクシングルール。『蹴りあり』『寝技あり』とか主張するから揉めるんであって、ボクシングなら揉めようがない。相手はボクシングの素人、自分の畑なんだから負けるわけがないでしょう。だから、格安で契約が結べたのもある。タイソンにとっては楽な条件なんです。こっちからすれば、勝敗より、リングに上げることが重要なわけだから」

この回答を聞いて、近年、RIZINのリングで行われた「フロイド・メイウェザー対那須川天心」「フロイド・メイウェザー対朝倉未来《あさくらみくる》」「マニー・パッキャオ対安保瑠輝也《あんぼるきや》」が筆者の脳裏に甦った。と言うのも、この3試合は、まさにこの手法を応用して実現したものだからだ。

タイソンボンバイエ

衝撃のタイソン登場から3日後の8月18日、双方の弁護士が契約書を確認することで合意に達し、8月22日「プロボクシング公式戦を除く、マイク・タイソンの興行・マネージメント権」に関し、K－1とタイソンのエージェントは複数試合契約を結んだ。

「米国内外で行われるプロボクシングの公式戦以外の、あらゆる競技、興行のプロモート権と、テレビやCMなどのマネージメント権」が契約の要諦で、すなわち「プロボクシング以外」という条件付きとはいえ、マイク・タイソンが「K－1所属選手」になったことを意味した。ついに、K－1がタイソンを捕獲したのである。

気になる契約金は30万ドル（約3500万円）。ファイトマネーは含まれず、その都度、話し合いが持たれることも確認されたが、相場として一試合につき200万ドル（約2億3600万円）で落ち着いた。高額に違いないが、谷川は「テレビの放映権料とスポンサーを集めたらどうにかなる」と踏んだ。特筆したいのは複数試合契約であること。これによって、アーネスト・ホーストやジェロム・レ・バンナといったK－1が誇る実力者との対戦まで可能になった。

楽に稼ぎたいタイソンにとって、キックボクサーとボクシングルールで戦うのは安易なビジネスにすぎず、その証拠に、12月6日にケンタッキー州ルイビルで決まっていたボクシングの試合を2月に延期している。K－1との契約を急いだ証左と言っていい。

そんな背景がありつつも、このニュースは大きく報じられた。『スポーツ報知』は「タイソンK－1　12・31サップと激突か」（2003年8月24日付）と1面で報じ、『スポーツニッポン』も「タイソンボンバイエ　タイソンK－1参戦　サップと年内対決」（2003年8月25日付）、『日刊スポーツ』も「タイソンK－1とサイン」（同日付）と普段より大きく報じている。

さらに、8月26日付のアメリカの大手紙、『ニューヨーク・タイムズ』までがこのニュースに飛び付いた。「タイソンとの契約でK－1が支払う総額が5億円程度にのぼる」「破産状態にある元王者を救うことになった」と伝え、対戦が噂されるボブ・サップについても「1m96cm、17

７kgでＮＦＬでは通用せず、葬儀店で働いていたＫ－１のスター選手」と紹介し「俺があいつのキックを頭に受けるわけがないだろう」というサップのコメントまで載せている。となると、日本の一般紙も無視できない。

《ボクシングの元世界ヘビー級王者、マイク・タイソン（37）と、格闘家のボブ・サップ（28）との〝対戦〟が現実味を帯びてきた。サップは「Ｋ－１ルールなら打ちのめせる。かみつかれたら、オレもかみ返す」と怪気炎を上げている》（『読売新聞』２００３年９月４日付）

後は実現する時期だけとなった。『スポーツニッポン』が「タイソンボンバイエ」と書いたように、ファンもマスコミも「大晦日にタイソン対サップ」という青写真を期待した。事実、谷川貞治も次のように発言している。

「年末に国内外のどこかで試合ができればいい。タイソンなら（ＮＨＫの）紅白歌合戦をぶっ飛ばせる」（『スポーツ報知』２００３年８月17日付）

「国内外は未定だが、お金が一番集まりやすい年末での試合がベスト」（２００３年８月21日付／同）

〝３度目の大晦日〟が見えてきたのである。

あの夏のタイソン

谷川貞治にとって、２００３年の夏に出会ったマイク・タイソンの記憶は、強烈な印象とともに今も残っていた。

「当時のタイソンって感情がおかしいと言うか、どのタイミングでキレるのかわからないから怖かったですよ。美人のガールフレンドがいてくれて、彼女のお陰で何とかなったんです。彼女には契約の交渉現場にも来てもらったり、それくらい頼りにしてました。かと言って、タイソンが嫌だったわけでは全然なくて、思い出しても笑っちゃうようなことばかり。あれは貴重な体験だったなあ」

例えばこんなことがあった。ある日、タイソンがツカツカと谷川の許に近付いて来た。咄嗟に身構えると、タイソンが耳元に口を寄せてこう言った。

「50Centは最高だぜ」

一瞬、何のことかわからなかった。「グラミー賞」の最優秀新人賞も含む5部門にノミネートされたこともある人気ラッパーの50Centだが、何故、そんなことを突然、耳元で囁くのか不思議で仕方がなく、谷川は帰国すると、渋谷のTSUTAYAに直行して、50Centのアルバムを借りられるだけ借りて聴いた。タイソンが彼のどこに惹かれたのか知りたかったのだ。

谷川の言う「美人のガールフレンド」とは、女優のルス・ホイットニーである。ある日、彼女が「面白い話があるの」と谷川に言った。

プロモーターのドン・キングが、高級車を運転して空港まで迎えに来たことがあった。助手席にタイソン、後部座席にルスが座って、ハイウェイを100㎞で飛ばした。運転席と助手席の二人は最初は陽気に話していたというが、タイソンが突然、怒り出して、走行中にもかかわらず、ドン・キングの顔面にハイキックを喰らわせたのだ。

「ちょっと、やめてよ。どうかしてるわよ！」

ルスが叫ぶより早く、ドン・キングは急ブレーキを踏んだ。するとタイソンはいきなり車から降りて、ドン・キングを運転席から引きずり下ろそうとしたのである。

「やめなさいよ、危ないわよ！」

言っておくがハイウェイである。ドン・キングは必死にハンドルにしがみ付き、タイソンを振り払うように車を急発進させた。ここで、驚くことが起きる。置き去りにされたタイソンが、何故か上半身裸になって全速力で追いかけてきたのだ。挙句に駆けつけた警察官に暴行を働いて、逮捕されてしまう。

「もう、めちゃくちゃでしょ」と愉快そうに話すルス・ホイットニーを前に、谷川は笑い転げながら「ちょっと、待てよ」と思った。

「契約を結んだはいいが、本当に来日させられるのか」

これまでも述べてきたように、タイソンは過去何度もトラブルを起こしている。2003年は特に顕著で、6月にはドン・キングの友人を脅迫して訴えられ、同じ日にブルックリンのホテルで男性二人と口論になり、暴行容疑で逮捕されてもいる。常識的に考えて、日本に入国できない可能性が高かった。正式に契約を結んだ後も、谷川の脳裏にはそのことがあった。

でありながら、谷川は「タイソンは大晦日に来日」をその後も匂わせ続けた。

匂わせ続ける必要があったのだ。

桜庭との試合が見たいね

　繰り返すが、2003年上半期のK－1はミルコ・クロコップを引き抜かれ、ボブ・サップの商品価値は急降下するなど、さしたる目玉がなかった。

　その上、PRIDEの協力が得られないとなると、大晦日にビッグイベントを開催出来るはずもないし、TBSも特番を組もうとは考えないだろう。しかし、「K－1タイソン獲得」が伝えられると風向きは一気に変わった。まず、テレビ業界が右往左往となった。

「フジの清原さんは急にノリノリになりましたね。考えてみたら、例のラスベガス大会もフジが中継したわけだし、対戦が予想される相手も、フジで活躍してきた選手ばかりだから、それはそうなりますよ」（谷川貞治）

　マスコミに訊かれるたびに、谷川は薪をくべるように「タイソン大晦日参戦」を匂わせ続けた。言えば言うほど、既成事実となっていった。

「ぶっちゃけて言うと、大晦日を匂わせたのは、テレビ局に対するプレッシャーがありました。『タイソンの真裏で本当にやれんのか』という意味です。これは、うまくいきましたね。次いでPRIDEへの揺さぶり。タイソンとやりたがる選手がK－1に来てくれたり『タイソンとやれないならギャラを上げろ』ってDSEにごねたりしてくれれば、ダメージを与えられます」

　とにもかくにも、タイソンという〝錦の御旗〟を手にしたことで、意外に早く谷川の望んだ展開が招来した。PRIDE統括本部長の職にあった高田延彦がマスコミに発したコメントが大きくスポーツ紙を飾った。

「タイソンなら世界のトップ・バーリトゥーダーと世界最高のけんかマッチができる。ミドル級王者のヴァンダレイ・シウバ、ヘビー級の（エメリヤーエンコ）ヒョードルとやっても面白い。個人的には桜庭との試合が見たいね」（『スポーツ報知』２００３年8月26日付）

これに対し、谷川貞治はこう返した。

「K-1でタイソンを独り占めするつもりはない。基本的にK-1を通してもらい、タイソンがOKすれば、たとえWWE（米最大のプロレス団体）であっても可能です」（同）

つまり「タイソンを貸して欲しいなら、K-1の軍門に降れ」と言いたかったのだ。当然、DSEから正式な申し入れはなかった。

それでも、アントニオ猪木と並ぶ〝PRIDEの顔〟と言うべき高田延彦までがコメントを出したことで、PRIDEも動揺していることを印象付けられたのは、谷川にとって狙い通りだった。DSE社長の榊原信行からすれば忸怩《じくじ》たる想いだったのではないか。

格闘技界が「K-1タイソン獲得」で過熱している真裏で、ほとんど話題にのぼらなかったニュースが、スポーツ紙の片隅に載った。ヒクソン・グレイシーが、新日本プロレス真夏の風物詩「G-1クライマックス」の会場である両国国技館に姿を見せたのである。ヒクソンが1階の桟敷席に姿を見せると、リングサイドに陣取るカメラマンが一斉にシャッターを切った。

一見、何でもなさそうなヒクソンの来日劇だったが、これこそが、嵐の前触れだったことに、誰一人として気付いていなかった。

第5章
今年は日本テレビが中継

「PRIDE 2003 GP開幕戦」の休憩明けに登場したアントニオ猪木が、「猪木祭」について「今年は一番、高い山から放送するかもしれません」とフジテレビでの放映を匂わせる発言
©共同通信社

本書の舞台となっている、2002〜2003年というのは、格闘技人気が安定期に移行した数年であり、対照的にプロレス人気の低迷が顕著になった数年である。

Ｋ－1を立ち上げた石井和義が、プロレスファン、取り分け〝猪木信者〟を取り込むことを目標としたのは、80年代後半に人気を博したプロレス団体・新生ＵＷＦも、結局は彼らを取り込んで成功したことに起因しているのを看破したからだ。

「猪木さんっていろんな面を見せてきたでしょう。強さ、華やかさ、パフォーマンス……。でも、猪木さん自身が一番こだわったのは、シンプルに強さだったと思う。だから、猪木ファンというのはエンタメとしてのプロレスより、強さを追求するプロレスに惹かれたんです。ＵＷＦの成功も、その後の格闘技ブームも、その層がごっそり動いたものですから」(石井和義)

この風潮に最も危機感を抱いたのが、皮肉なことに、アントニオ猪木自身だった。当時の猪木にとって格闘技人気の高騰はわかりきっており、Ｋ－1やＰＲＩＤＥに熱狂する観客の多くが、もともとプロレスファンで〝猪木信者〟だったことを、その動向に長年、注意を払ってきた繊細な神経の持ち主が気付いていないはずがなかった。そうでなくても、自身が大株主となっていた新日本プロレスの業績は、下降の一途を辿っていたのである。

「自分が格闘技とコミットすることで、Ｋ－1やＰＲＩＤＥに走った往年のファンは、必ず新日本プロレスに戻って来る」と51％の株を保有する大株主が考えるのも無理はなく、ＰＲＩＤＥのリングで「1、2、3、ダーッ」を叫んでいるのは、その布石と見えなくもない。

「猪木さんのことを『担がれ上手』と見る人はいます。80年代の新日本プロレスの全盛期には、新間（寿）さんとか、大塚（直樹）さんみたいな知恵袋がいたから、やることなすことうまくいった。でも、実際の猪木さんは『何でもやりたい人』で『自分がいるからうまくいく』って感じる人。『じゃあ、新間さんや大塚さんは何だったんだ』ってことになるんだけど、そこには一切目もくれない。だからこそ、カリスマなんでしょうけど」（谷川貞治）

その猪木が「新日本の業績を回復させるために、自分が先頭に立って、格闘技の試合を増やそう」と考えたのは無理からぬことだった。とはいえ、さほどの工夫があるわけでもなく、通常の興行の中に格闘技の試合をラインナップするという、安直な策を採るしかなかった。ファンが混乱するのは目に見えていたが、なりふり構ってもいられない。それだけ事態は深刻なのだ。

普通の企業なら、創業者のこの手の横車は拒むものだが、このときの新日本プロレスの社長は藤波辰爾、猪木にとって御しやすく、藤波が意気込んだことも想像に難くない。

２００３年5月2日、ゴールデンウィークの真っ只中にその興行は行われている。東京ドームで行われるビッグイベントにおいて、全11試合のうち、総合格闘技の試合が5試合もラインナップされたのだ。

「新日本プロレスの黒歴史の一つ」と言われる「ＵＬＴＩＭＡＴＥ　ＣＲＵＳＨ」である。

ULTIMATE CRUSH

2003年5月2日の新日本プロレス東京ドーム大会において、前例のない試みが挙行された。全11試合中5試合が、大会名と同じ「ULTIMATE CRUSHルール」と銘打たれ、総合格闘技のリアルファイトとして行われたのだ。

ルールは5分3R、オープンフィンガーグローブを着用し、急所攻撃などを除けば、すべての攻撃が許される正真正銘〝何でもあり〟ルールである。「人気を回復させるにはこれしかない」と、この試合を提案したのはアントニオ猪木であり、社長の藤波辰爾以下、創業者にして大株主の意見を無下に出来ず、東京ドームで初披露となった。

しかし、開催前よりマスコミの反応は冷ややかだった。プロレスマスコミは「何でプロレスのリングで総合格闘技の試合を組むんだ」と反発し、格闘技マスコミは「プロレスの興行でやる以上、本当に真剣勝負か疑わしい」と懐疑的に見たからだ。

とはいえ、試合が盛り上がらなかったわけでもない。〝猪木の秘蔵っ子〟という触れ込みのLYOTO(現・リョート・マチダ)は〝パンクラスの超新星〟謙吾を相手に、試合を終始優勢に進めて判定勝ち。試合後、最前列に座る猪木がLYOTOに「まだ、甘い」とばかりに強烈な張り手をかますと、場内は大きくどよめいた。

元UFC王者のジョシュ・バーネットは、スーパーヘビー級のジミー・アンブリッツにマウントパンチの連打で1RTKO勝ち。〝K-1の大巨人〟ヤン〝ザ・ジャイアント〟ノルキヤと対戦した中邑真輔は、１Ｒからレスリング仕込みのタックルでノルキヤを翻弄し、２Ｒマウントパンチからのギロチンチョークで見事一本勝ちを収めた。
「内容はどうでもいいから、とにかく勝つしかないと思っていました。舞台は新日本プロレス。お客さんはプロレスを見にきていて、総合格闘技のことはほとんど知らない。でも、ホームのリングで勝たなければ俺の人生は終わる」（中邑真輔のコメント／『２０１１年の棚橋弘至と中邑真輔』柳澤健著／文藝春秋）
唯一の日本人対決となった「中西学対藤田和之」は後輩の藤田がパンチの連打で３ＲＴＫＯ勝ちを収めた。
「バーリトゥード戦は、みんなが戦う姿勢を見せればそれでいい。勝った負けたは、その時々の勝負だ。（中略）プロレスとバーリトゥードの２本柱は是か非か？　それはみなさんが感じている通りの結論でしょう。世の中にはバラエティーもあれば時代劇もあるということ」（アントニオ猪木のコメント／『スポーツ報知』２００３年５月３日付）
そう言って煙に巻いた猪木だったが「ＵＬＴＩＭＡＴＥ　ＣＲＵＳＨ」はさしたるインパクトも残せず、社内の反対派が息を吹き返す結果となった。
「格闘技を見てすごいと思えば、格闘技ファンが増えるだけです。格闘技ファンをプロレスに引っ張ってこようとする新日本プロレスの方針は、完全に間違っていたと思います」（棚橋弘至のコメント／『２０１１年の棚橋弘至と中邑真輔』柳澤健著／文藝春秋）
しかし、これによって猪木の〝格闘技熱〟は、余計に高まったのである。

長州対ヒクソン

新日本プロレス真夏の風物詩「G－1クライマックス」が8月10日の神戸を皮切りに、名古屋、静岡、仙台をへて、15日からフィナーレの両国国技館3連戦が行われていた。最終日17日のことである。第6試合の前に黒のキャップにサングラス、黒のジャケットとパンツと全身を黒で統一した男が客席に姿を見せた。特にアナウンスもなく、観客の大半は気にも留めなかったが、そのゲストこそ「UFO　LEGEND」以来、1年ぶりの来日となるヒクソン・グレイシーだった。

新日本プロレスの若きエース・中邑真輔は、第6試合で横綱・朝青龍の実兄であるブルー・ウルフと組んで、永田裕志・エンセン井上組と対戦した。ウルフがエンセン井上の腕ひしぎ十字固めに敗れると、中邑は最前列で観戦するヒクソン・グレイシーのもとに直行して握手を求めた。ヒクソンも笑顔で応じた。

メインイベントで、天山広吉が30分を超える死闘の末に、他団体「プロレスリング・ノア」の秋山準を下すも、記者の多くは、真夏の祭典を制した天山より先に、ヒクソンの周囲に集まった。ヒクソンは「日本国内における格闘技ビジネスに大変興味を持っており、今後の活動の準備のために来日しました」とだけ答えて会場を後にした。

そもそも、ヒクソン・グレイシーと新日本プロレスには因縁があった。K－1、PRIDE、コロシアム2000と、名だたるプロモーションが〝ヒクソン争奪戦〟を繰り広げていた2年前、降って湧いたように「長州力対ヒクソン・グレイシー」なるプランが持ち上がった。話題性は十分、筆者がこの頃、何人かの格闘技関係者に実現の可能性を問うと、多くは「半々」と言ったが、芸能関係者は「ヒクソンのギャラは3億」といった情報を持っており「3億は北海道にいる長州のタニマチが揃えた」という具体的なものもあった。

しかし「長州対ヒクソン」は実現しなかった。「長州は乗り気だったが、ヒクソンが首肯しなかった」というのが大方の見方で、ヒクソン自身も、後年、次のように明かしている。

「そういう話はあったようだね。ただ、長州がPRIDEのリングに上がるという話ではなかったはずだ。つまり、私が彼のプロレスのリングで試合をするということだ。その場合、我々がMMAをやったとしても、観客にプロレスの試合だと思われるかもしれない。やるならば、確実にリアルファイトの舞台でやらなければならない。だから、長州サイドからのオファーは到底受け入れられないものだった」（『週プレNEWS』2015年12月13日配信）

そのヒクソンが、当の新日本プロレスのリングに姿を見せたのだから、マスコミは色めき立ち、誰もがアントニオ猪木の関与を想像した。1年前の夏「UFO　LEGEND」に姿を見せたときは、スペシャルゲストとしてリング上で挨拶し、メインイベントを飾った小川直也と対戦を誓い合うように握手。さらに、猪木と「共闘」までアピールしている。マスコミの注目もそこにあった。

しかし、猪木はこの日、会場に姿を見せなかった。

川村龍夫の悔悟

この時間、アントニオ猪木の姿は成田空港にあった。

第二の故郷であるブラジル・アマゾン川の支流・ネグロ川流域の河港都市マナウスで「ジャングル・ファイト」なる総合格闘技の大会が開かれる予定となっており、その主催者である猪木は、9月13日の本番に先駆けて渡伯する直前だったのだ。

現地でのスケジュールは、アマゾン川流域に設えられた特設会場で対戦カードを発表し、アマゾン奥地に住む裸族「シングー族」を訪問するという気ままなもので、猪木は空港に集まった記者団の質問に快く応じている。しかし、タイソンがK－1に登場したことについて訊かれると、笑みを浮かべただけで何も答えず、そのまま、機上の人となった。

「ジャングル・ファイト」については、猪木自身が主催者となっていたが、誰かに担がれただろうことは容易に想像がついた。すでに触れたように、この時期「猪木の後見人」を自認する代表格は百瀬博教だったが、実際、そうではないことはすでに露顕しており、傍らに百瀬本人の姿もなかった。猪木と百瀬の関係は、多分にドライなものとなっていたのである。

ともかく、成功とは言い難い結果に終わった「ULTIMATE　CRUSH」を目の当たりにしたことで「プロレスと総合格闘技を、同じ興行にオーダーするのは難しい」と感じたアントニオ猪木が「だったら、総合格闘技だけの興行を開けばいい」と考えたことは、周囲の関係者の証言も含めて間違いないと見ていい。失敗したままで終わらせられない性分もある。

問題は、興行とは主催者の思いつきだけで実現させられない点にある。興行に必要な役職を書き出すとわかりやすい。

①主催者＝プロモーター
②興行を統括する責任者＝プロデューサー
③現場を統括する責任者＝ディレクター
④その下に位置する出入り業者＝スタッフ

①に該当する猪木にとって②はすでにいる。百瀬博教かと言うとそうではない。百瀬はむしろ①のタイプに属する。この時期の猪木の周辺人物で②に該当するのは、芸能プロダクション・ケイダッシュ会長の川村龍夫以外いない。

渡辺謙や高橋克典ら人気俳優を抱える大手芸能プロダクションのオーナーでありながら、東京ドームで格闘技イベント「ＵＦＯ　ＬＥＧＥＮＤ」を開催したのは、第１章でも述べたように、前年８月８日のことである。その際、猪木を興行の目玉として担ぎ、日本テレビで２時間半の生放送枠を確保しながら、興行としては失敗に終わったこともすでに述べた。

「川村さんが二度と格闘技の興行に手を出すことはない」という風評は筆者の耳にも入っていたし、おそらく事実だったろう。しかし「アントニオ猪木の顔に泥を塗った」という悔悟を持ち続けていたことも「何か力になれないか」と模索していたのも、間違いなかったはずだ。

さらに「UFO　LEGEND」直後は「格闘技中継はひとまず終了」の断を下していた日本テレビの風向きも変わりつつあった。

「ひと頃の日本テレビの内部は常に『格闘技やろう派』と『格闘技やめとこう派』に分かれていて、確かに前年の『UFO　LEGEND』の直後は後者が優勢でしたけど、他局の盛り上がりを見て前者が盛り返すんです。そりゃあ、フジがPRIDEで数字を獲って、K－1もタイソンだってなったら、日テレが黙って見過ごすはずはないですから」（『スポーツ報知』記者の福留崇広）

「格闘技ファンを引っ張ることで、新日本プロレスの業績を回復させたいアントニオ猪木」「前年の失敗を挽回したい川村龍夫」「次こそ、フジテレビやTBSに負けない格闘技コンテンツを作りたい日本テレビ」——三者の思惑が一致する。しかし、前年の失敗がある川村は、自ら先頭に立つことはしなかった。

川村の脳裏に、一人の男の姿が浮かんだ。

覚書

大手広告代理店のADKと組んで、新しい格闘技イベント「DNA」を立ち上げた川又誠矢は、メインカードに「吉田秀彦対ミルコ・クロコップ」をマッチメイクするなど、実現に向けて具体的に動いていたが、PRIDEを運営するDSE社長の榊原信行に懇願され、大会の延期に応じた。

その際、第3章で触れたように、榊原信行と川又誠矢の間で覚書が交わされた。その結果、川又が経営するケイコンフィデンスの口座には、イベントを延期した代償として、２００３年6月30日と8月29日の2度に分けて、３０００万円が振り込まれている。

また、覚書の第5条には、次の四つの項目が明記された（原文ママ、※は筆者註）。

第1項・甲（※ケイコンフィデンス＝川又誠矢）及び乙（※ＤＳＥ＝榊原信行）は、平成15年12月31日（水曜日）にさいたまスーパーアリーナにて格闘技大会を協同でプロデュースする事に合意する。協同プロデュースするにあたり、甲・乙はお互いに協力し、信頼を守り、常に相互で相談し、合意の上物事を決定し作業を進める事とする。

第2項・甲及び乙は、上記格闘技大会を協同プロデュースをするにあたり発生する、全ての収入も、また、全ての支出も互いに折半する事とする。

第3項・上記格闘技大会を協同プロデュースし発生した権利に関しては、共同著作とする。ただし、発生した権利のＴＶ局、広告代理店、スポンサー等との契約窓口は甲が代表する法人、あるいは後日設立を予定している法人の「ＤＮＡパートナーズ株式会社（仮称）」とする。乙は、この甲が契約窓口を務める契約書を閲覧する事が出来る事とする。

第4項・甲は、乙に対して株式会社ケイ・ワン及び石井和義氏との間でトラブルが発生することがないよう務める事を約する。また、乙は、甲に対して百瀬博教氏等との間でトラブルが発生し《ママ》ることがないよう務める事を約する。

特筆すべきは、大晦日にさいたまスーパーアリーナで開催し、フジテレビが放送するビッグイベントの主催者に、ケイコンフィデンス社長の川又誠矢が就いたことが明記されている点だ。

1996年の上京後、芸能プロダクションを経営しながら、K－1の裏仕事を任されてきた川又にとって、千載一遇の好機に違いなく、それもこれも、にわかに大ブレイクしたミルコ・クロコップのマネージメントを握っていたことが大きかった。この時期、PRIDEのリングに本格参戦をはたしていたミルコのマッチメイクにも、川又は深く関わっており、ヒース・ヒーリング戦、イゴール・ボブチャンチン戦のいずれも、川又とDSEとの話し合いで決めたものである。

ともかく、ミルコ・クロコップが格闘技界の中心人物に躍り出るのと同時に、その代理人である川又誠矢も、表舞台に立とうとしていたと言っていい。

放映権争奪戦

8月のPRIDEさいたまスーパーアリーナ大会のリング上で「今年の猪木祭は日本で一番高い山でやる」とアントニオ猪木が発言したことで、2003年の猪木祭はフジテレビで放映することが、公然の事実となった。

つまり、前出の覚書の第5条第1項に明記されている「格闘技大会」こそが『INOKI BOM-BA-YE 2003』として開催されるのは既成事実だったことになる。しかし、肝心の中継元であるフジテレビは、マスコミの問いに対し、何ら明言しなかった。筆者の知り得る限り、リング上でああいった発言があれば、早くて週明け、遅くとも10日以内には正式発表となるものだが、フジテレビは何事もなかったかのように沈黙を続けた。

フジテレビが、正式発表を避け続けた理由は、複数あったとは思うが、この時期に起きた出来事を時系列に並べると、ぼんやりとではあるが、その回答が輪郭を現してくる。

①アントニオ猪木がＰＲＩＤＥのリングで「今年の猪木祭は日本で一番高い山（フジ）」と発言したのが８月10日
②Ｋ－１ラスベガス大会のリングにマイク・タイソンが登場したのが８月15日（現地時間）
③Ｋ－１ラスベガス大会をフジテレビが録画放送したのが８月16日
④Ｋ－１がタイソンと複数試合出場契約を結んだのが８月22日

つまり、フジテレビは「タイソンが本当に来日して、大晦日にＫ－１のリングで試合をするのなら、ＰＲＩＤＥだけではなく、Ｋ－１の中継も視野に入れよう」と考え直したということだ。Ｋ－１ラスベガス大会だってフジテレビが流したわけだし、長年の関係もある。「清原さんが、何度も連絡を入れてきたりして、急に媚びを売るようになってきた」という谷川貞治の証言からも、その信憑性は低くない。

もし、早いタイミングでフジテレビが猪木祭の正式発表に踏み切っていたら、その後の混乱はおそらく、生じなかったのではないか。

そんな折、大晦日興行の主催者である川又誠矢に、一人の男が接触するのである。

宮本に会ってやってくれ

「大手芸能事務所会長から『日テレ社員の宮本（修二プロデューサー・当時）に会ってやってくれ』と言われ、宮本氏に会うと、『このままではフジとの視聴率争いに負ける。大晦日のイベントをウチで中継させてほしい』と懇願されました」（川又誠矢のコメント／『週刊現代』2006年4月29日号）

ここにある「大手芸能事務所会長」とは言うまでもなく、ケイダッシュ会長の川村龍夫のことである。日本テレビと話し合いを重ねる中で「再びアントニオ猪木を担いで、格闘技のビッグイベントを打とう」と閃いた川村は、その主催者として、若き芸能プロダクション社長である川又誠矢に白羽の矢を立てたのだ。

この翌年、日本テレビを相手取って訴訟を起こすことになる川又誠矢は、東京地方裁判所で行われた第6回口頭弁論（2006年1月19日）において、主に次のように証言している（聞き手／原告側代理人・和久田修）。

——8月頃、日本テレビから、あなたに接触があったわけですね。どういう経緯で接触があったのですか。

「芸能プロダクションのケイダッシュの代表者の川村さんから『日本テレビの宮本プロデューサ

ーと会ってやってくれないか』と言われて、それが初めてお会いしたきっかけです」

――そのとき、宮本さんと初めて会いますよね。話の内容はどんなものでしたか。

「川村さんからもお聞きしていたので、わかって行ったんですけど、宮本プロデューサーから『年末の局はもうフジテレビで決まったんでしょうか』と最初に訊かれました」

――どう答えましたか。

「『お話はそれで進めていますけど、現状まだ、それで決定というふうなことにはなっていません』とお話ししました」

――そうすると、宮本さんは、どう話をされましたか。

「『日本テレビでやってもらうというのは、出来ないでしょうか』という話を、そのとき初めて言われました」

――そのときには、具体的な数字の話とか、そういったものは出たんですか。

「宮本プロデューサーから『フジテレビとの条件というのは、大体どんなものでしょうか』というふうに言われたので、大まかな数字を言いました。宮本プロデューサーからは『今の段階で、すぐお答え出来る間違いない金額というのは、放映権料の2億ぐらいだと思うんですけど。持ち帰って早急に、検討したいんで』という話をされました」

一度は、格闘技から完全に撤退していた日本テレビが、今度は2003年の大晦日を目指して、再び参入したのである。

やまびこ打線

1982年夏の「全国高等学校野球選手権大会」で「やまびこ打線」の雷名を轟かせ、日本中を熱狂の渦に巻き込んだのが、蔦文也監督率いる徳島県の池田高校である。

エースで4番の畠山準は140㎞を超えるストレートを武器に三振の山を築き、3番の江上光治と、5番の水野雄仁は甲子園狭しと打ちまくった。圧巻は〝甲子園史上空前のアイドル〟と呼ばれた荒木大輔を擁する早稲田実業と対戦した準々決勝である。初回から荒木に襲いかかり、水野の2打席連続ホームランを含む、毎回全員安打の20安打3アーチで荒木をマウンドから引きずり下ろし、14対2で大勝した。

広島商を相手に戦った決勝も12対2の圧勝を収め、池田高校は初の全国制覇を成し遂げた。表彰式で深紅の大優勝旗を手にして、場内を一周したのが主将の窪二塁手、優勝盾を手にしたのが副主将の宮本一塁手である。

徳島県大会では3割5分7厘の高打率を残し、甲子園初戦の静岡高から決勝の広島商まで6番一塁手で出場した宮本は、2回戦の日大二高戦では4回にエラーで出塁すると盗塁を決め、3回戦の都城戦では2回に同点打、準々決勝の早実戦では荒木から2回に二塁打を放ち、8月27日から大阪球場で行われた「日韓高校親善野球大会」の出場メンバーにも選ばれている。

「先生の悲願を実らせたかった。そのためにも絶対に勝ちたかったんです。もう最高」（宮本一塁手のコメント／『日刊スポーツ』1982年8月21日付）

この池田高校優勝メンバーの宮本一塁手こそ、ケイダッシュ会長・川村龍夫の仲介で、川又誠矢の前に現れた、日本テレビ編成部プロデューサーの宮本修二その人だった。

野球少年だった川又は、中学3年生の秋に、近隣の強豪校から推薦指名を受けており、その中に池田高校も含まれたことはすでに述べた。もし、川又が池田高校を選んでいたら、同窓の先輩後輩の間柄になっていたことになる。

この奇縁が、二人を未曽有の混乱に向かわせたとするのは、穿った見方だろうか。

チャンスを下さい

第6回口頭弁論から約1ヵ月後の2006年2月19日、第7回口頭弁論で、被告側証人として出廷したのが、日本テレビ編成部の宮本修二だった（聞き手／被告側代理人・吉羽真一郎）。

――川又氏との最初の会合は、2003年の8月頃だったということなんですけれど、あなたから、川又氏に対し「年末のイベントを日本テレビで放送させてほしい」という話をしていますね。何故、その話を持ちかけたのでしょうか。

「その前年、前々年に『イノキボンバイエ』というのをTBSさんで大晦日に放送していましたけど、非常に高視聴率で、いいソフトであると。で、『今年の放送はまだ決まっていないんじゃないか、決まっていないのならば、テレビ局として、あるいは、プロデューサーとして獲得したい』というふうに思いまして、それで、彼に会って話をしました」

――そのとき、川又氏は他の放送局とも交渉をしていたのでしょうか。

「『フジテレビと交渉しています』とおっしゃっていました」

――フジテレビと交渉中だったケイコンフィデンスに対して、日本テレビ側から「やらせてくれ」と申し入れたということなんですが、川又氏の反応はどうだったんでしょうか。

「最初に会ったとき、私はフジテレビの条件をまったく知りませんでしたので、初めて条件を知らされたんですけれど『日本テレビさんが、やる気があるんだったら、ちょっと考えましょう。考えましょうというか、やりましょう。交渉を進めませんか』ということでした」

一方、原告側の問いに対しては、主にこう答えている（聞き手／原告側代理人・岩井信）。

――平成15年の8月頃ですけれど、アントニオ猪木さんがPRIDEのステージ上で『年末恒例の猪木祭を、一番、高い山で行う』というふうに発言したことがありませんか。ここで言う「一番、高い山で行う」というのは、どういう意味だと理解していましたか。

「『フジテレビでやる』というのを、言ったんじゃないかと聞いています」

――ところで、川村さんを通じて、川又さんに接触したということでしたね。この川又さんと会って、あなたは、どうするつもりだったんですか。

「どうするつもりというより『まず、どういう状況になっているのか調べてくれ』という命を受けましたので『じゃあ、どういう状況になっているんでしょう』ということを訊くために」

――先程のあなたの証言で「第１回から年末の格闘技イベントを日本テレビで放送させてほしい」と明確に希望を伝えていませんか。

「それは、まだ決まっていないことを知ってから『では、日本テレビにもチャンスがあるんだったら、チャンスを下さい』ということです」

――すでに、猪木さんは公の場所で「一番、高い山でやる。フジからやる」と言っていることをわかっていながら、あなたは申し入れたわけですね。

「ですから、『本当にフジで決まっているんですか』ということを訊いて『いや、決まっていないんですよ』と。『フジに決まっているから取りに行った』という表現は、ちょっと違うと思うんですけど」

度重なる追及に同じ回答を繰り返すあたり、そうとしか答えようのない事情も垣間見えるが、ともかく、日本テレビと川又誠矢の間で、大晦日中継に関する交渉が始まったのである。

８億円

フジテレビに続いて、日本テレビとも交渉を始めた川又誠矢だったが、いくつもの障壁が横たわっていた。第７回口頭弁論において日本テレビの宮本修二は、主にこう明かしている。

「そのときには『交渉を進めていますけど、まだ決まっていません』ということで別れたのですが、その数日後、日本テレビ近くのグリーンパレスホテルに、川又氏と当時、ケイコンフィデンスの社員だった今井さんと二人で来ていただいて、今井さんから『放映権4・5億、イベントの事業3・5億の3年契約で、フジテレビさんと話していますよ』と、紙を添えて説明していただきました」(第7回口頭弁論調書)

ここにある「放映権」というのは、放送局が興行の主催者に支払う「放映権料」のことで「イベントの事業」というのは、放送局が興行の主催者から、興行そのものを買い取る「事業権料」のことである。つまり、フジテレビは川又誠矢に「放映権料4億5000万円と、事業権料3億5000万円の合計8億円を支払う」と約束していたことになる。破格の条件と言っていい。

それに加え、出場選手の招聘も含むイベント制作はDSEが全面的に協力し、テレビ制作はフジテレビの格闘技中継班が全責任を持って請け負い、プロモーションにおいても、フジテレビの事業部と広報部が抜かりなく行ってくれる。

初めて、単独で格闘技イベントを行う川又誠矢にとって、これ以上ない好待遇だったに違いなく、それだけ、フジテレビもDSEも、8月のイベントの取りやめに応じてくれた川又に、恩義を感じていたと見るべきだろう。にもかかわらず、川又が日本テレビとの交渉に応じたのは、〝業界のドン〟と畏怖されるケイダッシュ会長・川村龍夫への配慮もあったろうが、自身が企画する「K-1でもPRIDEでもない、新しい格闘技イベント」について、日本テレビ側が前向きな姿勢を示してきたからである。両者の証言を並べるとわかりやすい。

「私の方から宮本プロデューサーに言ったのは『フジテレビとまだ正式には決まっていないですけども、そこまで進んでいる状況で、何ヵ月かの過程もあるので、日本テレビさんとは、来年以降の格闘技の仕事をさせてもらえないか』と、その後、お会いした状況でも、そのような話はしました」（川又誠矢の証言／第６回口頭弁論調書）

「ＰＲＩＤＥさんと一緒に川又さんはお仕事されているので『そのまま、フジテレビになってしまうと、ＰＲＩＤＥを踏襲してしまうようなイベントになってしまうので、出来れば、新しいイベントとして、日本テレビとやれた方がいい』というふうに、おっしゃっていました」（宮本修二の証言／第７回口頭弁論調書）

二つの証言から見えてくるのは、川又誠矢からすれば「２００３年の大晦日は規定通り、フジテレビで放映してもらいたいが、２００４年から行う新しいイベントは、日本テレビでやれないか」と心中を吐露したことになり、一方の宮本修二及び日本テレビの思惑からすれば「２００４年からの新しいイベントの放映を餌にぶらさげたら、交渉の持って行き方次第では、大晦日を中継出来るかもしれない」ということである。双方の微妙な心理の動きが読み取れる。

ただ、往々にしてこの手の駆け引きとなると、報酬を支払う側が主導権を握ることになり、すなわち、それは日本テレビということになる。それは、次の証言からも判然とする。

「宮本プロデューサーから『ここまでの条件をクリアしていってるので、ウチとしてはきちっとした返事をもらえないと、要は年末のことが出来ないと、来年からの仕事というのは難しいと思います』という言われ方をされたのも憶えています」（川又誠矢の証言／第６回口頭弁論調書）

その後も、川又誠矢と宮本修二は何度も交渉を重ね、10月に入った頃、関係者も含めての最初の話し合いが持たれた。

DSEが欲しい

10月初旬の午後、赤坂のキャピトル東急の一室で、2003年大晦日に行われる、格闘技イベントにまつわる会合が開かれた。出席者は日本テレビから事業部長の田中晃、編成企画部副部長兼事業部プロデューサーの長尾泰希、編成部プロデューサーの宮本修二。ケイコンフィデンスからは川又誠矢と今井賢一。DSEからは榊原信行の6名である。

この席上で、日本テレビ側から初めて「放映権料4億5000万円」が提示されたと裁判資料にはある。榊原信行が「事業権の買い取りの可否」について質すと、田中事業部長は「前向きに検討する」と回答している。

事実、14日に汐留の日本テレビで開かれた2度目の話し合いにおいて、日本テレビ側は「放映権料4億5000万円、事業権料3億5000万円」というフジテレビと同額となる、満額回答を示している。日本テレビが条件を大幅に引き上げたのには、れっきとした理由があった。

「ケイコンフィデンスとドリームステージの間で交わされている覚書だったと思いますけど『年末のイベントを、ドリームステージとケイコンフィデンスが協同で開催する』という旨が書かれてあって『川又氏が契約交渉の窓口になる』という覚書がありましたので、それを見せられました」（宮本修二の証言／第7回口頭弁論調書）

川又誠矢の証言は、より具体的である。

「田中さんの方から『どういう過程でDSEと、どういうふうにやるようになっているのか、その覚書を見せてもらえませんか』というふうに言われて、私はそのときにお見せしたと思います。（中略）そのときに、田中部長から言われたのは『川又さんはやってくれる気はあるんですか』というふうな訊き方をまずされて、私も条件を出されているのに『やる気がない』とは返事出来なかったという状況もあるし『いろんなことが解決できれば、やりたいとは思っています』というお話はしたと思います」（第６回口頭弁論調書）

先述した「ケイコンフィデンスとＤＳＥとの間で結ばれた覚書」の内容を読み返してもらいたい。交渉の過程において、その内容を把握した日本テレビの脳裏に浮かんだのは、次の５点だったはずだ。

①川又誠矢との交渉がうまくいけば、ビジネスパートナーであるＤＳＥの協力も同時に得られるに違いない
②ＰＲＩＤＥや猪木祭を運営した実績を持つＤＳＥのポテンシャルをもってすれば、イベント開催に何ら不安はない
③選手と個人契約を結んでいるＤＳＥを手中に収めたら、人気選手の招聘にも苦労しないで済むに違いない
④ＤＳＥが日本テレビに協力すれば、フジテレビも、今年の大晦日の開催は諦めるに違いない
⑤これが成功すれば、大晦日恒例のイベントになるばかりか、ＰＲＩＤＥのレギュラー放送も日本テレビでやれるかもしれない

つまり、日本テレビの思惑は「ＰＲＩＤＥをそっくり、こっちに移そう」ということ以外なく、そのために、交渉相手である川又誠矢を、どうにか籠絡する必要があったということだ。

それでも、肝心のＤＳＥ社長・榊原信行は、交渉の進展にまったく乗り気でなかったことは、川又、宮本両者の法廷での証言からも判然とする。当然だろう。フジテレビの高いポテンシャルを捨ててまで、格闘技中継の経験の浅い日本テレビに乗り換える理由はないし、そうでなくても、大会の顔であるアントニオ猪木本人から「今年の猪木祭はフジ」と言わせているのだ。

日本テレビ側もおそらく、そのことに気付きながら、「覚書の効力さえあれば、最終的にＤＳＥはどうにかなる」と踏んだ。なぜなら、宮本修二はこう述べてもいるのだ。

「ケイコンフィデンスさんとドリームステージさんの間で、そういう覚書があって『窓口も川又氏である』と明確に書かれていたので、疑う余地もなく『ケイコンフィデンスと契約をすれば、ドリームステージが必ず協力をする』というふうに思いました」（第7回口頭弁論調書）

事業部長の田中晃も次のように明かしている。

「日本テレビとしては、ＤＳＥが離れてしまうのではないかという不安感も示していたわけですけれど『こういう覚書があるので安心して下さい』というふうに見せられました」（同）

かくして、２００３年10月16日、汐留の日本テレビ本社で、大晦日の格闘技中継に関する最終の話し合いが行われ、いくつもの未確定事項を含みながら「放映料4億５０００万円」「興行権料３億５０００万円」「２００４年の年間シリーズ化・計5回」「合計8億円の3年契約」という、まったく信じられないような破格の条件で契約が結ばれた。

署名

前年8月の「UFO　LEGEND」が失敗に終わり「二度と格闘技中継に着手しない」と見られていた日本テレビが、2003年の大晦日に再び乗り出したのは、猪木祭の興行権と中継権を欲したからだ。

イベントタイトルは「イノキボンバイエ」以外ない。2001～2002年の大晦日にTBSが放映した『INOKI BOM-BA-YE 2001 - 2002』は高視聴率を記録しており「3年目となる今年は、TBSに代わって、日本テレビが大晦日の格闘技を仕切る」と言いたかったし「昨年と一昨年の視聴者を、TBSからごっそり持って来れる」と目論んだことは言うまでもない。

しかし、この名称に難を唱えたのは、誰あろうイベントの主催者である川又誠矢だった。

「私の方から『ボンバイエ』という名前に関して、当時、PRIDEの関係者であった百瀬さんが『ボンバイエに関しての権利は自分が持っている』というふうなことを、伝え聞いたことがあったので、宮本プロデューサーや田中部長に『ボンバイエの名前はそういう状況を、私も聞いているんですけど、その名前じゃないとダメなんですか』という話はしました」（川又誠矢の証言／第6回口頭弁論調書）

程なくして、危惧した事態が起きた。百瀬博教本人から、日本テレビ宛に内容証明が届いたのである。

百瀬はアントニオ猪木本人と「ボンバイエ」の名称使用に関する覚書を交わしており『FLASH』（2004年1月6・13日合併号）にはその実物の写真が掲載されていた。

「毎年12月31日に行ないます　イノキボンバイエは、百瀬博教氏のプロデュース以外では絶対にやりません　ニューヨーク在　アントニオ猪木　2003・8・7　各位様」（原文ママ）とある。おそらく、猪木の直筆と思われる。

文面から察するに、百瀬博教はこの時点で、今年の猪木祭（イノキボンバイエ）が、自分の関与しない形で開催されることを察知していたに違いなく、釘を刺したかったと想像がつく。

では、このときの百瀬博教は、いかなる立場にあったのか。

命懸けの虚構

「PRIDEの怪人」「戦後最大の不良」などと畏怖される百瀬博教について、K－1プロデューサーだった谷川貞治が抱く印象は独特なものである。

「前にも言ったように、僕は石井館長の紹介で百瀬さんと初めて会いました。作家ということも『週刊文春』で連載をしていたことも詳しく知らなかった。深夜の長電話を通して『ブームを迎えつつある格闘技界に喰い込みたい』というのが百瀬さんの本音だと知りました。館長は百瀬さんを避けていたので、K－1に送り込む選択肢はない。そんな絶妙なタイミングでPRIDEが誕生したんです。つまり、そういう意味において百瀬さんって人は、自分から何かを仕掛けるような、能動的なタイプではないんです」

谷川貞治に限らず、格闘技関係者の多くが、「館長の紹介で百瀬さんと知り合った」と筆者に明かした。なぜ、石井和義は百瀬を忌避し続けたのか、筆者がそのことを石井本人に尋ねると
「だって、裏社会の人やもん」と彼は困ったように答えた。

しかし、厳密に言うと百瀬博教は「裏社会の人」ではない。父親の百瀬梅太郎が、柳橋一帯を仕切る侠客であったのは事実だが、次男である彼自身はそうではない。ついでに言うと「裏社会と格闘技界をつなぐフィクサー」でもなく、先述したように、石井和義に百瀬を紹介された谷川貞治が、ＰＲＩＤＥの興行に百瀬をコミットさせたことがきっかけにすぎない。ただし、その縁でアントニオ猪木がＰＲＩＤＥのリングに上がるようになったのは確かである。

「未だに百瀬さんを『格闘技界のすべてを仕切っていたゴッドファーザー』みたいに言う人が時々いるけど、実際のところ、まったくそうではないです。そのことを、正確に把握さえしていれば、そんなに付き合いにくい人ではなかったようにも思うんです」（谷川貞治）

生前の百瀬に私淑していた漫才師の水道橋博士が「不良とは？」と百瀬に問うと、「命懸けの虚構だ」と返ってきたという。その回答こそ、彼自身を物語るすべてな気がしないでもない。

とはいえ、その百瀬博教が「イノキボンバイエは、百瀬博教氏のプロデュース以外では絶対にやりません」という覚書を猪木本人と交わしたのは、どうということもないようだが、ややこしいことであった。

以前にも詳述したことだが、日本テレビと川又誠矢をつないだケイダッシュ会長の川村龍夫は、百瀬の私立市川高校の後輩にあたる。芸能界の実力者の一人であり、業界に睨みを利かせら

れる川村であっても、百瀬を前にしては心理的に劣勢に立ってしまう。そうでなくても、プロダクションを起業して金策に走っていた頃、百瀬の援助を仰いだこともあったという。

つまり、その関係性に乗じて百瀬がイベントに関与することで、組織のガバナンスが崩れる蓋然性は低くなかったと見ていい。

数日後、関係者が集まって、秘密の会合が持たれることになった。

PRIDEとの訣別

2003年12月23日発売の週刊誌『FLASH』(2004年1月6・13日合併号)に一枚の集合写真が載った。

場所はホテルオークラで、写真の日付は「2003・10・29」、アントニオ猪木、百瀬博教、川村龍夫、榊原信行、川又誠矢、モザイクの人物2名の計7名が写っている。これこそ「イノキボンバイエ」のタイトル使用及び、同名のイベント開催の許諾を、百瀬博教に求めるために開かれたミーティングだった。

「猪木会長の隣のモザイクの人は、この14年後に、会長と結婚するズッコさん(註・橋本田鶴子)だと思います。この頃は、知り合って間もない時期でしたが、こういう場に同席させるくらいだから、和気藹々としていたと想像がつきます。私が聞いたところ、この日の話し合いは『イノキボンバイエ』という名称の件で、百瀬さんの許諾を取るために開かれた席らしい。記念写真は、話し合いがいい形で着地した証明として、撮影したものでしょう」(晩年のアントニオ猪木

のマネージャーをつとめた甘井もとゆき）

　気になるのは、このときの榊原信行の立ち位置についてである。そもそも、榊原自身はこの時点では、表向き川又誠矢とパートナーの関係にあると見られており、百瀬に対して「イノキボンバイエ」の使用許諾を求める立場にあった。しかし、本音ではどうだったのか。

「今にして思えばですけど、百瀬さんのことをハンドリングする気のないバラさんからすれば、一応、この場に同席してはいるけど『これを機に、百瀬さんの許可を取らないとタイトルが付けられないようなイベントは、もうやめよう』くらい思ったんじゃないですかね。だって、百瀬さんがＰＲＩＤＥのリングでマイクで挨拶しちゃうとか、それが大不評を買ってしまうとかあったでしょう。これから先もああいうことが起きないとも限らない。だから『これで、やっと百瀬さんと離れられる』っていうのが、バラさんの本音だったと思う」（谷川貞治）

　事実、この会合が開かれる少し前の時点で、榊原信行は百瀬博教をこう評している。

「百瀬さんの場合、どうしてもビジュアル的なイメージが先行して、怪しく、フィクサーみたいに見られちゃうじゃないですか。キャップかぶって黒メガネして。だからそうではない百瀬さんの本当の姿をディスクローズ（公開）していく必要があるのかなと私は思っているんです」（『サイゾー』２００３年11月号）

　百瀬博教の真の姿を詳らかにして一番困るのは、おそらく、百瀬本人ということになろう。

　いずれにしても「イノキボンバイエ」というタイトルの問題は決着が付いた。

　そしてそれは、アントニオ猪木とＰＲＩＤＥの、永遠の訣別を意味していたのである。

今年は日本テレビが中継

アントニオ猪木、百瀬博教、川村龍夫、榊原信行、川又誠矢の5名がホテルオークラで話し合いを行い、猪木本人と覚書を交わした百瀬博教の許諾を得て「イノキボンバイエ」の名称を使用できることになったのが、2003年10月29日の話である。

翌30日、日本テレビは広報を通して、リリースを一斉に送信した。そこには「大みそか総合格闘技イベント〝猪木祭〟今年は日本テレビが中継」と大きく謳ってあった。前夜の話し合いを受けてのリリース送信となったに違いなく、発表したのは次の5点となる。

①大会プロデューサーにアントニオ猪木が就任
②ゴールデンタイム3時間放映予定
③タイトルは未定。視聴者の公募で決める
④局内で「猪木祭プロジェクトチーム」を立ち上げ、事前番組を随時放映
⑤日本テレビとプロレスは今年でともに50周年。〝最強タッグ〟で打倒紅白を目指す

右の決定事項の中で、まず気になったのは③である。とりあえず「イノキボンバイエ」のタイトルが使用できることにはなったが、この時点では伏せている。それどころか「視聴者の公募で決める」と言い切ってもいる。日本テレビの立場に立って考えると「完全に確約が取れるまで

は、どう転ぶかわからない」と危惧する様子が一文から見て取れる。

⑤の「日本テレビとプロレス」の表記も違和感はある。何より、プロレスと混同させているのはいかがなものか。前年の「UFO　LEGEND」の折、多くの格闘技マスコミから「これは本当にリアルファイトなのか」と懐疑的に見られた反省を生かしていない。

このように、課題は山積していたが、正式発表にこぎつけたことで、日本テレビはひとまず、安堵したのではないか。とにかく、既成事実を作ることは出来た。会場や人気選手の招聘、魅力のある対戦カードについては、主催者である川又誠矢が、責任を持って取り組んでくれるはずだからである。

日本テレビの正式発表に対し、同名の格闘技イベントを2年間中継してきたTBSは「今年も『レコード大賞』は決まっていますが、その他の特番については検討中です」と宣伝部を通してコメントするに留まった。対する日本テレビの関係者は「ウチが猪木祭を獲得した以上、今年の大晦日はTBSは絶対にやれない」といった声が圧倒的だったという。

しかし、実際はそうではなかった。水面下で計画が進んでいたのである。

私がいれば

日本テレビが、猪木祭の開催を発表した2003年10月30日から、さかのぼること10日前の10月20日、東京地裁で法人税法違反及び証拠隠滅教唆の罪に問われた元K－1プロデューサー、石井和義被告の第7回公判が開かれた。

被告人尋問が行われたこの日、検察側は「K－1にとって、自身は今後も必要と思いますか」と尋ねた。それに対し被告は「思います」と答えた。「では、どういう意味で、今後も被告自身が必要と思いますか」と具体的に質すと、しばらく思案したのち、こう答えている。

「今の段階では私にしか出来ないことがいっぱいある。福岡で私がリングサイドに座っていたら、ああいう結果にならなかった」

ここで、石井和義が述べた「福岡」とは、2003年7月13日にマリンメッセ福岡で行われたK－1の大会で、マイク・ベルナルドとフランシスコ・フィリォの一戦が消化不良の引き分けに終わったことを指している。石井は「私がいれば、延長戦をさせることが出来た」とも述べた。「一度下した判定さえ覆せる」と、かつての組織の長が広言するのは、いかにK－1が競技として成立していなかったか、とも言えるが、現場復帰に強い意欲を見せているのは明らかだ。

しかし、この半年間、現場を取り仕切ってきた谷川貞治からすれば、前リーダーの思いがけない〝復活宣言〟に、複雑な心情を抱いたのは想像に難くない。プロデューサーに就任当初は、東京拘置所に留置されている石井に指示を仰いではいたが、次第に自身の考えで物事を進めることが増えてきたからだ。

「いやいや、それは考えすぎ。復活の意図なんか全然ありませんでした。『僕がいたら、そうはなってない』という事実を述べたまでで、現場復帰の意図はまったくなかった。全部、谷川君に任せていたしね。何か相談があれば話は聞くけど、僕も公判が定期的に開かれていたんで、裁判官の心証が悪くなるようなことはしたくなかったもの」（石井和義）

確かに、保釈中の言動が判決に反映されることを思うと、再び実権を取り戻す余裕があったとは到底思えない。しかし、その一方で「自分さえいれば」と、よりにもよって、法廷の場で本音を吐露していることも事実である。

では何故、石井和義は10月下旬になって、禁句であったはずの本心を洩らしたのだろう。

答えは一つしかない。

世間を驚かせる、大物を手中に収めたからである。

第6章
曙太郎 対 ボブ・サップ

大晦日での対戦が決まり、帝国ホテルで曙とボブ・サップが記者会見。
元横綱のK-1緊急参戦に300人を超える報道陣が集まった
©乾晋也

創始者である石井和義の逮捕に始まり、人気者・ボブ・サップの失速、ＰＲＩＤＥとの決裂、ミルコ・クロコップのＰＲＩＤＥ移籍、ピーター・アーツのＰＲＩＤＥ移籍未遂……。災厄に憑りつかれたとしか思えない２００３年前半のＫ－１において、石井和義からプロデューサー職を引き継いだ谷川貞治が、一発逆転ホームランを狙ったのは必然だった。

狙いを定めたのは、プロボクシング元統一世界ヘビー級王者のマイク・タイソン。これまで、数々の格闘技団体が招聘を試みながら、実現に至らなかった超大物のタイソンをリングに上げることが出来たら、起死回生どころか、格闘技界の勢力図を一夜にして塗り替えることも夢ではない。谷川は「どうせ負けるなら、世の中を引っかき回してやろう」と思うようになっていた。

あらゆる手を尽くしマイク・タイソン本人と接触した谷川は、何度も交渉を繰り返し、周到に準備を重ね、幾多の障壁を乗り越えた末に、８月のＫ－１ラスベガス大会のリングに、タイソン本人を上げることに成功した。余勢を駆って、契約金30万ドル（約３５００万円）、一試合につき２００万ドル（約2億３６００万円）の複数試合契約を結んだ。

スポーツ紙は「マイク・タイソン　大晦日にＫ－１登場」とこぞって書き立て、敵対するＰＲＩＤＥの統括本部長の高田延彦までが「ウチのリングにも上がって欲しい」と熱望し、ＰＲＩＤＥ寄りに軸足を移しつつあったフジテレビスポーツ局専任部長の清原邦夫も「大晦日はウチでタイソンを」とアピールするようになった。マイク・タイソンのＫ－１登場は予想以上の反響を巻き起こし、格闘技界を一変させたのである。
しかし、谷川貞治だけは、周囲の喧騒とは裏腹に、冷静に物事の推移を見守っていた。

入管法の壁

「年末にバタバタするのは、別にどうってことないんです。雑誌編集長の頃も年末進行で忙しかったから。でも、2003年だけは異常。最初は他のイベントに対して『負けるもんか』みたいに燃えまくっていたけど、そのうち、どうでもよくなった。タイソンの来日問題が暗礁に乗り上げて、それどころじゃなくなったんです」（谷川貞治）

1951年に制定され、現在まで何度も改定を繰り返している「出入国管理及び難民認定法」には「国内外で一年以上の懲役刑、禁錮刑を受けた者は原則的に入国できない」とある。

マイク・タイソンほど、リング外でトラブルを起こしたプロボクサーはいない。世界王座から陥落した1990年以降は顕著で、代表的な事件が91年に起きた婦女暴行容疑である。「深夜1時に彼から『パーティをやってるから来ないか』と電話があって、出かけた先のホテルの部屋でレイプされた」とする被害者の主張は、公平な視点に立っても幾分疑わしくもあるが、判事と陪審員の心証を覆すには至らず、禁錮6年の有罪判決を受けてしまう（3年間の服役後に釈放）。

その後も逮捕と釈放を繰り返したタイソンは、2003年にも知人男性や、ファンを名乗る男性への暴行容疑で逮捕されている。日本に入国させられないことは明白であり、顧問弁護士は「極めて難しい」と谷川に告げた。

であるのに、当時のスポーツ紙を手繰ると「タイソン9月来日」「タイソンK－1視察」「横アリにタイソン登場」などの文字が連日、紙面を飾り、タイソンの来日を煽っている。マスコミに情報を流していたのはK－1事務局であるのは言うまでもない。どういうことか。

「今なら確実にアウトってわかるんだけど、当時は入管の判断が曖昧で、どっちに転ぶかわからない部分があったんです。それで、こういう記事を書かせることで、既成事実を作って世論を盛り上げたかった。もし、本当に来日ビザが下りたら、就労ビザも下りるに違いないから、あえて、こういうリリースを流し続けたんですよ」（谷川貞治）

加えて、あらゆるルートを駆使して入国を実現させる努力も怠らなかった。頼みになるのは、ここでも政治の力である。この時期、谷川は何人もの衆参国会議員と面会している。

「小泉総理に頼んでみましょうか」と具申したのは角田信朗である。「知り合いなんですか」と谷川が驚くと「こないだ『桜を見る会』で会ったので、面識だけはあるんです」と言う。「是非、お願いします」と懇願するも、梨の礫に終わった。「このとき、小泉さんは現職の首相だったから、本人にこの件が届いたら、案外いけたかもしれない」と谷川貞治は回想する。

程なくして、入管から連絡があった。それを受けて、大阪の情報番組に生出演したボブ・サップは、タイソン戦についてこう発言している。

「日本でダメなら米国でやればいい。ハワイなら日本と米国の中間地点だしな」（『スポーツ報知』2003年9月7日付）

TBSに賭ける

「入管から『審査の結果が出ました』って連絡が入ったんです。それで法務局まで出向くと『こうこう、こういう理由だから、マイク・タイソン氏の入国を認めるわけにいきません。以上』ってそれで終わり。あっさりしたもんですよ」(谷川貞治)

それでも、『スポーツ報知』に至っては《PPVの収益金を見込んで海外開催にする》(2003年9月2日付)とだけ書き、入国許可が下りなかった事実は報じなかった。そもそも、日本国内で開催する可能性が消えただけで、試合自体が消えたわけではない。契約を交わしているのだ。実際、谷川は次の手を打っていた。

「時差とか気候とか勘案して、ハワイでやることに決めました。正月休みで大勢の日本人もいるし、これはいけるだろうと。その日のうちに現地に連絡を取って、ホノルルに飛びました」

また、タイソンとの契約を奇貨としてボクシング界とのルートも出来た。〝ホワイト・バッファロー〟の異名を取る元IBF世界ヘビー級王者のフランソワ・ボタは、1999年1月16日にタイソンと試合を行っている著名なプロボクサーである。彼の代理人が「もし、本当にタイソンがK－1に上がるなら」と売り込んできたのだ。

「タイソン対ボタ」は大荒れの試合として記憶に残る。序盤はボタが優勢に試合を進めると、タイソンがボタの左腕を絞め上げるという反則行為に及び、両陣営入り乱れて大乱闘。結果はタイソンが5RKO勝ちを収めたが、怒りの収まらないボタは再戦を要求していた。そこで、谷川はボタと契約を結び、因縁の再戦をK－1のリングでやらせようと考えたのだ。

また、5階級を制した往年の世界王者、シュガー・レイ・レナードのエージェントとも接点が生じた。11月18日に日本武道館で行う「K－1 WORLD MAX」で、K－1世界王者の魔裟斗が、レナードの刺客を迎え撃つプランが発表された。『スポーツ報知』（2003年9月27日付）は《マイク・タイソンのK－1参戦がボクシング界に影響を与えた》と書く。

「それは本当です。タイソンと契約を結んだことで、多くの関係者から売り込まれた。と言うのも、アメリカは実力があっても、試合が少なくて食えないボクサーがゴロゴロいる。パンチの打ち合いはKO必至で、試合も盛り上がるから願ったり叶ったり。何なら『K－1対ボクシング対抗戦』みたいなこともやろうと思いました」（谷川貞治）

2003年9月は、K－1にとっても谷川自身にとっても過渡期となった。9月25日には、これまでK－1の興行を開催・運営してきた株式会社ケイ・ワンから分離独立する形で、新イベント会社「株式会社FEG」（ファイティング&エンターテインメント・グループ）の設立を発表、代表取締役社長には谷川自身が就き、石井和義に代わって名実共にK－1のトップとなった。「全方位外交を進めていきたい」という所信表明は、タイソン参戦を見据えての発言であり、そうでなくても、タイソンと契約を結んでからのK－1は息を吹き返した感があった。

「タイソンの刺客」「チーム・タイソン参戦」と散々煽りながら、タイソンとは無縁のイベントとなった9月21日のK－1横浜アリーナ大会も、日本テレビの視聴率は20・2％、フジテレビが放映した『K－1 WORLD GP』に至っては21・6％を弾き出している。

「この好調ぶりを検証すると、タイソンの話題性とボブ・サップの人気ですかね。サップが練習をサボって芸能のスケジュールを入れまくっていることには、苦言を呈してきたけど無駄ではなかった。数字を持ってないと、テレビとは対等に交渉出来ないですから」（谷川貞治）

そんな中「タイソン対サップ」の開催計画は着々と進んでいた。会場はホノルルNBCに決まり、プロモーターとの話し合いもついて、後は諸々の条件を摺《す》り合わせるだけとなった。

「大晦日をTBS一本に決めたのも、この頃でしたかね」と谷川は回想する。

「一番の理由は2年連続でやってる局を切れなかったことに尽きます。『K－1 MAX』で魔裟斗をスターに育ててもらった恩義もある。フジの清原さんからは『タイソンはウチで』って何度も何度も懇願されたけど、TBS一本に賭けたんです」

かくして、着々と計画が進みつつあった「タイソン対サップinハワイ」だったが、思わぬところから、ストップが入るのである。

止めてくれないか

2001～2004年までK－1の年間スポンサーだったのが、パチンコ、パチスロの大手製造メーカーであるアルゼ株式会社（現・株式会社ユニバーサルエンターテインメント）だった。

師走に東京ドームで行われる「グランプリ決勝戦」はアルゼの冠大会となり、春・夏・秋のレギュラー興行、JAPANシリーズ、パリやラスベガスで行われる海外興行と、すべての大会を支援してきた。

「石井和義逮捕」という激震に見舞われた2003年も、スポンサー契約を打ち切ることはなく、谷川新体制のK－1を支え続けた。

アルゼの創業者にして代表取締役社長の座にあった岡田和生《おかだかずお》は、孫正義や藤田田《ふじたでん》といった国内の著名な経営者を抑え、1999年度の「長者番付ランキング」の1位に躍り出た高額納税者である。「どうせ、税金で取られる金だから」とK－1への支援を惜しまなかった。マイク・タイソンと契約を結ぶことが出来たのも、アルゼの強力なバックアップがあったからだ。「タイソン日本招聘」は岡田和生にとっての宿願でもあった。

2003年のこの時期、岡田の意向がK－1の方向性に影響を与えたことは疑いようがない。事実、谷川貞治は何かあるたびに、岡田への報告を怠らず、マイク・タイソンの試合を大晦日に開催しようとしていたことも、国内開催を断念し、海外にシフトしようとしていたことも、岡田には直に報告していた。メインスポンサーなのだから、当然と言えば当然である。

繰り返すが、2003年12月31日、ハワイ州ホノルルのホノルルNBCアリーナで「マイク・タイソン対ボブ・サップ」が実現することは、半ば公然の事実となっていた。放映局はTBSテレビで、番組プロデューサーの樋口潮は局内における各部署の賛同者をいち早く確保し、大晦日プライムタイム2時間枠を早々と押さえていた。問題はハワイのボクシングコミッションの許可が下りていないことだったが、関係者の誰もが楽観視していた。そもそも、正式なプロボクシングの公式戦ではないのだから、止められる筋合もないのである。

後は発表するだけ。「正式発表のタイミングは11月1日がベスト」と谷川は考えた。「マイク・

タイソン対ボブ・サップinハワイ」を大々的に発表すれば、他局はひとたまりもなく、この時点で、日本テレビが猪木祭の放映権を獲得したことは、谷川の耳にも入ってはいたが「タイソン対サップ」のインパクトには勝てないことは確信していた。むしろ「ワンマッチでやるべきか」「アンダーカードをどうすべきか」そのことで頭を悩ませるようになっていた。

しかし、意外な人物から「待った」がかかった。メインスポンサーであるアルゼ社長・岡田和生である。岡田は谷川貞治を自社に呼び出すと、開口一番こう告げた。

「谷川さん、タイソン対サップの件だけど、止めてくれないか」

「ええっ、どうしてですか」

岡田はこう説明した。

「日本国内でやって欲しいんだ。ハワイとか海外でやったところで何のインパクトもない。日本国内、出来れば、東京か首都圏の大会場でやってくれないか」

谷川は「そう来たか」と嘆息した。確かに、両者はすでにラスベガスで乱闘寸前のハプニングを演じている。それを超えるインパクトを残すのは、国内の大観衆を前にぶつかり合うのが効果的であることは、谷川も理解していた。

「それに、韓国もあかんよ」

岡田は先回りするように釘を刺した。谷川はホノルルで開催できなかった保険として、韓国の済州島での中継も視野に入れていた。屈指のリゾート地だけに日本からの観光客も見込めるし、何より時差がないのが大きい。その構想さえも岡田の耳にはすでに入っていたのだ。

高額納税者の上位に位置する岡田和生にしてみれば「国内の大会場で何万人もの大観衆を集めて、派手に冠大会を開催出来ると睨んだからこそ、多額の出資をしたのであり、海外でせせこましくやるんなら話が違う」と言いたかったのだ。ホノルルNBCアリーナは、最大8000人程度の中規模の会場であり、正月休みにハワイを訪れた観光客ばかりの前で、折角の夢のカードを消費させたくないのは、メインスポンサーとして当然の発言権だったのかもしれない。

出資者がいなければ、高額なファイトマネーを支払うことも、テレビの番組枠に協賛してもらうことも不可能となる。谷川が何度、言葉を尽くしても、岡田が首肯することはなかった。

谷川貞治は茫然となった。タイソンというカードがあったからこそ、大晦日に勝負を賭けようと考えていたのだ。TBSも放映枠を確保してくれており、それがなくなったとあれば、枠を確保してくれたTBSに申し訳が立たない。再び奈落に突き落とされた気分となった。

この情報は、早晩、フジテレビと日本テレビにも伝わるはずだ。アルゼは『K－1グランプリ』（フジテレビ）も『K－1 JAPANシリーズ』（日本テレビ）も、いずれもスポンサードしているのだ。彼らはこう思うに違いない。

「タイソンさえなくなったら、今年の大晦日はTBSはナシだ」

幻の格闘技駅伝

2003年当時、K－1のメインスポンサーだったアルゼ株式会社の代表取締役社長・岡田和生が「タイソン対サップは日本でやって欲しい。海外開催なら支援は出来ない」と明言したことで、マイク・タイソンのK－1出場は事実上断たれた。

筆者はその理由を直接訊こうと、岡田の行方を追ったが、捕まらなかった。2017年に社内闘争に敗れ、会社を追われた岡田は、翌2018年に香港でカジノ絡みの贈賄容疑で逮捕。保釈され、現在はマニラにいることまでは突き止めた。

ともかく、その決定を受けて谷川貞治は、赤坂のTBS本社に経過報告に出向くと、最初に事業局のフロアに向かった。興行を買い取るのは事業局であり、当時のTBSテレビ事業局長は〝戦後最大のフィクサー〟と畏怖された児玉誉士夫の三男の児玉守弘である。強面だった父親とは似ても似つかない柔和な紳士だが、谷川が経緯を伝えると「今年はやめよう」と言った。

「今年の大晦日は日テレもやることは、私の耳にも入って来ている。タイソンって看板がなくなった今、無理して勝負する必要はない。今年はお手並み拝見といこうじゃないか」

ある意味において正論かもしれなかったが、谷川は明言を避けた。

「児玉さんとは根本的な発想が違いました。と言うのも、当時のウチの目玉はボブ・サップでしょう。サップに誰をぶつけたら客も入って、数字も獲れるかを考えなきゃいけない。つまり『サップの相手がタイソンならめちゃ面白い』ってことだったわけで『じゃあ、タイソンに代わる大物は誰か』ってことを真っ先に考えるべきと思ったんです」（谷川貞治）

事業局の次にスポーツ局のフロアへと向かった。担当プロデューサーである樋口潮と善後策を話し合うためだが、開口一番「昨日、石井館長から連絡をもらって、話は聞いています」と樋口は言った。谷川が「そうでしたか」と答えると、樋口は意外なことを口にした。

「館長が『ウチは今年は大晦日から撤退します。その代わり、お正月の日テレの箱根駅伝の裏でやれませんか』って言うんです。『格闘技駅伝』だとか何とか。ご存じでしたか」

谷川は絶句した。昨日、石井和義に報告したときは「ほんなら、難しいかもなあ」と言っただけでそんなことは一言も口にしなかったからだ。格闘技駅伝？　何の話だ？

谷川が二の句を継げずにいると「でも、正月編成ともなると、別の〝運動〟もしなきゃいけなくなる。ひとまず、もう一度、大晦日の線で考えましょう」と樋口は言った。

谷川貞治はこのとき、改めて石井和義というプロモーターの恐ろしさを感じた。すなわち、主導権を取り戻そうとしているということだからだ。谷川は身を硬くしながら、自分にこう言い聞かせた。

「館長に主導権は絶対に渡さない。今年の大晦日は、俺の手で実現させてみせる」

そんなとき、ある情報を耳にしたのである。

師匠のようにはなれない

それは『日刊スポーツ』の記者との他愛もない雑談からだったという。

「谷川さん、知ってる？　曙って最近、キックボクシングのジムに通ってるんだって」

「曙？」

「大相撲の曙親方だよ。引退したばかりなのに、レイ・セフォーやマーク・ハントと一緒に、パンチやキックの練習をして汗を流しているんだって。同じサモア系つながりで」

そのときは「ああいう巨体だとダイエットも大変そうですね」と聞き流したが、自宅に帰る頃には「待てよ」と思い直した。

「曙、いいじゃん」

記者との何気ない雑談から、格闘技史のみならず、テレビ史まで塗り替える事件が起きようとは、谷川貞治はもちろん、情報を洩らした記者自身も思いもしなかっただろう。

曙太郎、第六十四代横綱。アメリカ・ハワイ州オアフ島ワイマナロ生まれ、旧名・チャド・ジョージ・ハヘオ・ローウェン。少年時代から長身をいかし、バスケットボールに夢中になる。大学中退後、同じハワイ出身の元高見山の東関親方にスカウトされ角界入り。１９８８年春場所に初土俵。90年秋場所で新入幕。同期の若貴兄弟と切磋琢磨しながら、出世街道を突き進み、92年夏場所で初優勝。同じハワイ出身の小錦以来となる、二人目の外国出身大関に昇進をはたす。93年初場所後に外国出身力士として初の横綱に昇進。遅れて大関、横綱に昇進したライバル、貴乃花、若乃花との名勝負は数知れず、正真正銘、平成の角界の牽引役となる。２００１年初場所後に現役引退。生涯戦績６５４勝２３２敗１８１休（78場所）。優勝11回。

そんな大横綱の曙を、大晦日のＫ－１のリングに上げてしまおうというのだから、タイソン以上に難しそうな話ではある。

しかし、谷川が曙の身辺を探ってみると、この時期、曙は困難な状況に置かれていたことがわかった。要諦は次の３点である。

①師匠である東関親方（元高見山）と、まったくうまくいっていなかったこと
②ハワイの食料や雑貨を売る店舗を赤坂にオープンさせたが、経営は赤字続きだったこと
③年寄株を取得し、日本相撲協会の職員として「興行本部長」のポストを与えられていたが、チケット販売に苦労していたこと

これらに加えて、ハワイ出身の先輩力士である小錦に「お前には絶対に相撲協会の体質は合わない。俺みたいにタレントになれ」と再三誘いをかけられていたこともわかった。

師匠の高見山のように日本に帰化し日本名を名乗ってはいたが、同じように振る舞えないことは、曙自身も理解していたに違いない。「渡辺大五郎」を名乗り、引退後も日本のCMに出演した高見山は、政財界のパーティや会合に嫌な顔一つせず顔を出し、大勢の後援者を得て、日本人以上に日本人になろうとした奇特な存在である。

師匠のようになれないのは、身に染みてわかっていたが、それでも、何とか角界に溶け込もうとしていた。横綱として幾多の記録を打ち立てた彼の次なる目標は「外国出身親方初の理事長」、それまでは何があっても、角界に留まろうと耐えていた。しかし、2003年のこの時期、曙の繊細な神経は限界を迎えようとしていた。師匠に相談しても「お前が甘い」と言われるだけで、何の解決にもならなかった。これらのことを、谷川貞治は周囲への聞き込みで知った。

彼を取り巻く状況が悪ければ悪いほど、追い風が吹いていることにほかならない。携帯電話の番号も入手した。それでも「もしもし、谷川です。K－1に出てもらえませんか」と言ったとこ

ろで成就するとも思えなかった。「じゃあ、会いに行くか」と思った矢先、例の記者が「今は東京にいないよ」と言う。

「どうして？」

「だって、もう少しで九州場所が始まるから」

要領を得ない様子の谷川に、記者は呆れた様子でこう説明した。

「谷川さん、何も知らないんだなあ。地方場所って、始まる２週間くらい前から、職員や力士はその土地に陣を構えるもんなの。特に曙は興行部長だから、今は連日連夜、博多の街でチケットを売り歩いてるはずだよ」

それを聞いて、谷川は膝を打った。地方にいるなら邪魔が入らない分、好都合なのだ。

「今すぐ、博多に飛ぼう」

夜討ち朝駆け

元横綱の曙太郎に会うために、谷川貞治は福岡に飛んだ。大晦日のＫ－１出場を直談判するためである。

接触の時間を早朝６時と決めたのは「夜討ち朝駆け」こそ記者の常套手段だと思ったからだ。谷川自身も雑誌記者をキャリアの原点としている。そのことが脳裏をよぎった。

それに早朝だと邪魔が入りにくく空気も澄んでいて、成功しそうな気がした。タクシーで向かう道すがら、大物政治家の邸宅を訪ねる新聞記者の気持ちを想像すると身震いがした。

曙が所属する東関部屋は、福岡県糟屋郡篠栗町《かすやぐんささぐりまち》の公民館に宿舎と稽古場を構えていた。本場所、地方場所問わず、朝稽古は一般のファンも見学が出来る。特に地方場所は地元の熱心なファンが朝早くから詰めかける。それも好都合だった。姿を消せるからだ。

タクシーを降りると「バーン」「おりゃーっ」といった大きな音が聞こえて来た。歩道からガラス窓を覗くと、大勢の力士がぶつかり稽古をしている。格闘家は早朝からこんなに激しい練習はしない。「力士は大変だ」と嘆息しながら眼を凝らすと、土俵の正面奥に置いた二つのパイプ椅子に、大きな男が窮屈そうに座っているのが見えた。

紛れもなく、曙本人だった。

現役引退後、東関部屋の部屋付き親方として後進の指導にあたっていることは知っていたが、本当に福岡にいたのだ。本人の姿を確認すると、谷川は稽古場から30ｍほど離れた電信柱に移動して、携帯電話を取り出した。ここから曙を呼び出す。日中なら気付かないこともあるだろうが、早朝ならその心配はないはずだ。ボタンを押す手が震えたかどうかは記憶にないが「やばいかな」とは思ったという。

「躊躇はなかったです。でも『もしかしたら、怒られるかも』とは思いました。『何がK－1だ、馬鹿野郎！』って怒鳴られることは覚悟していましたね。あるいは『冗談はやめて下さい』って一蹴されるかもしれない。その二つが脳裏をよぎったのは事実です」(谷川貞治)

「ツー」と発信音が鳴ると、予想した通りすぐに出た。

「もしもし？」

「もしもし、おはようございます。Ｋ－１の谷川です」

そう告げると「谷川さん？　ああ、おはようございます。どうしたんですか、こんな朝早くに」と曙は驚いたように言った。予想以上に柔らかい口調に安堵しながら「実は折り入って、親方にお話がありまして」と谷川は明かした。

「お話？　私にですか」

「そうなんです。今、稽古場のすぐそばまで来ているんです」

「本当ですか」

驚きの声をあげる曙に「今、ちょっと外に出てこられます？」と谷川が水を向けると「いいですよ」と言って電話を切った。谷川が電信柱の陰から様子を窺っていると、１分もしないうちに「のそーっ」と肌寒い早朝の歩道に巨体が現れた。

「親方、こっちこっち」

谷川が子供のように手招きすると、曙は声の方向に巨体を向けて「谷川さん、本当に来たんですか」と笑顔を見せた。谷川は電信柱の陰に引きずり込んだが、曙の巨体は半分も隠れてはいなかった。

「突然すみません。こんな朝早くに」

「谷川さん、一体どうしたんですか、何があったんですか」

改めて問う曙に対し「この人、デカいなあ」と見上げながら、直截に切り出した。

「親方、大晦日、Ｋ－１に出て欲しいんです。ボブ・サップと戦って欲しいんです」

谷川は「ついに言えた」と心の中で快哉を叫んだ。ここで「ふざけるな」と一発喰らわされても悔いはなかった。もしくは「冗談はやめて下さいよ」と笑われて相手にされないかもしれない。見た感じの雰囲気から、後者の可能性が高いように感じた。

しかし、曙が見せた反応は、そのどちらでもなかった。

「ボブ・サップかあ……」

そう洩らすと、電信柱を軽く殴り始めたのである。谷川は腰を抜かしそうになった。

すかさず、一枚の封筒を手渡した。

「何ですか」

「契約書です」

曙は封筒の中の紙を取り出して、眼を動かし始めた。

「条件を書いています。今すぐ返事が欲しいわけではないです。これを見て考えて欲しい」

さらに、こう付け加えた。

「今夜、博多駅前のお店を予約しています。お店の場所も入れておきます。もし、少しでも興味があれば話を聞きに来て下さい」

それだけ言うと、谷川は立ち去った。

「このときは『とにかく、やるべきことはやった』っていう気持ち。契約書には契約金とファイトマネーの金額も書いておいたから、話にならないようなら来ないでしょう。ただ『曙は店に来るはず』という確信はあった。電信柱を殴り始めるのを見たら『間違いなく来る』って思ったわ

け」（谷川貞治）

「ところで、契約金とファイトマネーはいくらだったんですか」と筆者が訊くと「守秘義務があるから具体的な数字は言えない」としながら「いやいや、億は行ってない。どっちも数千万。5000万？　いや、もう少し上」とだけ答えた。

ともかく、曙本人に直談判した谷川貞治は、立ち去ったと見せかけて、5分後に稽古場の地点に戻った。再度、曙の様子を探るためである。大きなガラス窓から中の様子を探ると、パイプ椅子に腰かけた曙は、指導そっちのけで契約書に眼を落としていた。

「今夜、曙は店に来る」と谷川は確信した。

私が全部買いましょう

この日、谷川貞治がその次にやったことは、石井和義を博多に呼ぶことだった。

「このときは、谷川君から急に電話があって『館長、今すぐ博多まで来て下さい』って言われて向かったんと違うかな」（石井和義）

谷川の回想によると、早朝のうちに石井の携帯電話を鳴らして「館長、今晩、博多に来られませんか、曙がツモれそうなんです」と告げたという。石井が「それ、ホンマなん？　でも、今日は大阪で人と会わないかんねん」と答えると、ここぞとばかりに「あと一押しなんです。館長に来てもらって、加勢して欲しいんですよ。お願いします」と言った。

「どうしても、館長の力が必要だと思った。こういうときの館長の交渉術というか、人たらしは本当に凄いものがある。だから、同席して欲しかった。それを言ったら『ほんなら、大阪はキャンセルするわ』って言ってくれたんです」(谷川貞治)

その日の晩、博多駅前の高級料理店の個室に、石井和義と谷川貞治は並んで座っていた。「館長と並んで座るなんて妙だな」と谷川が思った瞬間、戸がすーっと開いた。

「どうも」

曙が姿を見せたのだ。そのまま上座に座らせ、曙、石井、谷川の三者会談が始まった。

「大相撲の大横綱として一時代を築いた曙関が、格闘技でも大横綱になる日が来ました」

この一言を号砲代わりに、石井はまるで襲いかかるように曙を口説きにかかった。

「格闘技は勝てば勝つほどファイトマネーが上がっていきます。大相撲と桁が違う。億？ そんなもんやない。10億、20億ですよ。手始めにボブ・サップをぶっ飛ばして、衝撃のデビューを飾りましょう。専門家の自分から見ても、横綱のパワーがあったら一発でしょう。大人と子供くらい違う。レイ・セフォーから『横綱とは戦いたくない』って聞いてます。来年の『K-1 WORLDトーナメント』は横綱で決まりちゃうかな。誰も勝たれへん。楽しみやわあ」

さらに、こうも言った。

「今、協会の興行本部長やってるんですか。九州場所のチケット売ってる？ 横綱が何でそんなことせんならんのです？」

怪訝そうに言うと、石井は分厚い財布を出して「手許にある分、出しなはれ。私が全部買いましょう」と言った。

速射砲のように発せられる石井和義の弁舌に、巨大な岩のようだった曙がぐらりと揺れる瞬間を、谷川は確かにこの眼で見た。

奥さんにだけ相談

石井和義が繰り出す口説きの速射砲に、最初は警戒感を見せていた曙も身を乗り出すようになった。石井は谷川にこう言った。

「谷川さん、『親方』って言ったらあかん。横綱って呼ばな。『K-1の横綱』『格闘技の横綱』になってもらわなあかんねんから」

谷川が「確かにそうですね」と返すと、上座に座る曙が感激している様子が窺えた。

「本当に館長の人心掌握術って天才的なんです。『やっぱり、この人は凄いわ』って心底思いました。曙が溶けていくんです。巨大な氷塊が溶けて、洪水のように流れるイメージ」（谷川貞治）

曙の反応は上々で、傾きつつあるのを確認すると、谷川は曙の顔を見据えて言った。

「改めて申し上げます。デビュー戦の相手はボブ・サップ。大晦日のTBS21時からの特番枠、つまり、紅白歌合戦の真裏を押さえています。全国民が見ます。契約金とファイトマネーは契約書に明記してある通りで、合意に達したらすぐにお支払いいたします。そして、勝ったら、ファイトマネーとは別にボーナスもお支払いします。また、練習場所もトレーナーもこちらで用意します。最高の環境を整えます。何も心配は要りません」

そう言うと、曙は「はい」と殊勝に答えた。谷川はさらに続けた。

「もし、横綱がやる気があるのなら、奥さんにだけ相談して下さい。家庭の意見は尊重して下さい。家庭を顧みないでやれるほど、甘い世界ではありませんので。しかし、やる気がないのであれば、相撲関係者に相談して下さい。おそらく、彼らは引き留めてくれるはずですから」

「なるほど」

「では、いい返事を待っています」

会談は終わった。後は運を天に任せるだけである。その後は酒を呑みながら、世間話に興じた。曙もいつになく饒舌だった。石井和義がふと洩らした。

「考えてみなはれ、やるかやらんかは横綱の自由ですわ。我々はその決断を尊重します。でも、もし、決断せなんだら、次は初場所？ また、チケット売らなあきまへんねんで。大変やなあ。そしたら、また言うて下さい。何枚か買わしてもらいますから」

するとか「くっくっくっ」と曙は心底おかしそうに笑った。破顔した彼の表情こそ、谷川には「ＯＫサイン」に映った。最終的な回答は10日後に東京で聞くことに決まった。九州場所が始まる前に、一度帰京するタイミングがあるという。

曙を見送った後、石井と谷川は呑み直した。

「終わったーっ。いやあ、館長、今日は本当にありがとうございました」と谷川が言うと、「何を言うてるん、大変なん、これからやで」と石井は冷静な口振りで返した。そう言われて、谷川は改めて身の引き締まる想いがした。

確かにそうだ。曙以上の難関が待っているのだ。

日本相撲協会である。

九州場所の因縁

話は1975年にさかのぼる。

『日刊スポーツ』（1975年5月1日付）は一面トップで、人気力士だった高見山のプロレス転向を大々的に報じている。

《ハワイ出身の人気力士、高見山大五郎（三〇）＝東前頭三枚目、本名、ジェシー・クハウルア＝がプロレスラーとして登場することになった。これは昨年十一月の九州場所直後、ハワイの某有力プロモーターと高見山の間に米国人弁護士が立ち会って「引退後プロレスラーに転身する」という契約が取りかわされていた事実がこのほどわかったもので、相撲界引退後はホノルルに高見山レスリング・ジムを開設、準備が整い次第旗揚げする予定》

曙の師匠である東関親方の現役時代のトピックである。記事を追うと、74年の九州場所の最中にハワイの後援者が高見山を訪ね、プロレス転向を打診、合意に達したのち、契約までかわしたというものだ。谷川貞治が曙に接触したように、奇しくも九州場所である。

東京から遠く離れた博多の地となれば、他業種の人間が力士に接触しやすいのは事実なのだろう。高見山自身は「プロレスなんか絶対やらないって約束するよ」（同）と否定し、話は立ち消えになったため、ゴシップの域を出るものではないが「実現寸前だった」という証言もある。

この時期『大相撲ダイジェスト』と『ワールドプロレスリング』のプロデューサーだった永里

高平は、生前「ジェシー（高見山）は契約も交わしていて、当時の春日野理事長が莫大な違約金を払って慰留した」と述懐している。交渉相手はハワイのマフィアで、高見山自身、角界に対する慢性的な不満を抱えていたのは、仄聞されるところではある。

大相撲番組とプロレス中継を手掛けた往年のテレビマンの証言だけに、信憑性は低くないと見てよく、日本相撲協会はあの手この手で人気力士を引き留めて、プロレス転向の青写真は御破算となった。皮肉なことに、九州場所を舞台に似たようなことが、弟子の曙に起きようとしていたのである。

曙がK－1転向に傾きつつあることを感じ取った谷川貞治は、まず、日本相撲協会の規約を調べた。一般的に公開されている定款には「総則」から始まり「理事会」「年寄名跡及び年寄」「力士及び行司その他」などからなる16章が定められ、いずれも、日本相撲協会を退職した後の行動まで制限するものでも、身柄を束縛するものでもなかった。となると、最も警戒すべきは引き留めとなろう。高見山の場合は多額の違約金を用意して翻意させたというが、曙に至っては契約すら結んでおらず、違約金という段階にもない。

とすれば、無事、締結にこぎつけられたら、「早急に曙の身柄を確保して、外部との接触を遮断する以外の方法はない」と谷川は考えた。はたして、それは可能だろうか。

そこで、谷川が考えたのは物理的な方法だった。東関部屋の宿舎から、曙の私物を消してしまうこと。すなわち〝夜逃げ〟だったのである。

空白の一日

２００３年10月末、谷川貞治は都内の高級ホテルのスイートルームを押さえた。曙を招き入れて最終会談を行うためである。

部屋付きの親方が、場所前に土地を離れて帰京するのは、余程のことかもしれなかった。ただし「売掛金の件で、東京に戻らねばなりません」と言えば、案外どうにでもなった。要するに、相撲協会における曙の存在感は、現役時代とは比ぶべくもないほど希薄だったのである。

曙は夫人同伴で現れた。「曙以上に夫人が角界に不満を抱いている」という情報を仕入れていた谷川は「絶対に奥さんと一緒に来て下さい」と曙に伝えていたのだ。

曙夫妻、石井和義、谷川貞治の四者会談が始まった。前回、石井和義の交渉術をまざまざと見せつけられた谷川は、プロデューサーの面目にかけても「今日は自分がどうにかしなければ」と決意を固めていた。そのためには、夫人から落とすのが得策と考えたのだ。

「奥さん、もう一度、ご主人を表舞台に立たせましょう。このまま、腐らせておくわけにいきません。我々にとってはもちろん、日本国内にとっても大いなる損失です」

谷川が熱っぽく語ると、夫人は曙を見つめながら「どうするの」と尋ねた。曙は、はにかみながら口を開いた。

「では、お世話になります」

「ということは、今年の大晦日は……」

「Ｋ－１で、ボブ・サップと試合をします」

「おお！」

成り行きを見守っていた石井和義が立ち上がり、冷やしていたドンペリを手に「祝杯あげましょう、祝杯や」と叫んだ。

「横綱の新たな門出に、日本の格闘技の新しい時代の幕開けに、乾杯！」

「乾杯！」

話はそれだけで終わった。

「意外とあっさりしたもんでした。『奥さんを落とせば何とかなる』って見立ては間違ってなかった。それで『カンパーイ』ってやって、考える暇を与えずに、パパっと契約書にサインさせました。こういうのはスピードしかないから」（谷川貞治）

ここまでは計算通りだった。問題はいかに、曙本人の身柄を確保するかに尽きる。福岡の東関部屋の宿舎には、私物もたくさん残っており、場所が始まるまでには片付けておきたかった。いくら、契約書にサインをしても、事が露顕すれば引き留められ、慰留されるに決まっている。

かつて、プロレス入りの契約を交わした高見山も、慰留されて翻意したに違いなく、違約金を立て替えるタニマチだってごまんといるはずだ。――谷川は訊いた。

「横綱、この後、福岡に一旦帰りますよね。一人になる日はあるんですか」

「それが、ないんですよね」

スケジュール表を見ると、日中は稽古指導、夜はチケット販売の接待で埋まっていた。

「ここは？」

一日だけ空白があった。

「ああ、これは東関部屋が高砂部屋に出稽古に行くんです。高砂一門の合同稽古で」

「横綱は何かすることはあるんですか」

「ないです。一緒に付いて行くだけ」

「この日です。この日しかない」と谷川は言った。

白昼脱走

大相撲の世界には「出羽海一門」「二所ノ関一門」「時津風一門」「高砂一門」「伊勢ケ濱一門」と五つの一門がある。

一門とは五つしかなかった相撲部屋から力士が独立して、枝分かれしていく過程において出来上がった言わば寄合のようなものである。冠婚葬祭はもちろん、出世相撲や引退興行において、一門の協力、結束は不可欠である。稽古の機会は言うまでもなく多い。

高砂部屋出身の元関脇・高見山が現役を引退して東関部屋を興したのが１９８６年で、東関部屋も高砂一門に列なった。その東関部屋から横綱となった曙も、現役を退いて、近い将来、部屋を興すと見られていた。そうなった場合、高砂一門の末席に列なることになる。

高砂一門の合同稽古が開かれるというこの日、部屋付き親方である曙の役目はさほどもなく、他の先輩親方の陰に隠れて見学するくらいしかすることがない。

合同稽古は11月4日で「事を起こすにはこの日しかない」と思った谷川貞治は「東関部屋の宿舎には、どれくらいの私物があるんですか」と訊いた。

「服と資料くらいかなあ」

それを聞いて、谷川は極秘に引っ越し業者の手配を進めると同時に、曙に指示を出した。

「いいですか、荷物と一緒に横綱も姿を消して下さい」

「そのままですか」

「そうです。もし、携帯電話に連絡があっても絶対に出ないで下さい。そして、東京に向かって下さい」

このときの作戦を21年経った現在、谷川貞治は次のように明かす。

「宿舎が空っぽになるのが11月4日しかないわけです。それで、昼間に私物を業者の車に積んで東京まで運ぶ。同時に曙の身柄も福岡空港まで動かして、羽田行きの飛行機に乗せる。翌朝すぐ両国に直行させて、北の湖理事長に退職届を出す。とにかく、考える隙を与えないこととマスコミに情報が洩れないこと。失敗したら一巻の終わりだから、この日が一番緊張しました」

この日、曙は谷川の指示通りに動いた。宿舎が空っぽになったタイミングで私物を片付け、自身も姿を消すと、帰京して自宅に引っ込んだ。誰からの電話にも出なかった。

11月5日、谷川は曙から連絡を受け取った。

「谷川さん、うまくいきました。退職届が受理されました」

「本当ですか、やった!」

それを聞いて、谷川は6日の会見場所を押さえて、マスコミ各社にリリースを送った。つまり、4日と5日の計画が少しでも狂えば、6日に「曙太郎対ボブ・サップ」の記者会見を行うことは不可能だったことになる。

かくして、マイク・タイソンの来日不可で、一度は死に体となったK－1だったが、電光石火のビッグアップセットで、再び息を吹き返したのである。

曙太郎対ボブ・サップ

2003年11月6日、木曜日。帝国ホテル孔雀東の間で「大晦日・Dynamite!! 開催決定記者発表会」が開かれた。

会見には格闘技史上最多となる約300人の報道陣が集まり、テレビカメラ17台、ロイターやAP通信など海外の報道機関も姿を見せ、大晦日に猪木祭を放映する日本テレビに至っては、会見の模様を緊急生中継している。

会見の冒頭でK－1プロデューサーの谷川貞治がこう述べた。

「今年の大晦日も、TBSと組んで大会に打って出ます。ただし、タイトルは『INOKI BOM-BA-YE』ではありません。今回はタイトルを『Dynamite!!』といたします。昨年の真夏の伝説の大会を大晦日に甦らせます。そして、新たな伝説を作ります」

そして、舞台上手からボブ・サップが登場し、続いて、元横綱の曙太郎が下手から姿を見せると、一斉にどよめきが起きた。司会者に促されマイクを握った。

「現役引退しても格闘技への熱意が冷めることはなかった。今年の夏頃からフランシスコ・フィリォやレイ・セフォーと知り合い、一緒に練習するうちに気持ちが抑えられなくなりました。この3年間はジムで体を動かしていたから、今は大丈夫です」

懸案は報道陣から矢継ぎ早に浴びせられる質疑応答である。谷川は「意地悪な質問もあると思うけど、ムキにならず冷静に話しましょう。笑ってごまかすのもありです。困ったら、僕が助け船を出しますから」と曙に伝えていた。

――年寄名跡を取得していれば、退職しなかった？

「それは微妙なところです。ただ、軽い気持ちでやるわけじゃないので」

――後進の指導に情熱を傾けていたと思うが、それは諦めた？

「育成だけでは角界では成功出来ません。自分の戦っている姿が見本になれば」

――リングネームは？

「出来れば『曙太郎』の名前を使いたいです。でなければ『曙』だけで」

――東関親方とはどういう話をした？

「勢いで言いました。親方には『本当は残って欲しいが、意志が固いなら止めることは出来ない』と言われました」

質疑応答の大半が曙に向けられたものだったが、後半になって、サップにも質問が向けられるようになった。

――対戦が決まったことをどう思うか？

「スモウのチャンピオンと一緒にこの席に座ることが出来て光栄です。尊敬する相手を前にエキサイトしているが、楽しみです」

――曙の印象は？

「現役時代の動きを見ていると、速くて強いという印象があります。直線的なファイトで相手にプレッシャーを与えて、強烈な押しで多くの相手を負かして勝ち続けています」

――希望するルールはあるか？

「リングに立つなら、スモウのルールでもいいとさえ思っています」

――勝つ自信は？

「もちろんありますが、勝つためにはパンチ力を増やさなければならない。戦いのスタイルを変える必要があると思っています」

質疑応答の様子を眺めながら、谷川は「ボブ・サップっていうカードが残ってくれてよかった」と心底、安堵していた。思えば、空前のボブ・サップブームとともに迎えた2003年だが、ブームは最初だけで、その後はまったく精彩を欠いた。それでも、意外だったのは商品価値が保たれ続けたことだ。

「何でか知らないけど、ＣＭのオファーは続いたし、芸能のオファーも一時期ほどじゃないけど続きました。普通にバラエティにも出たり、イベントもひっきりなし。勝とうが負けようが、世間はああいうキャラを求めていたってことでしょうね」（谷川貞治）

会見の様子はテレビで何度も流された。ＴＢＳ『筑紫哲也ＮＥＷＳ23』のスポーツコーナーで目にしたのは当然としても、フジテレビの『すぽると！』でも、テレビ朝日の『ニュースステーション』のスポーツコーナーでも、テレビ東京のスポーツニュースでも、日本テレビのニュースでも報じた。それくらい、大きな発表をＫ－１とＴＢＳはしたことになる。

これ以降、大晦日興行戦争は、本命・曙太郎を中心に回っていく。

去る者は追わず

「曙Ｋ－１参戦」「大晦日にボブ・サップと激突」の衝撃は大きく、格闘技界を激震させた。

「会見を終えた直後の気持ちは『今年は逆転ホームランを2本打ったなあ』ってこと。一つは真夏のラスベガスでタイソンをリングに上げたことで、もう一つが曙を口説き落としたこと。ただ、一番嬉しかったのは『今年はやめよう』って言ってたＴＢＳ事業局長の児玉さんが手放しで喜んでくれたこと。ＴＢＳのバックアップがあるのとないのとでは全然違うから」（谷川貞治）

「脅威的ですね。曙に対抗できるカードはないかも。戦いは嫌いじゃないが、負けいくさには出ていきたくない。（中略）テレビ局と調整を進めているが、９日に開催発表ができなければ、年末はないでしょう」（榊原信行のコメント／『スポーツ報知』２００３年11月8日付）

「3年前から、高田道場で練習したいというリクエストがあった。（中略）ウチには敷居はない。いつでもいらしてください」（高田延彦のコメント／同）

とにもかくにも、フジテレビの動向に注目が集まった。TBSは「曙対サップ」、日本テレビは「猪木祭」、そんな強敵同士の一騎打ちに割って入るリスキーなことをするだろうか。

情報が錯綜する中、2003年11月9日、PRIDE東京ドーム大会「PRIDE GP2003決勝戦」の日を迎えた。入場者数は、PRIDE史上最多となる6万7451人（主催者発表＝札止め）。〝PRIDEの番人〟ゲーリー・グッドリッジが、巨漢のダン・ボビッシュを18秒でKOすると〝暴走ホームレス〟クイントン〝ランペイジ〟ジャクソンが、UFC王者のチャック・リデルをパウンドの連打で葬り、吉田秀彦はヴァンダレイ・シウバを相手に柔道着を鮮血で染めながら、真っ向から打撃勝負を繰り広げた。結果は判定負けを喫したが、場内の興奮は最高潮に達した。

休憩明けのこの時間は、いつもなら『炎のファイター』が流れて、猪木コールの大合唱の中、アントニオ猪木が登場する場面である。「元気ですかーっ」と叫び、自作のポエムを披露して「1、2、3、ダーッ」で締める。しかし、猪木は一向に現れない。代わりにリングインしたのが高田延彦だった。マイクを握ると、おもむろにこう告げた。

「皆さん、猪木さんの姿はどこに行ってしまったんでしょう。猪木さんの姿はありません。猪木さん、どこに行ってしまったんですか。……去る者は追わず」

恩師への訣別宣言に場内は騒然となった。そして、こう言い切ったのである。

「大晦日、ＰＲＩＤＥもやることになりました。応援よろしくお願いします」

この瞬間、日本テレビ、ＴＢＳに次いで、フジテレビも大晦日の格闘技中継に踏み切ったのである。この発表を受けて、最も慌てたのが日本テレビだったはずだ。「ＤＳＥの協力も得られる」と期待したからこそ、川又誠矢に破格の条件を提示し、契約に至ったのだが、結果的に榊原信行は川又の決定に服さなかったのである。

「バラが『いや、実は（※註・フジテレビの）清原から日テレでやるなら、来年からＰＲＩＤＥは切ると言われている』と。自分は彼に同情したんですよ。バラがオーナーで全部決められるならいいんですが、そうじゃない。彼がかわいそうだなと思ってしまった」（川又誠矢のコメント／『新日、Ｋ－１、ＰＲＩＤＥタブー大全』タダシ☆タナカ＋シュート活字委員会編著／宝島社文庫）

「どんな話し合いがあったか、僕が知る由もないけど、バラさんがフジと離れないことは、わかっていました。清原さんがＤＳＥを手放すわけないから。だから、これは想像だけど、バラさんは川又さんと話し合って『快く送り出す』って形にしたんだと思います」（谷川貞治）

ＰＲＩＤＥ史上に残る死闘

高田延彦によるアントニオ猪木への訣別宣言に、場内は重苦しい空気に支配された。

それを払拭したのが、スーパーマリオブラザーズに扮して登場した桜庭和志だった。〝ドンキーコング〟こと元ＵＦＣ王者のケビン・ランデルマンから、腕ひしぎ十字固めで勝利を収めると、場内のムードは一変した。

次いで、セミファイナル「PRIDEヘビー級暫定王者決定戦／アントニオ・ホドリゴ・ノゲイラ対ミルコ・クロコップ」の煽りVTRが巨大スクリーンに映し出された。本来なら「ヒョードル対ミルコ」のPRIDEヘビー級タイトルマッチが行われる予定だったが、ヒョードルが右拳を骨折したことで「ノゲイラ対ミルコ」の暫定王座決定戦に変更になったのだ。「ミルコはまだPRIDEでイージーな試合しかしていない。俺の関節技を味わえば、総合格闘技の怖さを知ることになる」とスクリーンの中のノゲイラが自信満々に語りかける。

結果として、この試合が、PRIDE史上に残る壮絶な死闘となったのである。

1R、小刻みにジャブを繰り出し距離を測るノゲイラに対し、ゆったりと構え、じりじりとプレッシャーをかけるミルコ。均衡を破ったのは1分過ぎに見せたノゲイラの胴タックルだった。組みつくと自ら尻餅をつき、ガードポジションの体勢に引き込む。

上になってパウンドを落とすミルコだが、寝技地獄に持ち込もうとするノゲイラに、ミルコは攻めあぐねる。実況席では三宅正治アナが「ノゲイラの蟻地獄！」と絶叫したかと思えば、ノゲイラのファンで知られる女優の小池栄子は「早く離れて！」と繰り返す。彼女はノゲイラのゲームプランが理解出来ないらしい。それでも「PRIDEを防衛するノゲイラ」「PRIDEを侵略するミルコ」という図式だけははっきりと伝わる。

ミルコはガードポジションを破ろうと、胸を張り、膝をノゲイラの下半身に潜り込ませ、両脚のフックが緩くなったタイミングでスタンドの状態に戻すと、6万7000人の大観衆から割れんばかりの歓声が起きた。観客は派手な立ち技の攻防を見たいのだ。

ここからはミルコの独壇場だった。ローキックに左右のパンチ、さらにミドルキック2連発をノゲイラのレバーに叩き込み、ハイキックがテンプルをかすめると場内は大きなどよめきが起きた。ノゲイラは鼻血を出しながらどうにか寝技に引き込もうと、自ら寝転がるが、その都度ミルコは「付き合わないよ」とばかりに背を向けスタンドをアピール。

ミルコの猛攻は止まるところを知らない。強烈なローキックにノゲイラの身体がくの字に折れ曲がる。さらに「今夜は拳で眠らせてやろうか」と言わんばかりにアッパーまで繰り出す。ボクシングテクニックには定評のあるノゲイラだが、ダッキングするのに精一杯で為す術もない。「ノゲイラ危うし」と誰もが思ったはずだが、筆者の脳裏には前年夏のボブ・サップ戦が脳裏をよぎった。大苦戦を強いられながら、サップのスタミナ切れを待って些細なミスを逃さず、腕ひしぎ十字固めで一本勝ちを収めた、あの大逆転劇である。窮地に立たされようと、最後まで勝利を諦めないのがアントニオ・ホドリゴ・ノゲイラの恐ろしさなのだ。

それでも、目の前で戦う相手は、そのボブ・サップさえもパンチ一発でKOしたミルコ・クロコップ。強烈なハイキックが炸裂すれば、さすがのノゲイラも敗北は必至で、テレビカメラはミルコのセコンドを映す。「行け行け」「やれやれ」と叫んでいるように見える。「勝利は目前だ」と鼓舞しているのかもしれない。陣営はお祭り騒ぎである。

次の瞬間、ミルコのハイキックがノゲイラの顔面を捕らえた。ダウンするノゲイラに、止めを刺そうとした刹那、1R終了のゴングが鳴った。6万7000人が大きくどよめいた。

千載一遇のチャンスを逃したミルコだったが、ノゲイラのダメージは大きく、ミルコの勝利は時間の問題かと思われた。

大混迷の序曲

筆者と一緒にこの試合を観戦していたスポーツライターは「ノゲイラは相当、疲弊している」と呟いた。「挽回は無理？」と筆者が訊くと「この状態で、無傷のミルコを組み伏せるのは不可能だと思う」と彼は答えた。

「じゃあ、どういう結末を予想する？」

「打撃で決まると思うんだ。左ハイは当たらないかもしれないけど、ローとミドルでダメージを与えてのＴＫＯか大差の判定勝ち。でも、そんなに時間はかからんだろうから、判定はないかな。レフェリーが止めるだろうし」

実際、巨大スクリーンに映し出されたノゲイラの表情はやつれ切っており、口は半開きで視線も定まらず、鼻血を拭いた跡も痛々しく、〝ターミネーター〟の異名を取るコンプリートファイターと、再び拳を交えるようには到底見えなかった。対照的に、ミルコは涼しい表情で余裕すら感じられる。

しかし、試合は意外な結末を迎える。２Ｒ開始早々、ノゲイラが両脚タックルを試みると、ミルコはあっさりテイクダウンを許してしまう。油断をしていたとしか思えない。ノゲイラは素早くマウントポジションを取り、お返しとばかりに、パウンドを何発も落としていく。

必死で逃れようとするミルコだが、こうなってしまえば、ノゲイラにとって赤子の手を捻るようなもので、起き上がろうとするミルコの左腕をすくうと、そのまま腕ひしぎ十字固めに捕らえた。ノゲイラの大逆転勝利。何とも呆気ない幕切れである。

この敗戦は、ミルコ・クロコップのマネージメントに携わっていた川又誠矢にとっても、手痛いものとなったに違いない。大晦日興行の目玉に据えようと考えていたミルコが、実は最強ではないことが露呈したからだ。

「ノゲイラとの試合が終わったあと、ホテルの部屋で『今回は気にするな。年末に元気で帰ってこい』と元気づけました。そこでミルコに100万円を渡しているんです。彼も『すまない。ベストな状態で戻ってくるから』と約束してくれた」（川又誠矢のコメント／『新日、K－1、PRIDEタブー大全』）

しかし、ミルコが戻ってくることはなかった。

第7章

猪木、雲隠れ

ニッカン
3大カード発表なし
日刊スポーツ
2003年12月22日
猪木 ドタキャン!!
逃げた
会見
イノキボンバイエ2003〜馬鹿になれ夢をもて〜
12月31日(水)
会場:神戸ウイングスタジアム(17:00 開始)
日本テレビ系全国ネットにて20:00〜23:15 放送
日本テレビ系全国ネットにて20:00〜23:15 放送
対戦カード発表記者会見のご案内
◆日時 2003年12月21日(日) 16:00〜
◆場所 赤坂プリンスホテル 別館3階クイーンズホール
◆出席者 アントニオ猪木
前日告知ファクスには名前 会場には5人分の席…なのに結局3人だけ
1時間遅れ 主役なき3分打ち切り
うまい「生」でクリスマス!

試合カードが二転三転した日本テレビ放送の
「INOKI BOM-BA-YE 2003〜馬鹿になれ夢をもて〜」。
試合10日前の会見をドタキャンしたアントニオ猪木
(日刊スポーツ2003年12月22日付1面)

猪木祭（日本テレビ）、K－1（TBS）、PRIDE（フジテレビ）と前代未聞の3局分裂中継となった大晦日の格闘技興行だが、PRIDEの大晦日開催が発表された2日後の11月11日、汐留の日本テレビ・イベントスペースでは「猪木祭公開記者会見」が行われた。

まず、一般から募集していたイベントの名称は「イノキボンバイエ2003～馬鹿になれ夢をもて～」に決定。スーツ姿のアントニオ猪木がリングに上がって、自ら筆を執り「馬鹿になれ夢をもて」と書き上げるパフォーマンスを行った。

会見では番組プロデューサーの宮本修二が「大会テーマは、日本人プロレスラー対世界の格闘家」と高らかに宣言し、対戦カードの発表こそなかったが、出席したミルコ・クロコップの代理人のミロ・ミヤトビッチが「オガワかタカヤマという話をもらっています。ミルコはどちらでもいいと言っている」と明かすと、集まったファンからどよめきが起きた。

問題は会場である。当初は「さいたまスーパーアリーナ」と噂されたが、開閉式屋根で5万人収容の神戸ウイングスタジアム（現・ノエビアスタジアム神戸）と発表された。これについて「納得はしていないが、最終的にそうなってしまった」（第7回口頭弁論調書）と宮本修二はのちに証言している。

「覚書の中に、ちゃんと『さいたまスーパーアリーナ』ということも、書き込まれておりましたし、川又氏からは『基本的にはその使用権はウチが持っていますから』と言われていました。

（中略）『イノキボンバイエ』が行われれば、フジテレビさんがやることはありえないので、我々としては『さいたまスーパーアリーナで是非やって下さい』と何度も言ってました」（同）

川又誠矢と榊原信行の間で交わされた覚書を把捉する日本テレビが、右の主張をするのは当然だろう。この件については、川又自身は次のように説明している。

「ＤＳＥさんがフジテレビでやることが決まった段階で、当然、会場をどうするのかという話になっていて、ＤＳＥさんからの返答は『フジテレビがどうしてもさいたまスーパーアリーナ』と言ってて（中略）日本テレビさんの判断で『早急に、出来ればもう会場を決めて発表したい。電通など広告代理店の営業もかけたい』と。『日本テレビさんがそれでいいと言うんでしたら、さいたまスーパーアリーナよりお金もかかるんですけど、何とかします』というふうなことで、相談の上、決めました」（第６回口頭弁論調書）

神戸ウイングスタジアムに決まったのは、日本テレビがＪリーグ中継で使用した過去があったからだ。「当日は、花火を打ち上げたり、星空が見える演出もありえる」と宮本修二は説明したが、早くも両者の間に、行き違いが露呈しつつあった。

実を言うと、Ｋ－１も会場の問題に悩んでいた。Ｋ－１もさいたまスーパーアリーナの使用を想定していたのである。２年連続で開催された「INOKI BOM-BA-YE」がＫ－１の主催によるものだったからだ。大会場が新規の借入希望者より使用実績を優先させるのはよく知られる話で、大晦日に旧ジャニーズ事務所の主催するコンサートが、例年、東京ドームで行われるのも、使用実績に則ってのことである。

しかし、K－1を運営するFEGのスタッフが、さいたまスーパーアリーナの事務局に出向くと、許可が下りなかった。それどころか、すでに押さえられていた。押さえていたのはDSE、すなわちPRIDEである。決定は覆らないどころか「FEGという会社には実績がないので」とまで言われてしまう。2003年9月発足の新会社に貸出履歴がないのは当然のことだ。

「これは、ちょっとしたカラクリが原因なんですよ。ウチの主催で2年連続『INOKI BOM-BA-YE』をやったでしょう。でも、制作はDSEに丸投げした。会場を借りに行くのも、DSEのスタッフが手続きに行った。そのときに彼らは『DSE』の名前で借りたんです。おそらく、意図的な理由はなかったと思う。ただ、2003年も会場を押さえるってなったときに『今年もDSEが借ります』くらいなことは言ったんでしょう。会場の事務局の人は、詳しい事情を知らんもんやから、彼らに貸してしまった」（石井和義）

大晦日の都内の大会場は年越しライブで軒並み埋まっており、小さい会場でやるプランもあったが、興行を買い取ったTBS事業局からは「ウチも探すから、大会場を最後まで当たってくれ」と要請された。ここで生きたのが、石井和義の芸能人脈だった。

「あるアーティストの名前でナゴヤドームが仮押さえしてあった。……誰かって？　それは、さすがに言われへんけど、その人は10月末の段階で正式発表してなかった。そしたら、知り合いの音楽関係者から『お譲り出来そうです』って連絡があって即決したんです」（石井和義）

「曙を口説き落としたときもそうだったけど、これも神懸ってましたね。名古屋でよかった。大阪や神戸は遠すぎる。『風はやっぱり吹いているかも』って思いました」（谷川貞治）

曙改造計画

「大晦日にボブ・サップと対戦」を発表したことで、元横綱・曙太郎は一躍、大晦日の主役に躍り出た。

谷川貞治は山のような取材依頼をほとんど受けて、曙をあらゆる媒体に露出させた。その数、確認出来るだけで38社。プロモーションはもちろん「大晦日の大舞台で試合をする」という自覚を持たせるためでもあった。

次なる問題は、曙をいかに格闘家として再生させるかである。２００１年に大相撲を引退してからは、後進の指導を行いながら、時折スポーツジムで汗を流す程度で、実戦に耐えうる身体とは到底言えなかった。

「レイ・セフォーらとスパーリングを繰り返している」とスポーツ紙の記者から聞かされた谷川貞治が接触を図ったことが、曙のＫ－１参戦の奇貨をもたらしたのはすでに述べた。しかし、いざサンドバッグの前に立たせると、ろくにパンチの打ち方も知らなかった。軽めにマスボクシングをして、汗を流した程度だったのだろう。

そこで、Ｋ－１戦士のマイク・ベルナルドを育てた名伯楽であるスティーブ・カラコダをチーフトレーナーに据え、元ＩＢＦ世界ヘビー級王者のフランソワ・ボタ、ボブ・サップとも戦った総合格闘家のステファン・ガムリンをスパーリングパートナーに迎え「チーム・ヨコヅナ」を結成、とりあえず、基本的なパンチの打ち方から習得させた。

「ジョージ・フォアマンのような戦い方をしたい（中略）ジャブ、フック、アッパー、ストレート、全部やる。一番しっくりくるのが左ジャブと右ストレート。スティーブさんには、フォアマンのように腕を構えてあごを引けと厳しく指導されている」（曙太郎のコメント／『スポーツ報知』2003年11月13日付）

210kgという体重も問題だ。そこで、野菜、鶏のささ身を中心とした食事に変えさせた。また、有酸素運動中心の練習メニューは、午前5時から10時まで、午後1時から6時までと合計10時間に及ぶものだったが、7XLだったTシャツのサイズは4XLに落ちた。11月16日に渋谷109前で公開会見が行われた際、縦襟のマオカラーのスーツ姿で現れた曙は、幾分スリムになり、両耳にダイアモンドピアスを輝かせ、短期間でワイルドなイメージに変身していた。

さらに、初めての公開練習も行い『スポーツ報知』（2003年11月28日付）は元世界王者・フランソワ・ボタとの激しいスパーリングの様子を伝えている。「曙改造計画」は順調そうに見えたが「実はそうでもなかった」と谷川貞治は苦笑する。

「彼はあまり練習しないんですよ。現役のときは師匠の高見山さんが厳しく指導したんだと思う。でも、動ける身体を作ってもらわないと話にならない。数字を稼ぐには、複数ラウンド持つスタミナがないと意味がないから」

今年ダメだった人全員来い

一方の猪木祭も、アントニオ猪木の知名度を最大限に利用して、プロモーションを行った。

『スポーツ報知』（２００３年11月14日付）は「猪木だよ!!全員集合!!」なる大きな見出しを打ち、アントニオ猪木と新日本プロレス社長の藤波辰爾、現場最高責任者の蝶野正洋ら所属レスラーの集合写真を載せている。自宅のあるロサンゼルスに一時帰国する猪木を、成田空港まで見送りに来たという、さしたる内容ではないが、猪木祭のＰＲ記事に仕上がっている。

帰国後の11月29日は名古屋に現れ、ローカル番組に出演、その後は市内の予備校や商店街に繰り出し、所構わず闘魂注入ビンタを見舞い、集まった報道陣に「今年ダメだった人を招待する」と明言した。名前を挙げたのは、愛人女性に性的嗜好を暴露され、11月の総選挙で落選した自民党前副総裁の山崎拓、社民党党首として総選挙を戦いながら獲得６議席と惨敗を喫した土井たか子、道路公団民営化に際し総裁の座を追われた日本道路公団前総裁の藤井治芳の３名である。

これらのパブリシティに、どの程度の効果が見込めるかという問題はあるが、ＰＲに余念のないことだけは伝わる。前年夏の「ＵＦＯ　ＬＥＧＥＮＤ」の失敗が教訓となったのだろう。

対照的に、情報がさほど伝わって来なかったのがＰＲＩＤＥである。11月30日にチケットが一斉発売になることと、イベントタイトルが「ＰＲＩＤＥ男祭り２００３」に決まったこと以外は発表しようがなかったと言えるし、その必要もないと考えたのかもしれない。要は短期決戦ということだ。

そんな中「吉田対桜庭実現か」という見出しがスポーツ紙の紙面を飾った。「吉田秀彦を巡って、ＰＲＩＤＥと猪木祭が争奪戦の真っ只中にあり、吉田の対戦相手として桜庭和志の名前が挙がった」という内容である。猪木祭の主催者である川又誠矢は、のちにこう述べている。

「吉田選手に関しましては『もちろん、交渉はします』と。『もちろん、ウチとしては交渉もするけども、テレビ局さんの方でもいろんな形で、本人のプロモーションなり、何なりという協力をしてもらわないと、難しいですよ』という話をしました」（第6回口頭弁論調書）

また、こうも述べている。

「その点、（フジテレビの）清原邦夫はうまい。バラエティー番組とかにどんどん出して外堀を埋めていく。最終的に『来年の世界柔道、コメンテーターでどうですか。ついては、年末は当然ウチでしょうねえ』と、本人が断れない状況に持っていく。ところが宮本君は何も動いてなかった」（『新日、K－1、PRIDEタブー大全』）

右の発言に対し、当の宮本修二はこう反論している。

「それは、かなり後の段階で、最初の段階で言いますと『ミルコ・クロコップ選手の権利を持っています』と。で『吉田選手も、私がこの業界に誘った人間ですので、その辺は、僕のことを信じて下さい』というふうなことを言われていました」（第7回口頭弁論調書）

些細な行き違いが、次第に大きな歪みとなっていくのが、手に取るようにわかる。

ともかく、文字通り、大晦日興行戦争の火蓋が切られたのである。

ミルコ対高山

11月21日、猪木祭の記者会見が開かれ「ミルコ・クロコップ対高山善廣」が発表された。

「派手に、目立つところに出るのが高山です。相手が超有名なプロレスラーハンター、ミルコ。

やるしかないと思った。（中略）あのハイキックが入っても痛くないようにしないと。犬がかむガムでもかもうか」（高山善廣のコメント／『スポーツ報知』２００３年11月22日付）

この会見を報じた記事の横に「ミルコ来月６日Ｋ－１にも出撃へ」という気になるトピックが載っている。ミルコの代理人のミロ・ミヤトビッチが囲み取材で明かしたもので「Ｋ－１から（※註・Ｋ－１東京ドーム大会で）スーパーファイト出場のオファーを受けている。提示された対戦相手は言えないが、ミルコ自身は『Ｋ－１に出たい』と話している」と答えている。26日付の同紙では「（Ｋ－１出場の）感触はいいみたいです。80％の確率で出てきそうです」というＫ－１プロデューサーの谷川貞治のコメントもある。

21年経って、谷川本人に事の真偽を尋ねると、首を傾げながらこう答えた。

「まったく記憶にない。とぼけるつもりも、人のせいにするつもりもないけど、これは館長が流したガセリークだったと思う。この頃、いろんな情報を流して、攪乱させるようなことをしていたから。で、おそらくだけど、ターゲットは川又さんではなくてバラさん。というのも、当時の館長は川又さんに対して、何の感情もなかった。でも、バラさんに対しては相当むかついてました。ミルコを持っていったからです。だから、館長はこの期に及んでも、ミルコをＫ－１に戻そうと考えていて、ガセリークはその一環だったと思います」

事実、ＰＲＩＤＥはこのとき、猪木祭の目玉だったミルコ・クロコップに触手を伸ばしていたのである。

ミルコマネージメントチーム

猪木祭の記者会見で「ミルコ・クロコップ対高山善廣」を発表すると、前売券の売れ行きは一気に伸びた。PRIDEのリングでアントニオ・ホドリゴ・ノゲイラに敗れたことで、ミルコの商品価値は下落したかに見えたが、依然として人気は高かったのだ。

第3章で詳述した通り、川又誠矢がミルコ・クロコップのマネージメントに携わるようになったきっかけは、K－1渉外担当だった今井賢一の示唆に応じたことによる。ミルコには、ミロ・ミヤトビッチという弁護士資格を持つクロアチア人の代理人がいて、それまでミルコに関する交渉は、いずれも彼が担っていた。

もともと、競泳の五輪金メダリスト・イアン・ソープの代理人だったミロ・ミヤトビッチを、ミルコ・クロコップの代理人に据えたのも今井賢一である。今井はミロにすべての仕事を任せる一方、「これからのミルコは、日本が主戦場になる」と踏んで、日本の格闘技事情に明るい川又誠矢に、日本の試合の交渉とマネージメントを任せようと考えたのだ。

程なく、川又が社長をつとめるケイコンフィデンスの社員となった今井賢一は、ミロ、川又とともに「ミルコマネージメントチーム」の一人として、相応の発言権を有することになった。

しかし、蜜月も長くは続かなかった。発端は、猪木祭の放映権について、川又が日本テレビと交渉を始めたことによる。今井は「日テレとの交渉なんて時間の無駄です。従前通り、フジテレビでやりましょう」と強く主張したというが、第5章で述べたように、川又は日本テレビと中継契約を結んでしまう。

さらに、11月9日に東京ドームで行われた、アントニオ・ホドリゴ・ノゲイラ戦のオファーを巡っても、一悶着あった。「今のミルコならノゲイラに勝てる。オファーを受けよう」とするミロと今井の主張と、「まだ、ノゲイラには勝てない。時期尚早」とする川又の主張は平行線を辿り、最終的に「問題ない。ノゲイラと戦いたい」というミルコ本人の判断に委ねられ、試合が決まった経緯があった。しかし、結果は手痛い逆転負け。川又が危惧した通りとなった。

そもそも、今井賢一が、日本テレビとの契約に反対し、逆にノゲイラ戦のオファーを強く推したのは、フジテレビの清原邦夫との結びつきが強かったからという見方がある。

「清原さんと今井ちゃんは、ずっとガッチリの間柄でした。僕がK‐1やPRIDEの外部ブレーンの仕事をしているときからそうで、仕事仲間としてウマが合ったんでしょう。穿った見方をする人もいるけど、組織としては、メディアとつながっている存在は頼もしくもある。だって、この時代、テレビに切られたらおしまいですから」（谷川貞治）

これまで述べてきたように、2003年のフジテレビは、K‐1よりPRIDEに肩入れしており、筆者が内々に調べたところ、K‐1の大会の「事業投入」（興行買い取り）は、年末の東京ドーム大会の1回だけなのに対し、PRIDEの場合、年3回にも及び、その最後がまさに、この11月9日の東京ドーム大会だった。人気選手であるミルコ・クロコップが出場するのとしないのとでは、興行収入は桁違いとなり、フジテレビは大いに潤う。今井賢一が「ノゲイラ戦のオファーを受けよう」と強く主張したのは、そのことも無関係ではなかったのだろう。

これらの事情によって、川又と今井の間に、修復不可能な亀裂が入ってしまうのである。

瓢箪からヒョードル

都内のホテルで「ミルコ・クロコップ対高山善廣」を発表したのが11月21日、それから1週間ほど経った頃、ミロ・ミヤトビッチから驚愕の一報が届いた。

「ミルコが練習中に負傷したらしい。『大晦日の試合はキャンセルしたい』と連絡があった」

しかし、関係者が詳細を聞くと、診断書があるわけでもなく、ミルコ本人が言ったわけでもなく不明なことだらけだった。これが、本当に練習中の負傷だったのか、あるいは、誰かの差し金だったのか、まったく判然としないが、3年後の『週刊現代』(2006年4月15日号)には「格闘技関係者」の証言として、次のコメントが載っている。

「ウラにはDSEの引き留め工作があったようです。ミルコに対しDSE側は、『来年は(ミルコが切望する)PRIDE王者のエメリヤーエンコ・ヒョードルとの試合も組んでやる。猪木祭に出たら、二度とPRIDEで試合はさせない』と持ちかけたと聞いています」

仮に右のような接触があったとしても、そういった人間を近付けないのも、マネージメントの要諦であり「ミルコマネージメントチーム」は機能不全に陥っていたとしか言いようがない。

当然、日本テレビへの報告義務が生じる。この時期「ミルコ・クロコップ大晦日の猪木祭に出撃」といったようなスポットCMをすでに流していたし、特番のスタッフは「プロモーション番組を作りたいので、ミルコ本人とアポイントを取ってほしい」と依頼していたからだ。

「ミルコ選手ありきで契約をして、メインカードはミルコ選手のカードだったので、当然、PR活動、あるいはチケット券売のPR活動をするために、ミルコ選手に事前に取材をして、彼をクローズアップする企画を作らなければいけないことを感じていましたので、それはもう、かなり早い段階、11月末ぐらいの段階から『是非、ミルコ選手を取材させて欲しい』あるいは『日本テレビの年末の特番に彼を出演させて、番組のPRをしたい』ということを、ずっとお願いしていました」（宮本修二の証言／第7回口頭弁論調書）

そんな矢先、現役のPRIDEヘビー級王者であり、正真正銘、PRIDEの看板選手だったエメリヤーエンコ・ヒョードルが、DSEと直接の契約を結んでいないことが、ミロ・ミヤトビッチの調査でわかった。概要は以下の通りである。

①DSEはヒョードルの所属するロシアン・トップチームとは契約を結んでいるが、ヒョードル本人とは契約を交わしていないこと
②ヒョードル自身はロシアン・トップチームの所属選手ではあるが、選手契約を結んでいるわけではないこと
③ヒョードル自身はロシアン・トップチームにかねてから不信感を抱いており、離れたがっていること
④つまり、ヒョードル個人と契約を結ぶことに何ら障害のないこと

その報告を聞いた川又誠矢が「ヒョードルを出そう」と言っただろうことは想像がつく。目玉選手であるミルコ・クロコップの欠場を発表すれば、順調に伸びていた前売券の売れ行きは止まり、払い戻しが頻発する可能性は高く、放映する日本テレビからのクレームも予想されるが、代替案として、現役のPRIDEヘビー級王者であるエメリヤーエンコ・ヒョードルの参戦を発表すれば、損害は最小限に食い止められるどころか、かえって売れ行きが伸びるかもしれないからだ。

ただし、本人とコンタクトを取ってみないことには安心は出来ない。そこで、ミロ・ミヤトビッチをヒョードルの住むサンクトペテルブルクに行かせて、契約を交わす様子を映像で残すように命じた。ミロ一人では心許ないので猪木事務所の伊藤章生も同行させた。

数日後、一本の動画が公開された。そこには、ミロ、伊藤とともに、エメリヤーエンコ・ヒョードルの姿もあった。カメラの前のヒョードルは、涼しげな口振りで言った。

「私は大晦日に『イノキボンバイエ』に出場する。何ら契約に問題ない」

清原邦夫の怨念

12月に入ると世の中が急に慌ただしくなるように、大晦日の報道も過熱気味となる。

これまで、ほとんど報じられることのなかった「PRIDE男祭り2003」の情報も開示されるようになった。DSEは12月1日に会見を開き、吉田秀彦の参戦を発表、対戦相手はホイス・グレイシーに決まった。両者は前年8月の国立競技場「Dynamite!」で対戦し、吉田が勝利を収めた因縁の間柄で、判定に不服なグレイシー一族は再戦を要求しており、その舞台を、Ｋ－1ではなく、ＰＲＩＤＥのリングで行うことになったのだ。

「吉田対ホイス」のリマッチが短期間でまとまるとは思えないから、遅くとも、3ヵ月前から交渉に入っていたと見てよく「ＰＲＩＤＥと猪木祭で争奪戦」と報じられた吉田秀彦のスケジュールは、あっさりＰＲＩＤＥが持っていった。筆者は一連の経緯を訊こうと、吉田秀彦の所属事務所であるＪ－ＲＯＣＫ社長の國保尊弘にメールを送ったが返信はなかった。

同じ日、大晦日のテレビ各局のタイムテーブルも発表となった。

ＴＢＳは番組の正式タイトルを『Ｋ－1プレミアム2003　人類史上最強王決定戦　Ｄｙｎａｍｉｔｅ!!』とし、午後9時～11時24分。日本テレビ『イノキボンバイエ2003～馬鹿になれ夢をもて～』はＴＢＳより1時間早い午後8時～11時15分。特筆すべきは、フジテレビの『ＰＲＩＤＥスペシャル男祭り2003』で、ＴＢＳより2時間半早く、日本テレビより1時間半早い午後6時30分～11時40分までの5時間ロングラン中継となった。

関係者の多くは、フジテレビの早技に舌を巻いた。ＰＲＩＤＥが大晦日の格闘技中継への参戦を正式に発表したのは、11月9日のＰＲＩＤＥ東京ドーム大会であり、3週間も経たないうちに「吉田秀彦対ホイス・グレイシー」を発表、午後6時半からの5時間ロングラン中継も決まった。

テレビ番組とは、編成局が設えた番組枠に、営業局がスポンサードする企業を集めることで成立するのが一般的で、広告代理店の力を借りることにもなるのだが、一朝一夕にいくものでもなく、大晦日のゴールデン・プライム帯となればなおのことである。

にもかかわらず、正式発表からたったの3週間で、大晦日の5時間超の番組が決まるとは到底思えない。常識的に考えて、半年前から用意周到に準備されていたと見てよく、いかに当時のフジテレビが、大晦日の格闘技中継に執念を燃やしていたか判然とする。

「フジの清原さんからすれば、K－1もPRIDEも自社が育てたコンテンツ、それも、清原さん自身が手掛けたわけです。だから、他局がK－1を流すことを最も嫌がっていました。それなのに、2001年にTBSが『INOKI BOM-BA-YE』をやったでしょう。あれは、K－1とPRIDEの合体だったから、本当に我慢ならないことだったんです」（谷川貞治）

あるとき、谷川貞治はその憤りの一端を知ることになる。

「2002年の夏頃だったかな、清原さんが『今年はウチが大晦日に格闘技をやるから、TBSには手を引いてもらう』って言ってきた。僕は疑問でした。だって、前年の2001年にTBSは『INOKI BOM-BA-YE』で14％も獲ってるんだから手放すとは思えない。でも、清原さんは『絶対にやる』と言う。フジともTBSとも仲良くやっていきたい僕からすれば、困っていたんです。我々の側から見たら、放映局は多い方がいいに決まっていますから」

〝戦争〟が起きそうな気配もあったが、思わぬ結末を迎えた。

「当時のTBSの編成局長が、フジの編成のトップだった亀山千広さんに『今年の大晦日は、おたくが格闘技をやるって聞いたんだけど』って電話を入れた。多分、強めの感じで訊いたと思う。そしたら、亀山さんは慌てて否定したんです。正直、亀山さんはやるつもりだったと思うけど、TBSの『ウチは手放さないぞ』って剣幕に圧されて否定しちゃった。その一言でフジは2

００2年は撤退、僕も板挟みにならずに済んだけど、清原さんの怒りは倍増されたんです」
フジテレビにとって、大晦日の格闘技中継とは3年越しの執念だったのである。

まだまだ、ありますよ

目玉であるミルコ・クロコップが欠場する代わりに、ＰＲＩＤＥヘビー級王者・エメリヤーエンコ・ヒョードルの出場が秘かに決まった猪木祭だったが、表面上は何事もなかったかのように、相変わらずアントニオ猪木がプロモーションに精を出していた。

12月1日には、２年前、Ｋ－１のジェロム・レ・バンナから奇跡の勝利をもぎ取り、大晦日の主役となった〝借金王〟安田忠夫の出場が発表。「今も借金がいっぱいあるんですけど」と言う安田に「俺に任せろ」と猪木が応じると、報道陣から笑いが起こった。翌日には福岡に飛び、ローカル番組に出演した後、博多の繁華街を練り歩き、プロ野球・オリックス（当時）の谷佳知外野手と、柔道女子五輪金メダリストの田村亮子の入籍についてコメントを求められると「それなら、大晦日のリング上で、カウントダウン披露宴というのはどうだ」と発言。猪木の行くところ笑いが絶えず、いずれも順調そうに映った。

そして、12月5日に緊急会見を開き「北の方から便りが入ってきまして、ＰＲＩＤＥヘビー級チャンピオンのヒョードルが参戦することになりました」と猪木自身がヒョードル参戦を発表すると、報道陣からどよめきが起きた。「契約がどういう形になったのか、スタッフが現地から帰らないとわからない」としながらも「まだまだ、ありますよ」と別の大物の参戦まで匂わせた。

翌日、ミロ・ミヤトビッチが成田空港で会見を開き、エメリヤーエンコ・ヒョードルと正式に代理人契約を結んだことを明らかにした。会見で明かしたのは次の3点である。

①ヒョードルは所属していたロシアン・トップチームを離れ、新たに立ち上げた「レッド・デビル」に移籍したこと
②そこで、日本での活動に限って、ミロ・ミヤトビッチと正式に代理人契約を結んだこと
③2004年2月1日のPRIDE大阪大会で予定している、アントニオ・ホドリゴ・ノゲイラとのPRIDEヘビー級タイトルマッチは、一時白紙とすること

ミロは、ヒョードルが猪木祭に出場することに、何ら問題のないことを強調し、「今後も自身が関係するイベントにヒョードルを出場させたい。願わくは、ミルコ・クロコップとの対戦を早急に実現させたい」と明かした。

この5日後の12月10日、DSE社長の榊原信行は会見を開くと、報道陣を前に「ヒョードルとは2004年10月まで独占契約を結んでいる」と主張。法的措置も辞さない態度を示した。

「猪木なら、何をやっても許されると思っているのか。（中略）ヒョードルには契約違反による損害賠償を求め、ヘビー級ベルトを返上してもらう。日テレには、顧問弁護士と相談してしかるべき法的措置を取る」（榊原信行のコメント／『スポーツ報知』2003年12月11日付）

いよいよ、戦争が始まった。

不気味な猪木祭

一方、「曙太郎対ボブ・サップ」という突飛なカードをマッチメイクしたＫ－１プロデューサーの谷川貞治は、師走に入ると、再びマイク・タイソンの招聘に動き出していた。

「タイソンから6日のＫ－１（※註・東京ドーム大会）をぜひとも見たいので来日したいという要望があった。（中略）外務省や法務省などをいろいろ回って、タイソンの来日が実現するよう尽力しているところです」（『スポーツ報知』２００３年12月4日付）

この件について、谷川貞治はこう明かす。

「要望があったかどうかは記憶にないんだけど、来日だけは諦めてなかったんです。『曙対サップ』が急転直下で決まって、タイソンの存在が宙ぶらりんになっていたけど、契約は交わしたわけだし『来日さえ出来れば、試合は無理でも、リングに上げちゃおう』って思っていたんです。後で問題になろうと、数字を獲るのが目的だから」

「これは僕の性分ですけど、昔から『怒られそうだからやめとこう』とか『面倒なことになりそうだからやめとこう』っていうのは、まったくないんです。専門誌の編集長の頃からその思考はまったくなし。怒られるのも面倒なのも、それはそのときの話。第一、怒られるかどうかもわからないのに、先に悩むなんて馬鹿馬鹿しいでしょう」

さらに『スポーツ報知』（２００３年12月11日付）は「世界5大格闘王が集結」という仰々しい見出しとともに「Ｋ－１ Ｄｙｎａｍｉｔｅ!!」の煽り記事を載せている。

「世界5大格闘王」とは、バルセロナ五輪柔道金メダリストのハハレイシビリ・ダビド（グルジア＝現ジョージア）、プロボクシング元IBF世界ヘビー級王者のフランソワ・ボタ（南アフリカ）、K－1GP4度制覇のアーネスト・ホースト（オランダ）、極真空手世界王者のフランシスコ・フィリォ（ブラジル）、大相撲第六十四代横綱の曙太郎である。

「大晦日ですから、ド派手にぶち上げるしかないんです。お茶の間の人は技術論なんて関係ない。そこがバラさんとの違いで、彼は競技にこだわりがあって、今のRIZINを見ていてもそれを感じる。競技性に格闘技の魅力を見出したんでしょう。だから、PRIDEが何を仕掛けてくるか、正直怖くなかった。むしろ、猪木祭のほうが不気味でした。猪木さんを使ってやらかしそうなのが、一番怖いんだもの」（谷川貞治）

2日後の『スポーツ報知』（2003年12月13日付）は、史上最年少IWGP王者である新日本プロレスの中邑真輔の「K－1Dynamite!!」参戦を報じた。「猪木の秘蔵っ子」と呼ばれ、猪木祭への出場が既定路線と見られていた中邑だが、K－1への出場となったのだ。

「そこは、新日本プロレスがしたたかなんですよ。猪木祭べったりと見せかけておいて、実はまったくそうではない。TBSにも選手を派遣する多方面外交です。でも、企業の姿勢としては間違ってはないと思います」（『スポーツ報知』記者の福留崇広）

「この年の新日は、上井さんの方針もあって、K－1との交流に積極的だったから、選手を借りるのはすでに決まっていました。僕は『藤田か中邑が獲れたらいいな』と。両方獲れたら御の字だけど、中邑がいけた。中邑本人も前向きだったから、嬉しかったですよ」（谷川貞治）

他のカードも着々と決まっていく。「アーネスト・ホースト対モンターニャ・シウバ」「フランシスコ・フィリォ対TOA」（以上、K－1ルール）。「須藤元気対バタービーン」「シリル・アビディ対ザ・プレデター」（以上、総合格闘技ルール）。また、レスリング世界選手権日本代表・中尾芳広の参戦も発表され「史上最大の異種格闘技戦」に相応しい陣容を整えつつあった。

放送席ごと移したれ

この時期、フジテレビのK－1中継と言えば、藤原紀香や長嶋一茂の姿が放送席にあったが、そこにも手を突っ込んだ。仕掛人である石井和義はこう述懐する。

「1996年の春にフジテレビで『SRS』が始まったでしょう。初代アシスタントが藤原紀香ちゃん。K－1もアンディ・フグがグランプリ初優勝と、黄金期に突入した時期で、彼女の存在はK－1がメジャーの階段を駆け上がっていくのと歩調を合わせてるんです。でも『フジテレビは今回、総力戦でPRIDEの中継をやる』って小耳に挟んだもんだから、紀香ちゃんまで放送席に座らせる可能性があったわけ」

「それで『じゃあ、放送席ごと移したれ』って思った。まず、バーニングの周防社長に連絡を入れて、紀香ちゃんの大晦日のスケジュールを押さえた。彼女の所属事務所はバーニング系列やからね。それと一茂のスケジュールも押さえた。まとめて出てもらうように手配したの。あれは痛快やったなあ。二人のキャスティングは、11月中頃には決まってたもん」

さらに、石井はスペシャルゲストのキャスティングまで試みる。

「僕は放送席に若貴を揃い踏みさせたかった。曙と若貴の対決こそ90年代の大相撲のすべてでしょう。でも、このとき貴乃花は現役の親方やからね。これは難しかった。だって、曙はこないだまで日本相撲協会にいたんですよ。その試合を日本相撲協会の現役の親方に解説させるって、普通は出来ひんよ」

筆者が「どういう手を使ったんですか」と訊くと、石井はニヤリと笑って答えた。

「あれから20年？　もう少し待って。あのときは、それぞれの立場でプライドが傷つかんようにやれた。調整あるのみだったから。あと10年経ったら言えるかわからんけど」

石井和義は右のように貴乃花のキャスティングの秘策について口を閉ざしたが、諦めの悪い筆者は、別の人物から詳細を聞き出した。本人たっての希望で匿名とする。

「それは、若松次郎会長でしょう。不動産やパチンコの会社をいくつも経営していた京都の大実業家で、北の湖理事長のタニマチでもあった。若松会長は正道会館の大会役員もやっていて、館長は前から懇意にしていたんです。だから、キャスティングにはそんなに苦労してないと思う。ただ、館長の交遊関係をとやかく言う人もいるけど、企業人としては立派だと思うんです」

猪木、雲隠れ

代理人であるミロ・ミヤトビッチに「大晦日の試合はキャンセルしたい」と伝えていたミルコ・クロコップが、12月15日に自身のホームページで「背中の負傷などを理由に主治医からストップがかかったため、12月31日はどの大会でも戦わないことを決断しました」と正式に猪木祭の欠場に言及した。

ミルコ・クロコップの欠場問題が、主催者が発表するより先にマスコミに知られたのである。それを受けて日本テレビの関係者は「最終確認中だが、出場しない可能性はある。高山選手とはゼロから交渉し直すことになる」と対応に追われた。

さらに『スポーツ報知』（２００３年12月18日付）は「猪木雲隠れ」の見出しとともに、アントニオ猪木が「ミルコ問題」と「ヒョードル問題」について何らかの決断を求められる立場にありながら、行方不明になったことを伝えている。これまで、順調に進んでいると見られていた猪木祭のプロモーションに、綻びが生じるようになっていた。

一方、ＰＲＩＤＥは12月17日に統括本部長の高田延彦、ＤＳＥ社長の榊原信行同席のもと都内で会見を開き「坂田亘対ハイアン・グレイシー（※註・のちにダニエル・グレイシーに変更）」「桜井〝マッハ〟速人対高瀬大樹」という追加カードの発表、さらに、坂田亘の恋人で、女優の小池栄子のキャスター就任も併せて発表した。会見終了後、囲み取材を行った榊原は、エメリヤーエンコ・ヒョードルの猪木祭出場問題について言及し「法的措置を粛々と進めている。主催者に抗議書を送った」と強硬姿勢を示した。

この２日後の12月19日、猪木祭とＫ－１にそれぞれ出場予定の高山善廣と中邑真輔が、都内で会見を開き、２００４年１月４日の新日本プロレス東京ドーム大会で「ＮＷＦ・ＩＷＧＰヘビー級王座統一戦」を行うことを発表した。

しかし、大晦日にリアルファイトを戦う二人が、その４日後に、プロレスのビッグマッチにラインナップされている現実に唖然とする。この時期、ブームを迎えていた総合格闘技だが、負傷のリスクを顧みない認識で成立していたことになるからだ。

会見の冒頭で、高山善廣のマネージャーの伊島良昭が「高山は本日もミルコ戦に向けて練習しました。主催者側からは、当初と同じ連絡しか来ていません。今日は1・4のみの質問に限らせて下さい」と念を押すように言った。芸能界並みの異例の質問制限だが、ミルコ戦以外の質問があるはずもなく、高山は調印を終えると静かに席を立った。

一方「行方不明」と報じられたアントニオ猪木の消息も明らかとなった。15日にロサンゼルスから帰国したら、その足ですぐモンゴルに飛んでいたのである。《新日本プロレスが提携するモンゴルプロレス協会の格闘技大会がウランバートルで開催されており、そこに顔を出した可能性がある》(『スポーツ報知』2003年12月20日付)と記事は伝えるが、実際は混乱を避けるため、海外に姿を消したと見ていい。

また、日本テレビの関係者は、猪木祭のリングで「アントニオ猪木対藤波辰爾」の師弟対決が行われる可能性を示唆している。当時、新日本プロレス社長だった藤波辰爾は「対決を受けてくれるなら、リングシューズとコスチュームを持っていく気持ちはある」とコメントするが、ミルコの欠場が公表され、ヒョードルの参戦まで不透明となった今、日本テレビからすれば「猪木対藤波」でプロレスファンの関心を惹くくらいしか、方策がなかったのかもしれない。

ホテルに軟禁

2003年12月21日、赤坂プリンスホテル別館3階クイーンズホールで行われた『イノキボンバイエ〜馬鹿になれ夢をもて〜』の記者会見は、日本テレビが設えたものである。翌年、西武ライオンズのエース・松坂大輔と結婚する柴田倫世アナウンサーが司会をつとめ、会見の模様を午後4時からの特別番組で流す予定となっていた。

マスコミ各社に送られたリリースには「対戦カード発表」とあった。すなわち、エメリヤーエンコ・ヒョードルの対戦カードが発表となるのだ。登壇者はアントニオ猪木、永田裕志、川又誠矢、ミロ・ミヤトビッチ、宮本修二。要は永田がヒョードルの対戦相手ということである。

開始10分前になった。登壇者の一人である川又誠矢の姿が見えない。関係者は何度も川又の携帯電話を鳴らすも、一向に応答がなく、開始時刻の午後4時をすぎても姿を見せなかった。「開始予定時刻ですが、開始までしばらくお待ち下さい」と柴田アナが告げる。

実はこのとき、川又誠矢は赤坂プリンスホテルから程近い別のホテルの一室に軟禁され「ヒョードルを出場させるな」と脅迫されていたのである。川又は『週刊現代』（2006年4月15日号）において、この日の様子を明かしている。長くなるが引用する。

《当日、約束の部屋に行くとSとその舎弟が現れ、私の両隣にドカッと腰を下ろしました。しばらくすると、X組の幹部とI氏、DSEの榊原が入ってきました。X組幹部はイスに座るなり、私に怒鳴りました。『PRIDEは実質ワシらがやっとるんや。表に出ると不都合があるから、榊原に任せとるだけなんや！　それを何や！　ウチの選手を横取りしやがって』

話し合いにも何もなりません。幹部は続けます。『フジテレビのプロデューサーから〝ヒョードルを絶対に日テレのイベントに出さないでくれ〟と言われとるんや。もし、そっちに出たら、DSEとの契約を切るとまで言われとるわ！』

こんな場に榊原が同席しているのも、私には驚きでした。彼はふだんとは態度がガラリと変わっていて、手にした格闘技雑誌を、『なんや、これは！』と私に投げつけてきました。その雑誌には私のインタビュー記事が載っていて、内容がカンに触ったらしいのです。P組のSは、『社長、ヒョードルはもうあきらめたほうがいいよ』とX組の太鼓持ちみたいなことを言う。もうすべてヤクザとDSEに絵を描かれている——つまり、みんなグルで私はハメられているんだなと思いました》（同）

ホテルの部屋に軟禁されていた川又誠矢が、解放されたのは午後5時、「ヒョードルの出場はなくなった」と会見で発表することを約束させられたためだ。1時間以上も遅刻して、赤坂プリンスホテルに到着した川又は関係者に事情を説明した。猪木事務所の伊藤章生が、別室で待機していたアントニオ猪木に状況を伝えると、猪木は裏口からホテルを後にした。

予定時刻から大幅に遅れて行った会見には、川又誠矢、宮本修二、ミロ・ミヤトビッチの3名が姿を見せて「ミルコの負傷は事実」「ヒョードルの出場は話し合い中」「藤田和之の対戦相手は未定。現在、ルールの調整中」ということだけ発表して、3分で終了した。

当然、マスコミの反応は辛辣なものとなった。翌朝の『日刊スポーツ』（2003年12月22日付）は一面で「猪木逃げた　ドタキャン!!『祭』会見　3大カード発表なし」と大きく報じた。

《「猪木祭」は大会開催10日前のこの時期になっても、メーンのカードさえ決まらない異常事態が続いている。会見は不安だけを残した。大会まで残り9日。3つの大きな懸案事項を、すべて処理することは可能なのか。まさに窮地の猪木祭だが、2年前に小川直也欠場の大ピンチを乗り越え、成功した前例はある。この日姿を見せなかった猪木に一発逆転の秘策はあるのか。「猪木祭」は正念場を迎えた》（同）

この時期、K－1プロデューサーとして、準備に奔走していた谷川貞治に「もし、猪木祭の主催者だったらどうするか」を尋ねると、彼は首を傾げながらこう答えた。

「僕なら『そもそも、猪木祭みたいな面倒なことはやらない』という結論になるんだけど……。まあ、今井ちゃんと決裂しないでしょうね。最初にミルコの出場を発表したとき『フジとDSEが黙ってないんじゃないかな』っていうのは漠然と思っていて、実際、その通りになった。ただでさえ、興行って準備段階でいろんなことが起きますから、出来る限り仲間割れはしないこと。仲間割れは、大会が終わった後に派手にやればいいんです」

きのうは監禁されていて

前代未聞の「3分会見」が終わった2時間後、マスコミ各社にリリースが送信された。猪木祭の記者会見を、翌22日もやるという緊急告知である。

まず、主催者である川又誠矢は、エメリヤーエンコ・ヒョードルの欠場を正式に発表する。

さらに、前日、会見を欠席したアントニオ猪木に「昨日はどこに行っていたんですか」「姿を見せなかった理由は？」といった質問が飛ぶと、猪木は悪びれる様子もなくこう弁明した。

「きのうは監禁されていて、出るに出られませんでした。アマゾネスみたいなとんでもない女に捕まってしまいまして……。（女が）トイレにいってるスキをついて逃げてまいりました」（『スポーツ報知』２００３年12月23日付）

その後「永田、出てこい」と永田裕志を呼び込み、猪木祭への出場を正式に発表した。「永田選手の対戦相手は誰になりますか」「ヒョードルじゃないのなら誰ですか」という質問に対し「まあ、楽しみにしていて下さい。永田には凄いやつを用意してますから」と言い、永田本人も「相手はまだ言えないんですけど。俺の中では、もう決まっています」と発言した。二人のコメントに、厳しい視線を投げてきた報道陣は色めきたった。隠し玉の存在を嗅ぎ取ったのである。

また、意外な人物がアプローチしてきた。参議院議員（当時）の大仁田厚である。

「あんなに困っている猪木さんは見てられんのじゃ。オレとのノーロープ有刺鉄線電流爆破デスマッチをイノキボンバイエでやってくれ！（中略）どんな方法であれ、ボンバイエのリングには上がる。あらゆる諸策を講じる所存であります。（中略）格闘技がすごいか、電流爆破がすごいかを見せてやりたい」（大仁田厚のコメント／『スポーツ報知』２００３年12月23日付）

特筆したいのは、翌朝のスポーツ紙である。猪木の写真に被せる形で「猪木祭にノゲイラ」（『日刊スポーツ』）「『ボンバイエ』参戦決定　永田ノゲイラ戦浮上」（『スポーツ報知』）と、いずれも決定事項のように報じた。

21年経った今、これが誤報であることは、はっきりしているのだが、『日刊スポーツ』『スポーツ報知』と最も熱心に格闘技報道に向き合い、紙面を割いてきた2紙が、揃ってガセを摑まされることは考えにくい。おそらく、猪木事務所がリークしたのだろう。

とにもかくにも、猪木祭は、ファンもマスコミも関係者も、あろうことか主催者さえも、どこに着地するか、まったく見えない状態に陥ってしまったのである。

第8章
ヒョードル来日

「猪木祭」参戦が危ぶまれていたエメリヤーエンコ・ヒョードルが来日したのは
試合3日前の2003年12月28日。対戦相手の永田裕志とともに会見
©日刊スポーツ

この時期、K－1プロデューサーとして陣頭指揮を執っていた谷川貞治は、21年前の師走を改めてこう振り返る。

「ウチは『曙対サップ』を発表したことで、宣戦布告みたいになったけど『やるからには、PRIDEも猪木祭も徹底的に叩き潰してやろう』と決めてました。特にPRIDE。バラさんとはミルコの件で喧嘩別れをしてるでしょう。『どうせ、放っておいても潰れる』と達観していたけど、やっぱり、息の根を止めないと気が済まなかった」

一方の猪木祭についてはこう述べている。

「もちろん、競争相手ではあるんだけど、館長の一存で、割と早い段階で選手を送り込む決定をしてるんです。ステファン・レコとマイケル・マクドナルド。異論？　全然なかった。レコもマクドナルドもエース級の選手じゃなかったし、どのみち日テレで『K－1 JAPANシリーズ』をやってたから、ウチも無関係というわけでもなかったしね」

「でも、K－1 JAPANと猪木祭って、スタッフは完全に別なんです。あの会社は派閥争いが異常で、社を挙げて猪木祭を盛り上げる感じはまったくなかった。それどころか、足を引っ張るような情報を流したりする。同じ会社とは思えなくて驚きましたよ」

奇しくも、この年の10月に日本テレビ編成部の社員による「視聴率不正操作事件」が発覚している。主犯者の直属の上司として責任の一端を担わされた吉川圭三も「社内政治が異常に激しい会社でしたから、あれは内部リークで発覚したんです」と述懐している。

猪木祭を舞台としたミルコ・クロコップ、エメリヤーエンコ・ヒョードルの出場をめぐるいざこざについて、谷川貞治は次のように述べている。

「揉めるのはわかりきっていたこと。ただ、こうまでトラブルが多発すると、マスコミはそればかり採り上げる。炎上商法ですよ。相当な宣伝になったはず。僕だって『仕事がなければ神戸に行きたい』って思ったし、視聴者も『そんなに揉めてるなら』ってチャンネルを変える可能性があった。ＰＲＩＤＥより猪木祭のほうが、何をしでかすかわからない怖さがありました」

この頃、マイク・タイソンの来日を求めて署名を集めたり、法務局や外務省まで足繁く通った谷川からすれば、どれだけリリースを送ろうとベタ記事にしかならず、対照的に、猪木祭のスキャンダルが、紙面を独占する現状を見て、脅威に感じたのは当然だったかもしれない。

それでも、当時のスポーツ紙のコピーを、懐かしそうにめくりながら谷川は言った。

「まあ、そうは言っても、マスコミが報じなかったお陰で、こっそり、いろんなことがやれたんです。それが面白かったんですよ」

バラさん、案外やるなあ

「曙太郎対ボブ・サップ」を発表した11月６日以降、表向きはマイク・タイソンの来日認可に奔走していた谷川貞治だが、秘かにロサンゼルスに飛んでいた。二人の大物ファイターに接触するためである。

一人はグレイシー一族の六男・ホイス・グレイシーである。

２０００年にPRIDEのリングで、桜庭和志と90分間にわたる歴史的死闘の末、タオル投入によるTKO負けを喫し、２００２年には国立競技場「Ｄｙｎａｍｉｔｅ！」で柔道金メダリスト・吉田秀彦のプロデビュー戦の相手となるも、古典的な柔術技である袖車絞めを極められたことで、「失神した」と勘違いしたレフェリーによって試合を止められるという、何とも不運な敗北を喫していた。

「それでも、ホイスと日本の相性はいい」と以前から思っていた谷川貞治は、自宅を訪ねると「大晦日にK-1 Ｄｙｎａｍｉｔｅ!!のリングに上がって欲しい。ファイトマネーは1ミリオン（1億円）」と告げた。

すると、ホイス・グレイシーは天を仰いで、声にならない声をあげながらこう明かした。

「そいつはもったいないことをした。実はこないだ、サカキバラがロスまでやって来て、契約を交わしたばかりなんだ」

「バラさんが？」

「ああ、1週間ほど前だよ」

谷川は動揺した。「プロモーターとしての能力に乏しい」と睨んでいた榊原信行が、いち早くホイス獲得に動いていたなど夢にも思わなかったからだ。「バラさん、案外やるなあ」と思った。

「対戦相手は誰なの？」と谷川が訊くと「ヨシダだ。去年のリマッチを、今度はPRIDEのリングでやるのさ」とホイスは不貞腐れたように言った。

「このときはタッチの差でした。ただ、吉田との再戦をぶら下げられたらホイスは喰いつくに決まってる。だから、どのみち、この年は縁がなかったかもしれない。でも、反応は悪くなくて『今年は無理だけど、次は絶対に行く』って約束してくれたんです。それで、翌年以降はウチに出てくれて、曙とやったり、所（英男）とやったりしたんです」（谷川貞治）

「もし、ホイスを獲得していたら、誰とやらせるつもりだったんですか」と筆者が尋ねると、谷川は「サクちゃん」と即答した。

「桜庭和志をPRIDEから一本釣りするつもりでした。引き抜きです。いろんな情報が入っていて『サクちゃんの引き抜きは可能』っていう算段がついていたんです。この時点で高田さんとの関係もうまくいってなかったし。『でも、ホイスが獲得出来ないなら、無理して動くこともないな』と思ってやめたんです。引き抜きはイメージもよくないし。結局、サクちゃんの移籍は、3年後の『HERO'S』のときに実現するんだけど」

ホイス・グレイシーのK－1 Dynamite!!参戦は不発に終わった。しかし、本命は実はホイスではなかった。

「兄は私より十倍強い」とホイスに言わしめた〝グレイシー柔術最強の男〟ヒクソン・グレイシーである。

タイソンと戦いたい

2000年5月26日、東京ドームで催された「コロシアム2000」に出場したヒクソン・グレイシーは、パンクラスのエース・船木誠勝を一蹴し「誰の挑戦でも受ける」と豪語したことで、さらなるビッグマッチに注目が集まった。

それから2年、長男の交通事故死を乗り越え、2002年8月8日に東京ドームで行われた「UFO LEGEND」のリングに現れると「近い将来、帰って来る」と観客の前で約束した。対戦相手として名前が挙がったのが小川直也だったのは、大手芸能プロダクション・ケイダッシュ会長の川村龍夫が、ヒクソンのマネージメントを握っていると見られていたからだ。

しかし、実際はそうではなかった。

「確かに、当時の川村さんがヒクソンに一番近かったのは間違いない。でも、川村さんは格闘技の最前線にいたわけじゃないから、付け込む余地はあった。そもそも、この頃のヒクソンをコントロールしていたのはキム夫人で、彼女はヒクソンに試合をさせたがっていた。そういう場合、コンスタントにイベントを打っている方が有利に働くものなんです」（谷川貞治）

ヒクソン・グレイシーとの交渉のテーブルに着いた谷川貞治は「大晦日、K‐1のリングに上がってほしい。ファイトマネーは1ミリオン」とホイスと同じ条件を口にした。すると、横から「NO」という声が聞こえた。キム夫人である。

「キム夫人は、旦那に相当な価値があると信じている人だから『安いわよ、3ミリオンで』と吊り上げてきた。でも『スケジュール的には問題ない』って言うもんだから、言い値を呑みました。それで、仮契約を結ぶところまでこぎつけられたんです」

つまり、K‐1はマッチメイクに苦心するPRIDEや猪木祭を尻目に、容易くヒクソン・グレイシーを確保していたのである。

次なる問題は対戦相手である。谷川が「誰と試合したい？」と尋ねると、ヒクソンは「マイク・タイソン」と即答した。

「さすがに『いやいや』って言うしかなかった。来日させられるかもわからないのに。いきなりタイソンはないだろうと。確かに夢のカードだけど『タイソンは無理なんで、別の選手でもいい？』って訊いたら『ＯＫ』と」

次の瞬間、谷川の脳裏にふとアイデアが降りてきた。咄嗟にその名前を告げると、ヒクソンは「彼とならやってみたい」と乗り出してきた。キム夫人も「それはいいわね」と快諾した。

「帰国したら早速、当たってみよう。面白いことになりそうだ」と谷川はほくそ笑んだ。

長谷川京子って可愛いですよね

ロサンゼルスから帰国した谷川貞治は、高級ホテル「ウラクアオヤマ」のスイートルームで、ある男の到着を待っていた。

約束の時間から十数分後、部屋のドアが開いた。「遅くなりましたーっ」と言いながら大柄な男が入って来た。貴乃花光司である。

若貴時代を築き、生涯のライバル・曙と名勝負を繰り返した第六十五代横綱は、幕内最高優勝22回、２００３年初場所を最後に現役を引退し、この時期は一代年寄、貴乃花親方として後進の指導にあたっていた。

貴乃花は開口一番「谷川さん、テレビで解説をされていますね。いつも見てますよ」と笑みを湛えて言った。その人心掌握術に感心しながら、谷川は単刀直入に切り出した。

「横綱、本日、お時間をいただいたのは、ほかでもありません。今年の大晦日にヒクソン・グレイシーと戦って下さい」

そう言って、曙にやったときと同じように、契約書を手渡した。貴乃花は「僕がですかーっ」と大袈裟に仰け反った。

「谷川さんったら、冗談はいけませんよ」

「いえ、冗談ではありません」

このときばかりは、谷川も真剣な眼差しで大横綱を見つめた。

「曙がボブ・サップで、僕がヒクソンですか」

「そういうことです」

「いや、参ったなあ」

そう言うと、貴乃花は契約書に視線を落とした。その先には「ファイトマネー1億円」が届いているはずだ。口許には笑みさえ残していたが、眼つきだけは真剣で「今年の大晦日なんですよね」と口を開いた。

「そうです」

「急ですよねえ」

谷川は「おや」と思った。このときのことを、谷川貞治は次のように振り返る。

「要するに『準備期間さえあれば』って聞こえたんです。口調も表情も現役当時のそれでした。ぶっちゃけ、今年の大晦日じゃなくてもいい。むしろ、発表するだけの方がいいかもしれない。ヒクソンは、試合しなくても来日させることは決まっていたし、両者がリングに上がって『来年の大晦日』って発表するのも美味しい。そう思ったんです」

そこから、世間話に興じる中、貴乃花が「そう言えば、長谷川京子って可愛いですよね」とこぼした。それを聞いて「もしかして、ハセキョーを連れてきたら、ヒクソンと試合してくれるかも」と谷川は思った。会談は終始なごやかに進み「いいお返事をお待ちしています」とだけ告げて別れた。

しかし、貴乃花からの返事はなく「貴乃花光司対ヒクソン・グレイシー」は幻に終わった。

桃鉄やらない？

筆者の手許に、Ｂ４サイズの大会パンフレットがある。表紙に「INOKI BOM-BA-YE 2003」という銀のロゴが光る。２００３年大晦日、神戸ウイングスタジアムで行われた『イノキボンバイエ～馬鹿になれ夢をもて～』の公式パンフレットである。

頁を開くと「主催者ごあいさつ」として3名の挨拶文が載っている。大会総合プロデューサーのアントニオ猪木、株式会社ケイコンフィデンス代表取締役の川又誠矢、日本テレビ放送網株式会社代表取締役の間部《まなべ》耕苹《こうへい》の三者である（いずれも、肩書は当時のもの）。

中身はよくある大会パンフレットだが、元『週刊プロレス』編集長・ターザン山本による「猪木祭とは何か」、元『週刊ファイト』編集長・井上義啓による「馬鹿になれの真実」、「アントニオ猪木インタビュー」「ボンバイエガールズ（杏さゆり・岩佐真悠子・小倉優子・若槻千夏）の横顔紹介」など、今となっては、興味を惹くラインナップである。

現在は入手困難であるこのパンフレットを「執筆の参考になれば」と手渡してくれたのが、篠《しの》泰樹《やすき》なる人物である。飲食店のプロデュース、IT事業、書籍プロデュースなど、現在は格闘技と無縁の生活を送る彼こそ、この大会の現場責任者として深く関わった人物だった。

「もう20年ですか、時間の経つのは早い。大変な大会でしたが、今にして思えばやってよかったです。強がりでも何でもないです。お金で買えない経験が出来て感謝してますよ」

90年代初頭、大仁田厚のカリスマ的人気で話題を集めたプロレス団体・FMWに関わったことで、プロレス業界との接点が生じた篠は、FMWからフロントが離脱して新団体・W★INGを立ち上げると、団体のサポートをするようになり、97年には、女子プロレスラーの井上京子をエースに、新団体・ネオ・レディースの旗揚げに参画している。

そんな彼が格闘技に参入したのが、2000年12月「女子総合格闘技・1000万円争奪ワンデイトーナメント」なるイベントを日本武道館で開催したことに始まる。「ReMix」と命名されたこの大会は、グラビアアイドルの桜庭あつこの格闘技デビュー戦など、収益こそ黒字には程遠かったが、スカパー！でPPV放送を行ったり、深夜番組『トゥナイト2』（テレビ朝日）で特集が組まれるなど、話題を集めたのは筆者も記憶している。

余勢を駆って、初の女子格闘技団体・スマックガールを旗揚げ。辻結花《つじゆか》、しなしさとこ、星野《ほしの》育蒔《いくま》ら有望選手が次々と名乗りを挙げた。「ジョシカク」（女子格闘技）の黎明期である。

「赤字続きだったのは事実です。でも、当時は珍しかったネット配信とか手応えもあって、『ジョシカクの魅力は必ず世間に伝わる』っていう信念がありましたね」（篠泰樹）

そんな彼が猪木祭に関わったのは、川又誠矢との出会いがきっかけだった。初めて会ったのは2000年秋、「ReMix」の準備に奔走していた頃、PRIDE初期のプロデューサーである喜多村豊の紹介で引き合わされたという。

「当時から川又さんは芸能事務所を経営していて、仕事で絡んだことはなかったけど、食事に行ったりとか、一時期は頻繁に会ってました。豪快な反面、繊細な面もあって、1歳下の僕は後輩として接してました。例えば、深夜に連絡があって『今からウチで桃鉄（桃太郎電鉄）やらない？』って言うんです。『奥さんに悪いですよ』って言ったら『大丈夫、迎えに行く』って言って朝までゲームをやるような、高校生が友達の自宅で遊ぶような感じですよ」

そんな川又誠矢と篠泰樹の関係は、あくまでもプライベートの付き合いに限られた。時折「スマックガール、うまくやってんの？」と訊かれたり「今度、こんなイベントを開くけど、どう思う？」と相談されることもあったが、仕事の関係に発展することはなかった。篠自身、川又がK-1やPRIDEと関わるようになっても「自分とは何の関係もない世界のことだ」と諦観していたという。

二人の関係に変化が生じたのが、2003年9月中頃、「日テレと組んで大晦日にやることになりそうだ」と川又から聞かされたときからである。

「川又さんから『人手が足らないから、お前、手伝ってくれ』って頼まれたんです。3局が同時にやって人手が足らないわけだからそうなります。でも、僕は『無理です』ってはっきりお断りしました。当時はスマックガールや他の仕事で手一杯だったし、そんなデカい興行をやれるとも思わなかったので」（篠泰樹）

それでも、篠は日本テレビ編成部の宮本修二を引き合わされた。

「宮本さんは『スマックガールをウチが応援することも出来ます。いきなり、地上波は無理ですが、G+もあるし、BSも立ち上がったばかりなので可能性はあります』って言ったんです。驚きましたよ。だって『ジョシカクなんかと一緒に雑誌に載せるな』って言われたりして、まったく扱いのいい時代ではなかったから『女子選手にチャンスを与えられるかもしれない』って、夢のような話だと思いました」

このとき、宮本はこう付け加えた。

「川又さんとの約束で、来年は年4回大会をやることが決まってるんです。ですので、その新シリーズから女子の試合を組むことだって出来ると思うんです」

世界最大の総合格闘技興行UFCで女子の試合がメインイベントに組まれたり、RIZINのリングでも、RENA、伊澤星花《いざわせいか》、浜崎朱加《はまさきあやか》など、人気選手を輩出しているジョシカクだが、21年前のこの時期は本当に注目度が低く、宮本修二にそう言われた篠泰樹がすぐに首肯した気持ちは、スマックガールの会場に頻繁に足を運んでいた筆者にも理解出来た。

かくして、篠泰樹はジョシカクの可能性を胸に、猪木祭の最前線に立たされることになった。

大晦日、お騒がせします

猪木祭の現場統括責任者となった篠泰樹は、まず、会場である神戸ウイングスタジアムの下見に向かった。ヴィッセル神戸のホームグラウンドとして知られるように、本来はサッカー場である。フィールドに降り立った篠は「こりゃ、大変だ」と改めて責任の重大さを思い知った。

「この会場で格闘技イベントが開催されたことはないわけで、座席の設置とかのフォーマットが一切ない。アリーナ部分は天然芝なので『テンプラス』という養生パネルを1万枚も敷く必要がある。天然芝は熱にも弱いから暖房も心配で、そういう問題を短期間で解決することは、容易ではないと思いました」（篠泰樹）

最初に着手したのは公共団体との交渉だった。未開催の大きな興行となると、大晦日という日程的な問題もあり「どれだけの観客が集まって」「何時に始まって、何時に終わって」「主にどの方面から来て、どの方向に帰るか」といった報告と相談を、警察・消防・交通機関に提出して、調整する義務が生じるのである。

加えて、近隣住民への挨拶回りにも忙殺された。

「スタジアムの周辺に住んでいる人も大勢いますから、菓子折りを持って『大晦日、お騒がせします』って100軒以上は回りましたかね。その時間も馬鹿にならない。真夏のイベントならここまでやらなくてよかったのかもしれないけど、一家団欒の大晦日ですから」

その合間を縫って、イベントに関する打ち合わせも始まった。舞台演出や制作全般はＰＲＩＤ

Eの大会演出を手掛けた経験のある会社がピックアップされ、細かい段取りの打ち合わせを行った。その中にはリングの設営及び、リング回りのスタッフも含まれ、総合格闘技団体のパンクラスが請け負うことになった。「日本テレビの指示だった」と篠は言う。

年末という時期のホテル予約も急務だった。前日会見から大晦日翌日までの最低3泊分のホテルを押さえ、選手や関係者によっては、1週間前後を予約する必要もあった。

「関東近郊の大会なら、外国人選手と地方の選手、その関係者だけで済むけど、神戸でしょう。それも年末の大晦日、確実にホテル予約は苦しむことになる。そこで10月末の段階で、旅行代理店に依頼して、多めに予約をしまくってました」

雑務に追われているうちに、気付いたら師走に突入していた。

パートタイム・シンガー

「貴乃花光司対ヒクソン・グレイシー」は不発に終わったが、谷川貞治にひるむ様子はなく、貴乃花の兄で元横綱・若乃花の花田勝（現・虎上《まさる》）にもこのプランを持っていった。「情報番組に出演する」と聞いて、谷川はいそいそとフジテレビの楽屋を訪ねた。

「弟の貴乃花はホテルの一室を借りての交渉なのに、若乃花はテレビ局の楽屋ですから、本人が知ったら激怒するかもしれない。とはいえ、あの若乃花だから実現したらビッグニュース。それに、ヒクソンの身柄は押さえてあるわけだから、何とか試合はさせたかった」（谷川貞治）

条件は弟と同じ1億円。曙や貴乃花と同様、契約書持参で本人に直撃した。

「ヒクソン・グレイシーと試合をして下さい」

谷川がそれだけ言って深々と頭を下げると、戸惑った様子を見せつつ「えーっ、僕がですか」と笑みを堪えながら言った。

「そうです、ご検討いただけませんか」

すると、花田勝は申し訳なさそうに「大晦日は日テレの猪木祭で、掛布さんと一緒に解説なんです。受けちゃったんで……。ヒクソンとやってみたかったなあ」と返した。

若貴に振られる形となって、結局、ヒクソン・グレイシーの試合はまとまらなかった。谷川は「当日は名古屋に来てもらって、リング上で挨拶くらいさせよう」と思った。

数週間後、ヒクソンとの接触を嗅ぎつけた『スポーツ報知』が「K-1で引退　ヒクソン　タイソン戦　来春日本対戦相手に指名」（2003年12月24日付）と一面で大きく報じた。

《タイソンVS.ヒクソン戦が実現すれば、格闘技史上最大の異種格闘技戦となることは間違いない。一方でタイソンへの次期挑戦権をかけて年末リングでは曙とサップが激突する。（中略）曙、サップ、ヒクソンの三つどもえの抗争発展は必至の情勢となってきた》（同）

「完全に追い風でしたね。こっちはそんな『三つどもえ』なんて全然、考えてもないのに、勝手にいい感じで書いてくれて、いいプロモーションになりました。もし『貴乃花対ヒクソン』が決まっていたら、忙しすぎて身体を壊していたかもしれない。だって、大晦日の準備をやりながら、12月上旬には『K-1 GP決勝戦』を東京ドームでやって『K-1 MAX』の翌年の仕込みとかも動いてたんですよ。多忙どころの話じゃないもの」（谷川貞治）

その頃、石井和義の紹介で一人の男が谷川の前に現れた。名刺を見ると横文字が羅列している。「外タレに強いらしいわ」とだけ聞いていたが、石井もよくわかっていないようだった。

挨拶もそこそこに、男はこう切り出した。

「スティービー・ワンダーを、K－1のリングに上げましょう」

「は？」

もちろん、洋楽をほとんど聴かない谷川でも、スティービー・ワンダーは知っている。『心の愛』『パートタイム・ラヴァー』『オーヴァージョイド』などのヒット曲はCMでも聴いたことがある。最多22部門でグラミー賞を獲得している世界的アーティストだ。谷川が何も返せずにいると「試合をさせるわけじゃないですよ」と男はわかりきったことを言った。

「あ、はい、それは……」

「国歌斉唱ですよ」

「あ！」

10日ほど前、大晦日特番のスタッフによる全体会議が行われたときのことである。その席上で番組プロデューサーの樋口潮が「曙対サップのときは国歌斉唱をやりましょう」と発言したことに端を発する。

それを受けて谷川は「加山雄三がいいですね」と提案するも、あっさり却下され「海外アーティストを呼びましょう」と樋口は言った。「了解です」と答えたはいいが、ヒクソンやタイソンに奔走していた谷川の脳裏から、跡形なく消えていたのである。

「そうか、だから、館長はこの人を寄越したんだな」と谷川は得心した。

「もちろん、スティービー・ワンダーはいいんですけど、そう簡単に呼べますかね」と谷川が訊くと、男は鼻を鳴らしながら「この時期、日本に来てるんです」と言って、雑誌『ぴあ』を差し出した。ページをめくると「スティーヴィー・ワンダー　ジャパンツアー２００３―２００４」とあった。

日程は12月27・28日がさいたまスーパーアリーナ。12月30日がマリンメッセ福岡。１月４日が名古屋レインボーホール。１月６・７日が大阪城ホールである。

「大晦日は空いてるし、４日が名古屋なので、大晦日にＴＢＳの電波で歌えば、プロモーションにもなる。ギャラも１万ドルでいいですよ」

「安い！」

たったの１００万円程度で、世界的アーティストにアメリカ国歌を歌わせることが出来るなら、こんなに都合のいい話はない。

「是非、呼んで下さい！」

ということで、スティービー・ワンダーのアメリカ国歌斉唱による出演が決まった。

しかし、これが当日、思いもよらぬ事態を生むことになるのである。

桜庭対田村

Ｋ－１と猪木祭に派手な話題をさらわれた感のあるＰＲＩＤＥは、対戦カードもなかなか決まらなかった。メインカードは「吉田秀彦対ホイス・グレイシー」という因縁の決着戦だが、それ以外は「坂田亘対ハイアン・グレイシー」「桜井〝マッハ〟速人対高瀬大樹」という、お祭りと程遠いカードばかりで、追加カードも「近藤有己対マリオ・スペーヒー」「美濃輪育久対クイントン・ジャクソン」「ドン・フライ対ゲーリー・グッドリッジ」の3試合である。会見を開くたびに、DSE社長の榊原信行はこう呼びかけた。

「桜庭選手の対戦相手ですが、相手は日本人、ファン投票でも圧倒的1位のカードを組むつもりで現在、交渉中です。皆さんも是非、応援お願いします」

集まった報道陣は、意中の相手が田村潔司であることを悟った。かつて、桜庭和志が所属したプロレス団体・UWFインターナショナルの先輩レスラーだった田村潔司は、桜庭と過去2戦して2度とも田村の勝利。その後、前田日明率いるリングスに移籍した田村は、リングスのエースに収まったものの、2002年からPRIDEに参戦していたのである。

「桜庭和志対田村潔司」という垂涎のカードが噂されると、ファンの期待値は急上昇した。視聴率は「曙対サップ」には勝てずとも、マニアの話題を一気にさらうだろうと関係者は見ていたし、事実、この頃から「PRIDE男祭り」が話題に上るようになった。しかし、結局「桜庭対田村」は実現しなかった。「田村が蹴った」とも伝わるし、「桜庭が大晦日の出場を渋った」とも伝わる。そのどちらか、もしくは、どちらでもあるのかもしれない。

一方の猪木祭は、開催まで1週間を切っても、ミルコ・クロコップの欠場問題や、エメリヤーエンコ・ヒョードルの出場可否など、あらゆる難問が棚上げとなっていた。それでも、アンダーカードは続々と決まり「安田忠夫対レネ・ローゼ」「村上和成対ステファン・レコ」「エメリヤーエンコ・アレキサンダー対アンジェロ・アロウージョ」、さらに「パンクラス無差別級タイトルマッチ／王者・ジョシュ・バーネット対挑戦者・セーム・シュルト」も正式に決まった。この試合はPRIDEも実現に動いていたカードだった。

中でも特筆すべきは「LYOTO（リョート・マチダ）対リッチ・フランクリン」だろう。

2003年5月にデビューしたばかりのLYOTOは、この試合でプロ3戦目、猪木事務所に所属する無名のファイターだった。一方のリッチ・フランクリンは、99年にプロデビュー、2003年4月にUFCに初参戦したばかり。のちに、ティト・オーティズ、チアゴ・シウバなど世界のトップ選手を破り、2009年にはUFC世界ライトヘビー級王座を獲得するLYOTOと、この2年後、UFC世界ミドル級王者を獲得し、ヴァンダレイ・シウバやマット・ハミルといった世界の強豪を下すことになるフランクリンの試合が、UFCで実現するより早く、猪木祭のアンダーカードとして、人知れずラインナップされたのである。

藤田和之の対戦相手も決まった。「Merciless（無慈悲な）」の異名を持つ、元WBO世界ヘビー級王者・レイ・マーサーである。ソウル五輪金メダルの実績を引っさげプロ転向、1991年にWBO世界ヘビー級王座を獲得し、ラリー・ホームズ、イベンダー・ホリフィールド、レノックス・ルイスら新旧世界王者と拳を交え、2002年には、ウラジミール・クリチコ（ウクライナ）の保持する世界王座に再挑戦するなど、紛れもなく一線級のボクサーである。〝闘魂最後の継承者〟と呼ばれる藤田だけに、往年の「アリ対猪木」を意識して組まれたのかもしれない。

一方、「ディン・トーマス対アマール・スロエフ」という不可解なカードもある。

98年のデビュー以降、ジェンズ・パルヴァー、ステファン・パーリング、宇野薫といった世界の強豪と対戦してきたライト〜ウェルター級の雄であるディン・トーマスに対し、エメリヤーエンコ・ヒョードルと同じレッド・デビルに所属するアマール・スロエフは、これまでチャック・リデル、岡見勇信、フィル・バローニという、やはり世界の強豪と雌雄を決してきた。

選手のレベルには何の不安もない。問題は両者の階級である。ディン・トーマスはライト級（上限70・3kg）、アマール・スロエフはライトヘビー級（上限93・0kg）。おそらく、猪木祭のブッキングマネージャーは、ライト級とライトヘビー級を誤認したとしか考えられない。何より深刻なのは、この件を関係者の誰も指摘しなかった点にある。専門的な知識を有したブレーンが皆無ということだからだ。

大晦日まで5日を切って、日本テレビは緊急会見を開いた。

何が何でも連れてくる

12月26日、日本テレビは、猪木祭への参戦の可否が注目されたミルコ・クロコップの欠場を正式に発表した。

番組プロデューサーの宮本修二は「日本テレビとしては、最後の最後まで出場の可能性を探った」と悔しさをにじませ、主催者である川又誠矢は「不徳の致すところです」と集まった報道陣に深々と頭を下げた。このとき、会見で明かした内容は以下の5点である。

①欠場の直接理由は、当初からの体調不良と背中のケガが完治していないこと
②「せめて自身の口からファンに報告すべき」とミルコ本人に来場を要請したが、拒否されたこと
③「ミルコとは3年契約を結んでいる」という代理人のミロ・ミヤトビッチとの話し合いになるが法的措置も辞さないこと
④もともとは11月9日のＰＲＩＤＥ東京ドーム大会の翌日「大晦日に出場したい」と本人から希望を伝えられ、エントリーしたこと
⑤すでにファイトマネーの一部はミルコの手に渡っていること

また、対戦相手だった高山善廣には、25日夜に連絡し「別の対戦カードを組むので出場してもらえないか」と打診するも、別の場所で会見を開いた高山は「誰もミルコの代用にはならない」と拒否。「クロアチアの国会議員様にとって、日本なんて金づる。てめえの金庫くらいにしか考えてないんだろうな。プロモーターは今後、ミルコを甘やかすな」と憤りを隠さなかった。

「ミルコも来ない。ヒョードルも難しい。ノゲイラの可能性もない。この大会を日テレは本当に流すのか」といった厳しい質問が飛ぶと、「何とか、やり遂げたいと思います」と川又は悲愴な表情で答えた。

実はこの時期、川又誠矢と日本テレビの関係は、抜き差しならないものとなっていた。

２００６年２月16日に、東京地裁で開かれた第７回口頭弁論において、証言台に立った日本テレビ事業部長だった田中晃は、当時のことを、主に次のように述懐している（聞き手／被告側代理人・松田政行）。

——12月15日、ミルコ選手のホームページの欠場の件ですが、ミルコ選手が欠場だという表明をしたことを知ったのは、日本テレビは、ホームページで知ったんですね。

「そうです」

——その段階で、川又氏から同じ連絡を受けたことはありませんか。

「まったく、ありません」

——そうすると、12月15日の段階では、川又氏は欠場のことを知らなかったのですか。

「そのことはわかりません。ただ、日本テレビが初めて知ったので、まさに驚天動地でした」

——先程「川又氏は、何が何でも連れてくると言っていた」と証言をしました。これは「連れて来て出場させる」という意味ですか。それとも「何か他の仕事をさせる」という意味ですか。

「もちろん、『連れて来て試合をさせる』と言っていました」

——しかし、怪我だったら出場は出来ないじゃないですか。その点は川又氏は、どう言っていたのですか。

「ホームページの真偽の程が、確定していなかったということだと思います」

——ということは、その間に川又氏は、ミルコ選手に連絡を取っていなかったのですね。

「そのことは定かではありませんが、21日のときは『自分がクロアチアに行ってでも、連れてくる』というふうに言っていました」

――それでは、確実にミルコ選手が日本に来ないことを知ったのは、どういう事情から知ったのですか。

「実際に『必ず連れてくる』と言われたとしても、当然、不安があるわけですから、客観的な状況がどういうことか事前に調べたところ、25日までにビザを取得するかどうかが、ポイントだということはわかっておりましたので、その情報を取るようにしました」

――それは、日本テレビ側で、渡航ビザがないことを調べたんですね。

「そうです」

――それは、原告会社、川又氏が調べたのではないのですね。

「私は日本テレビで調べたと把握していますけど、そこまでの詳細は自信がございません」

――契約以前の「コントロールが出来ていなかった」「マネージメントが出来ていなかった」「そういう能力がなかった」という判断はせざるをえませんね。

「はい」

――それ以上に「騙された」とは思いませんでしたか。

「言葉が悪いので、そこまでは言っておりませんが、正直申し上げて、そのように思いました」

ジョシカクの未来

猪木祭の準備に奔走していた篠泰樹にとって、一連の騒動はどう映っていたのだろう。

「もちろん、気にならなかったわけではないけど、それどころじゃなかった。ミルコの試合が発表になって、それからすぐ『欠場』という情報は耳に入ってはいましたが、自分は12月からは神戸に滞在していたので、首を突っ込んで、どうにかなることでもないし……」

時折、東京の関係者と話すと、現場にはない苦労が伝わってきた。3団体が同時にイベントを開くのだから、選手の奪い合いになるのは必然だった。

ある日「いっそ、ノアの選手を出場させてみてはいかがでしょう」と篠は提案した。三沢光晴の率いるプロレスリング・ノアである。当時、日本テレビはノアの試合の放映権を持っていたからだが「そんなもん、とっくに断られてるよ」と川又誠矢が釘を刺した。当時の日本テレビには「猪木祭反対派」も多く、ノアの中継スタッフは「反対派」に属していたのである。

それにもめげず「では、スマックガールの選手を出したいんですけど」と篠は直訴してみた。一蹴されると思ったが、川又は意外にも「猪木さんがOKならええよ」と言った。

ただし、アントニオ猪木が女子選手に否定的なのは、昔からのプロレスファンなら耳にしたことがあるかもしれない。それを知るだけに、川又は高をくくったのかもしれない。

師走に入って、プロモーションのため来神したアントニオ猪木と、篠は長く同じ時間をすごした。猪木信者にとって夢のような時間ではあるが、休憩時間に意を決して具申した。

「猪木会長、『ボンバイエ』で、女子の総合格闘技の試合を1試合組みたいのですが……」

するると、猪木は静かに顔を向けると、表情一つ変えずこう返した。

「うん、いいよ」

今では、UFCでも女子の総合格闘技がメインに組まれる時代ではあるが、ジョシカクが格闘技のビッグイベントにラインナップされた最初の瞬間は、アントニオ猪木の一言だった。

「辻結花対カリオピ・ゲイツィドウ」はこうして組まれたのだ。

闘魂プロモーション

大晦日まで1週間を切って、アントニオ猪木のプロモーション活動も佳境に入ってきた。

12月25日に新幹線で神戸入りした猪木は、新神戸駅から宣伝カーに乗って市内を一巡した後、神戸市役所に直行。矢田立郎市長（当時）と面会し「震災から9年、神戸に元気を与えて下さい」と矢田市長からエールを引き出すことに成功すると「市長も是非、いらして下さい」と誘い水をかけたが、市長は言葉を濁した。

次に向かったのは「商売繁盛」でお馴染みの長田神社である。「猪木来るとこ福来る」とマイクで叫びながら参道を歩くと、商店街は大混乱。所構わず闘魂注入ビンタを繰り返し、神社でお祓いを受けた様子は読売テレビ（日本テレビ系）以外のローカルニュースでも報じられた。

極めつきは午後6時すぎ、イルミネーション「光のページェント」で有名な元町のルミナリエである。家族連れやカップルでごった返す中「元気ですかーっ」と絶叫しながら姿を見せると、宣伝カーを人の波が取り囲み、大パニック。ついには警察が出動する騒ぎとなった。

どうにか脱出し、港の夜景をバックに取材に応じた猪木は、対戦カードがなかなか決まらないことについて「そんなもん、どうでもよくなっちゃったよ」と報道陣の笑いを誘ったが、あながち、本音だったのかもしれない。

「自分は子供の頃からの猪木信者ですから、一緒の車に乗っているのが信じられなかった。猪木会長は真剣にプロモーションに取り組んで下さって、本当に有難かった。イベントは、当初からいろいろトラブルが伝わって、自分も大変だったけど、まったく悪い記憶になってないのは、何と言っても、お金で買えない経験が出来たこと。その一つとして、猪木会長のプロモーションに同行したことは、最高の思い出ですね」（篠泰樹）

28日の『スポーツ報知』は「美川憲一、小林幸子に対抗　猪木1億円衣装」という記事も載った。「美川憲一や小林幸子に負けない派手な衣装を用意するしかない」といった内容で、パブリシティの域を出るものでもなかったが、それでも、関心を抱かせるには十分だったはずだ。

アントニオ猪木が最後のプロモーションに奔走する中、一人のロシア人ファイターが関西国際空港に降り立った。

ヒョードル来日

12月28日、午前9時すぎ。家族連れの帰省客やバケーションを楽しむ旅行客でごった返す関西国際空港に、異様な集団が降り立った。

大晦日に神戸ウイングスタジアムで行われる猪木祭で、ブラジリアン柔術家のアンジェロ・アロウージョと対戦するロシアのエメリヤーエンコ・アレキサンダーと、彼の所属する「レッド・デビル」一行である。しかし、彼らを出迎えた代理人のミロ・ミヤトビッチの関心は、後方を歩く男にあった。現ＰＲＩＤＥヘビー級王者のエメリヤーエンコ・ヒョードルである。

一度は圧力に屈し「ヒョードルは、契約上、誤りがあり出場させられない」と発表した川又誠矢だが、実際は何の問題もなく、ＤＳＥ社長の榊原信行は、日本テレビとケイコンフィデンスに「民事で訴える」と再三、警告したが、実際は訴状も内容証明も、ただの一通も届いていなかった。12月21日の記者会見前に、ホテルの一室に軟禁された川又は、その場は相手の言い分に応じることで、どうにか解放の機会を得て、その後は「タイミングを見て、来日させよう」と考えたということだ。

出迎えた関係者と笑顔で挨拶をかわしたヒョードルは、用意された車に乗って神戸市内に向かった。ホテルにチェックインするも、休む間もなく神戸市内のスポーツジムに移動。代理人のミロ・ミヤトビッチは「ここはノーコメント。正式な発表は明日の合同会見にて」と含みを持たせ、当のヒョードルは「試合の準備はしている？」の問いに「イエス」。それを受けて『スポーツ報知』（２００３年12月29日付）は「拳を力強く握りしめ、万全の表情を見せた」と書いた。

この日、アントニオ猪木は神戸から姿を消し、新宿中央公園に現れた。ホームレスを対象とした１０００食分の炊き出しを行った猪木は、集まった報道陣に対し「だから言ったろ『ただでは起きない、何が起きるかわからない』って」と笑顔を見せた。

エメリヤーエンコ・ヒョードルが関西国際空港に降り立って、数時間経った12月28日午後、都内では『PRIDE男祭り2003』の全対戦カード発表の記者会見が開かれた。

桜庭和志は前PRIDEヘビー級王者・アントニオ・ホドリゴ・ノゲイラの実弟であるアントニオ・ホジェリオ・ノゲイラ。田村潔司は「K－1 WORLD GP」準優勝のレイ・セフォーの実弟のロニー・セフォーと、両者ともビッグネームの弟との試合に落ち着いた。

「メインイベント」と発表された「吉田秀彦対ホイス・グレイシー」の遺恨マッチは、全10試合中5試合目に組まれた。これについて、DSE社長の榊原信行は「前半のヤマ場として休憩前に『吉田対ホイス』を持ってきた」と説明。つまり〝9時またぎ〟にメインカードを挟み込むことで、紅白歌合戦を猛追する意向を示し「視聴率戦争待ったなし」の印象を与えた。

全対戦カードの発表が終わると、待ってましたとばかりに報道陣は「ヒョードル来日」について尋ねた。それまで、冷静にカード発表を行っていた榊原も「このタイミングで、ヒョードルが向こうのリングに上がることは絶対にない」とだけ言って、会見を切り上げた。

一方、翌29日には、猪木祭の全対戦カードの発表会見が、神戸市内のホテルで行われた。

「辻結花対カリオピ・ゲイツィドウ」「アマール・スロエフ対ディン・トーマス」「LYOTO対リッチ・フランクリン」「エメリヤーエンコ・アレキサンダー対アンジェロ・アロウージョ」「村上和成対ステファン・レコ」「天田ヒロミ対マイケル・マクドナルド」「安田忠夫対レネ・ローゼ」「ジョシュ・バーネット対セーム・シュルト」「永田裕志対エメリヤーエンコ・ヒョードル」「藤田和之対レイ・マーサー」

ただし「永田対ヒョードル」は発表されながら、両者は会見場には姿を見せなかった。会見前に行われたルールミーティングには出席していたことは周知されており、当然、報道陣から質問が飛んだ。マイクを握った川又誠矢は「明日、30日に正式に発表します。細かい部分についてクリアにするため、１日の時間を与えて欲しい」と説明に追われた。

この日、もう一つ奇妙なやりとりがあった。メインイベント「藤田和之対レイ・マーサー」が発表され、藤田のみ壇上に上がるも、レイ・マーサーの姿はなかった。実は予定していた飛行機に乗らず、自宅に引き返していたのである。異常事態と言っていい。

『日刊スポーツ』（２００３年12月30日付）は「本番２日前でも全カードが決まらない」「混乱は、大会が開催されるまで続きそう」と書き『スポーツ報知』（同）も「ハプニングも度を過ぎるとシャレにならない」と書いた。

大晦日まで、残り１日となった。

俺は絡まない

大会直前になっても、混乱の収まる気配のない猪木祭だったが、計画通りに進んでいたものもあった。大仁田厚の乱入計画である。

当時、現職の参議院議員にして、プロレスラーとしてリングに立っていた大仁田厚は「猪木さんを助けたい。見てられんのじゃ」と事あるごとに猪木祭への参戦に言及、大仁田特有のアドリブのように感じたものだが、もちろん、そうではなかった。

「僕は昔から大仁田さんと付き合いがあったので『大仁田さんにアクションを起こしてもらうのはどうでしょう』と提案したんです。そうしたら、あっさり通った。でも『猪木さんのＯＫが出たら』って条件付き。『だったら、難しいかな』って思ったものです」（篠泰樹）

と言うのも、アントニオ猪木と大仁田厚は一切交わらないことで知られており「そんな提案をしたら猪木さんを怒らせてしまう」と篠は危惧したのだ。それでも覚悟を決めて、神戸市内のプロモーションの折、宣伝カーの隣に座る猪木に意を決して告げた。

「ご提案があるんです。当日、大仁田厚さんに会場に来てもらうのはいかがでしょう」

すると、猪木は何とも言えない不機嫌そうな表情で押し黙ってしまった。「やはり、怒らせてしまった。言うんじゃなかった」と篠が後悔していると、猪木がポツリと言った。

「わかった。でも、俺は絡まないけどね」

そう言われて「あ、はい、もちろんです」と慌てて答えた。水と油で知られた〝闘魂〟と〝邪道〟のコラボレーションが、急遽、実現の運びとなったのだ。

12月29日夕刻、永田町で会見を開いた大仁田厚は、嘆願書とバンダナを手にして現れた。

「このバンダナが数日前に議員会館に送られて来た。これは、おそらく、猪木さんから『当日来い』というメッセージだと思う」と神妙な顔つきで語り始めると、程なくテンションを上げて「12月31日、イノキボンバイエ、革ジャンを脱ぎ、スーツ姿で、正々堂々と、正面入り口から参上させていただきまーす」と宣言。「プロレス界復興のためには、猪木さんに一肌脱いでいただくしかないんじゃあ」と絶叫して会見を締めくくった。

同日「永田対ヒョードル」の正式発表と、藤田和之の対戦相手が元ＩＢＦ世界クルーザー級王者のイマム・メイフィールドに変更になったことも、併せて発表となった。

猪木祭のカードも大会前日になって、どうにか、すべて出揃ったのである。

魔裟斗を連れてくる

一方『ＮＨＫ紅白歌合戦』の曲順も発表された。

先攻の紅組トップバッターはＢｏＡ、後攻の白組トップバッターはｗ－ｉｎｄｓ。ここから、後藤真希、１７５Ｒ、愛内里菜、ＥＸＩＬＥと初出場組が出揃い、長山洋子、山本譲二、山川豊、香西かおり、前川清とベテランの演歌歌手が登場。この年『鳥取砂丘』がヒットした〝ご当地ソング歌手〟水森かおりもこの枠に登場する。昨今のバラエティ偏重の紅白が嘘のように、調和の取れた序盤戦のラインナップである。

演歌勢が一息つくと、モー娘、Ｇａｃｋｔ、松浦亜弥とアイドル路線で攻めつつ、布施明を挟んで、神野美伽、鳥羽一郎、石原詢子、堀内孝雄と再び演歌に戻した後は、初出場の綾戸智絵が『テネシーワルツ』をピアノ生演奏で聴かせて、ＺＯＮＥにつなぎ、ベテランのさだまさしを投入する。

注目の〝9時またぎ〟は「紅白スペシャルメドレー」と称し、女子十二学坊と錦織健のジョイントである。そして、前半戦のトリは安室奈美恵と演歌の大御所・森進一で締めて、午後9時20分のニュースに突入。絶妙にして完璧な布陣と言っていい。

一方、格闘技番組の〝9時またぎ〟は、PRIDE（フジテレビ）が「吉田秀彦対ホイス・グレイシー」の遺恨マッチ。猪木祭（日本テレビ）は猪木が登場し「1、2、3、ダーッ」。午後9時番組スタートのK-1は「曙とボブ・サップの控室の様子と、ハワイにいるタイソンから入ることは決まっていた」と谷川貞治は言う。

「ウチは各局の中で一番入りが遅いでしょう。だから、前半で面白かった試合を、VTRにまとめて流すという、生放送に固執しない作戦でした。序盤は数字が取れないのも仕方ないけど、派手なKOの試合をバンバン入れていく。あくまでも『曙対サップ』の一発勝負ですから」

しかし、ここから紅白はさらに強力なラインナップが続く。ニュース明けの午後9時30分は、初出場の森山直太朗がこの年の大ヒット『さくら（独唱）』を歌い上げ、浜崎あゆみ、ゆず、一青窈と人気アーティストが一気呵成に続いた後で、満を持してTOKIO登場。ここまでジャニーズ系が登場しないのも、昨今の紅白とは隔世の感がある。

そして、CHEMISTRY、島谷ひとみと、実力派アーティストがじっくりと聴かせた頃合で、問題の午後10時台を迎える。紅白はここで「美川憲一VS.小林幸子」を投入するのだ。

紅白の番組担当者は「主婦も仕事が一段落してテレビを見る時間なので考えた」（『スポーツ報知』2003年12月30日付）と説明する。「裏の格闘技中継など意に介さず」という姿勢に映るが、出演者はそうはいかない。本番を間近に控え、出場歌手のリハーサルと囲み取材が行われるのは恒例行事だが、話題に上るのは裏の格闘技中継だった。

最初にリハーサルに現れた美川憲一は「曙対サップ？　大丈夫よ、そんなもの問題じゃございいませんわよ。ガツンといくわよ」と早くも臨戦態勢。一方の小林幸子も「一緒にライバルを弾き飛ばさないと。紅白ではなく、他局との対決ですね」と明言こそしなかったものの「曙対サップ」を意識した発言で、対抗意識をむき出しにした。

それどころか、ボクシングトレーナーのライセンスを保持し、格闘技通としても知られる山川豊は「曙対サップ戦に対抗して、こっちでも格闘技をやったらいい。俺が魔裟斗を連れてくるから。グローブをつけて3分間だけ時間をくれないか」と意味不明の宣戦布告。出場歌手が裏番組の格闘技に言及する時点で、異例中の異例だろう。

有名歌手から名指しで言われるほど、時の人となっていた曙太郎とボブ・サップは、29日に名古屋入り。フグのぬいぐるみを持参して取材に応じたボブ・サップは「こいつがフグボノです。大きくて毒があるが、調理法を間違わなければ美味しくいただける」と大口を開けて、報道陣の笑いを誘い、対する曙も、髪を金色に染めて別人のような雰囲気を醸し出しながら「歴史に残る試合がしたい。リキシじゃないよ、レキシだよ」と冗談を言う余裕さえ見せた。

一時はヒクソン・グレイシーとの対戦が取り沙汰されながら、解説者として戦いを見守ることになった貴乃花は「余計なことは意識せず、目の前の敵に集中すること」と、かつての好敵手にエールを送っている。

現場は俄然、盛り上がってきた。

曙は持ってる

「曙太郎対ボブ・サップ」という前代未聞の他流試合から21年経った今、谷川貞治に二つの質問をぶつけた。

「曙とサップ、どっちが勝つと思ったか」

「曙とサップ、どっちに勝ってほしかったか」

谷川は即答した。

「曙ですね」

谷川はこう付け加えた。

「専門的なことを言えばサップなんだけど『案外、曙が持ってっちゃうんじゃないか』って感じもありました。そもそも、この年のサップは弱すぎた。言ってみれば『持ってなかった』。だから、時の運は明らかに曙でした。だって、彼と九州場所の直前に出会えてなかったら、こんなことになってないでしょう。曙こそが最大の功労者。その意味で曙に勝って欲しかった」

この時期、名古屋にいるK－1関係者のもとに、イギリスの有名ブックメーカーから情報が寄せられている。「曙とサップどっちが勝つ?」という問いに「曙は3・65倍、サップは1・2倍」と圧倒的にサップが有利という結果が出た。曙のスパーリングパートナーを務めた元IBF世界ヘビー級王者のフランソワ・ボタさえも「サップがやや有利」と言い、セミファイナルでK－1ファイターのアレクセイ・イグナショフと戦うIWGP王者の中邑真輔も「見た目以上にサップはスピードがある。曙がパンチを当てるのは難しい」と予測していた。

「いや、だからこそ、曙だと思ったんですよ。神懸り的というか、そういう次元の試合じゃない気がしたんだもの」（谷川貞治）

決戦前日の12月30日、名古屋市内のホテルで前日会見が開かれた。11月6日の対戦決定の記者会見以来、54日ぶりに曙太郎とボブ・サップが顔を合わせるのである。

５００人を超える報道陣が注目したのは、曙以上にサップの動向だった。ビッグマッチの前日会見で、必ずと言っていいほど対戦相手を挑発し、乱闘騒ぎを起こしてきたからだ。K－1を3度制覇したアーネスト・ホーストには摑み合いの暴走行為で、割って入った関係者を負傷させ、高山善廣には椅子を投げ飛ばし、8月のラスベガス大会の前日には〝怪人〟キモを相手に机をひっくり返しての大暴れである。

マスコミ注視の中、ボブ・サップが最初に登場した。白のシャツに赤字で「×」の描かれたホッケーマスクを付けて現れると、どよめきが起きる。「今日は何も喋らないし、何もしない」という意思表示である。対する曙は、特注のダークスーツに白のシャツというシックな装いではあるが、精悍な顔つきでサップを睨みつける。呼応するようにサップがにじり寄った。関係者が一斉に身構える中、両者が睨み合う。その時間、数十秒。いつもなら乱闘になるところだが、サップは踵を返すと、そのまま会見場を後にした。

振られた形となった曙は、壇上に立ちすくんだ。

マラソンミーティング

『K-1 Dynamite!!』（TBS）『PRIDE男祭り2003』（フジテレビ）『イノキボンバイエ〜馬鹿になれ夢をもて〜』（日本テレビ）と、三つの格闘技中継の中で最も開始時刻が早いのがフジテレビが放映するPRIDEだった。

午後6時30分開始・午後11時40分終了。放映時間5時間超、当時の格闘技中継の最長記録である。それについて「ホイス対策かもしれない」と噂する格闘技マスコミが大勢いた。テレビ番組が、そんな理由で放映時間を拡大することはありえないのだが、彼らの憶測にも一理ある気がした。と言うのも〝9時またぎ〟の第5試合にラインナップされた「吉田秀彦対ホイス・グレイシー」の遺恨マッチほど、試合前のルール問題が紛糾した事例はなかったからだ。

この試合のルールミーティングが行われたのは、29日午後4時、両陣営の関係者3名ずつと、PRIDEのルールディレクターの島田裕二、フジテレビのスポーツ局格闘技班のスタッフも、入れ代わりはあったが数名同席している。

当初、両陣営とも「レフェリーストップなし。判定なしの無制限ラウンド勝負」という完全決着ルールで合意していた。しかし、これに待ったをかけたのがフジテレビのスタッフだった。「最悪の場合、時間内に収まらないケースもある」と危惧したのだ。視聴率のことが脳裏をよぎったのだろう。

ここから「10分2ラウンド制」という折衷案ルールが生まれた。吉田陣営は「それでいい」と理解を示したが、ホイス陣営は首肯しなかった。前年の「Ｄｙｎａｍｉｔｅ！」におけるミスジャッジで「一本負け」にされたことが尾を引いて、妥協しなかったのだ。

午後4時に始まったミーティングは、3時間経っても、4時間経っても終わらず、8時間が経過、午前0時を越えた。格闘技史上最長のミーティングとなったのではあるまいか。

ここで、ＤＳＥの関係者が「休憩を挟んで、30日の朝から再開させましょう」と提案した。睡眠をとって、脳内を空っぽにして再び集まろうというわけだ。正論だろう。

翌朝6時、同じ部屋に両陣営の関係者とフジテレビのスタッフが集まった。ここでも話は平行線を辿った。むしろ、ホイス陣営は強硬な態度に出るようになっていた。さすがに、これ以上いくと、試合不成立の可能性もある。関係者の多くが危機感を共有していた。

そんな矢先である。

「わかった」

ホイス陣営の一人がそう言った。

「その代わり、レフェリーストップはなしにしてくれ」

そう妥協したことで、ルールは「10分2ラウンド制。60秒以上の膠着禁止。レフェリーストップなし。ＫＯか一本で決着」という折衷案で、どうにかまとまった。

ＰＲＩＤＥも無事に明日を迎えることになった。

大晦日当日の朝、ＤＳＥ社長の榊原信行は、意外な場所に現れた。

第9章

大晦日狂騒曲

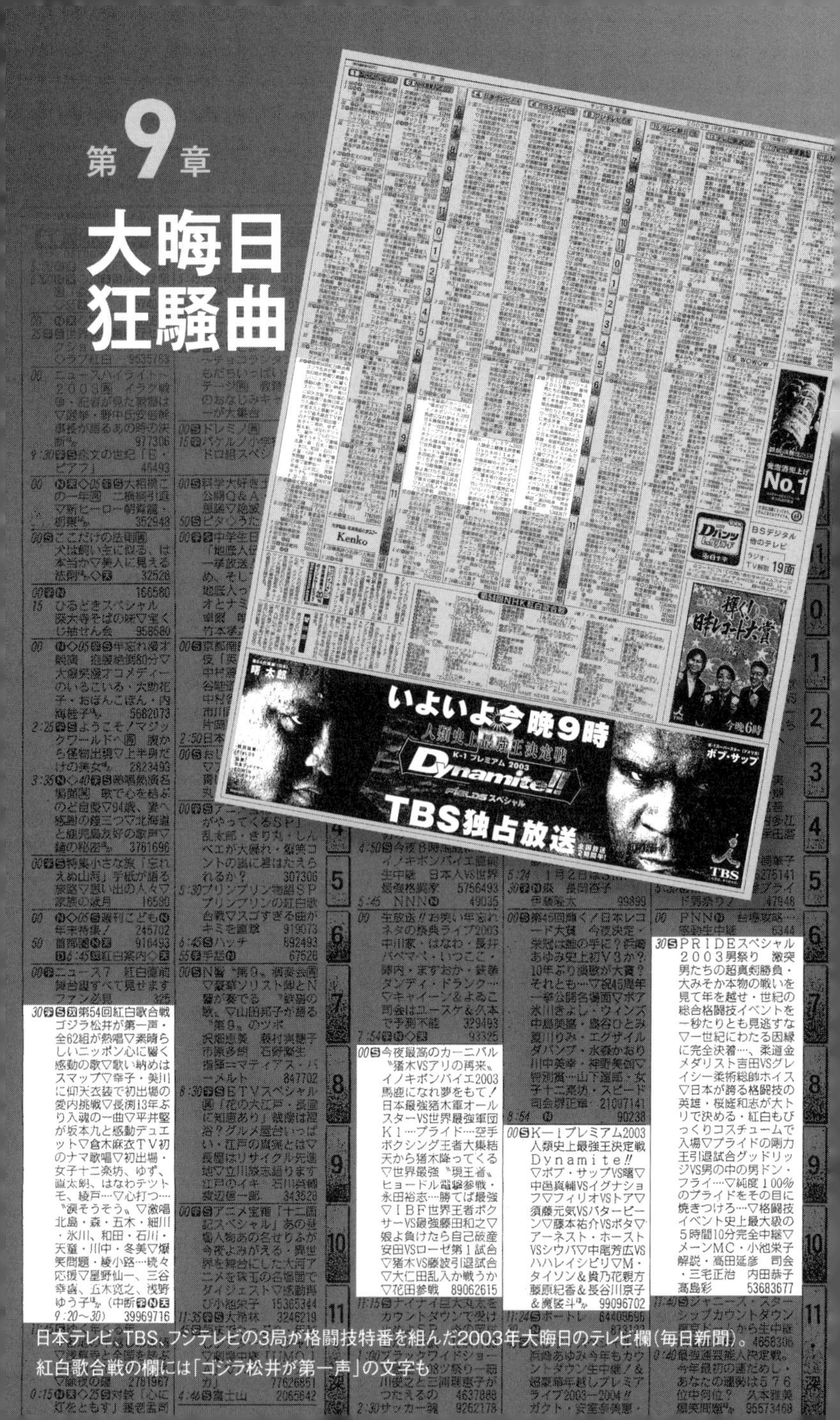

日本テレビ、TBS、フジテレビの3局が格闘技特番を組んだ2003年大晦日のテレビ欄（毎日新聞）。紅白歌合戦の欄には「ゴジラ松井が第一声」の文字も

2003年の大晦日を迎えた。

「朝起きたときには『ここは名古屋か』って感じがしたくらいで、これといった感慨はなかった。トラブルもなかったし、マッチメイクもまあまあ満足しているし、ハワイのタイソンと中継でつなぐのもうまくいきそうだし、大きな不安はなかったですね。唯一、引っかかっていたのが、放送席の座組のこと。ゲスト解説の長嶋一茂さんと藤原紀香ちゃん、フジテレビのK－1中継のメンバーをごっそり持って来たでしょう。あざとい気がしたんです。『やりすぎたかな』って気がしないでもなかったから」（谷川貞治）

「K－1 Dynamite!!」はナゴヤドーム、「イノキボンバイエ」は神戸ウイングスタジアムと、二つが地方開催となった大晦日格闘技戦争だが、唯一「PRIDE男祭り2003」だけが、さいたまスーパーアリーナと首都圏開催となった。

この理由については前述したように、前年、前々年と「INOKI BOM-BA-YE」が開催されたことに起因する。主催はK－1だが、運営全般はDSEに委託されており、会場の担当者と契約を交わしたのもDSEのスタッフだった。それもあって、担当者は借り入れの許諾を下ろした。主催であるK－1は、強硬に抗議をしたが覆らなかった。

とすると、主催者であるDSE社長の榊原信行の姿は、都内の自宅かホテルにでもありそうなものだが、実は大晦日の朝は神戸にいたというのだ。前夜か早朝のうちに神戸まで移動していたのである。事実であるなら神出鬼没と言うほかなく、この話を小耳に挟んだとき「日付の間違いじゃないか、大晦日の朝に、わざわざ神戸まで来ないだろう」と筆者は思ったが、調べを進めるうちに、筆者はある関係者に突き当たった。「絶対匿名」を条件に明かしてくれた彼は「本当です。榊原社長は、当日の朝に神戸にいました」と証言した。

「大晦日の朝、榊原社長が神戸に現れた話は、何人かの人間は知ってました。自分は上司から聞きました。誰と一緒かは知りません。ただ『ヒョードルの件で最終的な話し合いに来た』と聞いています。『当日の朝なのに忙しいもんだな』って思いました」

２００３年大晦日は、本番当日まで三者それぞれの思惑としがらみが絡み合い、もつれあったまま、興行戦争に雪崩れ込んだ。

ゴングがないんです

女子総合格闘技団体・スマックガールの代表でありながら、猪木祭の現場担当者として、３ヵ月間も大会準備に忙殺されてきた篠泰樹は、大晦日を迎えた心境をこう回想する。

「走り回っていたので、振り返る余裕がなかったのが本音です。ただ、何度も言うように、初めてのことだらけなので、本当に勉強させていただきました。試合カードについても、そんなに悪いとは思いません。『ジョシュ・バーネット対セーム・シュルト』をパンクラスのタイトルマッチでやれたり、何だかんだありつつ、ヒョードルだって来たでしょう。あと、個人的なことですけど、大晦日の興行で初めて女子格闘技、辻結花の試合も組んでもらいましたからね」

篠には、現場のすべての業務が圧し掛かってきた。通常の興行より何倍も大きな会場、神戸という慣れない開催地、多くの人が慌ただしく往来する年末という時期、他にも多くの困難と立ち向かい、眠れぬ日々を重ねつつも、何とか大会当日を迎えていた。

それでも、当日はこれといったトラブルもなく、準備はつつがなく進んだ。音声チェックや照明の確認も滞りなく行われ、リング上でのリハーサルも済み、程なくして選手のリングチェックがスケジュールに合わせて行われる。その最中、誰かが言った。

「あれ、ゴングはどこにあるんですか」

本部席にゴングがないことに気付いたのだ。別の場所で打ち合わせをしていた篠が、無線で呼び出された。

「篠さん、至急リングサイドまで来て下さい」

「どうしたんですか」

「ゴングがないんです」

篠は「何でゴングがないだけで、自分が呼ばれるんだろう」と苛立たしく思いながらも、急いでリングサイドに向かった。到着すると、数人の関係者が呆然としている。「どうしたんですか」と尋ねるとスタッフの一人が「実はゴングがなくて……」と言った。

ゴングならリング設営スタッフに訊けば済むことではないか。以前にも触れたように、猪木祭のリングを設営したのはパンクラスのスタッフで「リング回りのスタッフ」という名目で予算にも組み込まれている。篠が「ゴングは、どうしましたか」と声をかけると、別のスタッフはこう返した。

「ゴングはありません」

「どうしてですか、リング回りのスタッフなのに、どうしてゴングがないんです？」

「リング回りに、ゴングは含まれません」

当時の心境を、篠泰樹はこう振り返る。

「頭の中が真っ白になりました。『いやいや、ゴングってリング回りの備品じゃん』って憤慨しましたよ。『リング回り』と言えば、我々の常識ではゴングも含まれていますから。確かに、確認しない我々も迂闊でしたけど、本当に時間がなかったから……。ともかく、揉めても仕方ないんで、思い当たるところに、片っ端から連絡を入れたんです」

この時点で試合開始まで４時間を切っていた。まず、篠の個人的な付き合いから、スペル・デルフィン率いる大阪プロレスに問い合わせた。すると「ウチも今夜は興行なんです」と断られた。次に当たったのは格闘技の道場やジムである。しかし、どこに電話してもつながらない。複数の関係者の携帯電話に連絡を入れても「ジムには誰もいない」と言われた。

次に当たったのがボクシングジムである。大阪には渡辺二郎や辰吉丈一郎を輩出した大阪帝拳ジムや、赤井英和や井岡弘樹を輩出したグリーンツダジムなど有名ボクシングジムがある。神戸市内にもこの１年４ヵ月後、WBC世界バンタム級王者となる長谷川穂積が所属していた千里馬神戸ジムなど、大小五つ以上のジムがある。スタッフが手分けをしてボクシングジムに電話をかけまくった。「これだけあるのだから、一つくらい借りられるだろう」と篠は思った。

しかし、いかんせん大晦日である。多くは不在で、時折つながるも「今日から正月休みで」とか「自動で時間を測る機器が設置されているので、ゴングを置いていない」と手配に至らなかった。「ゴング一個にこんなに混乱するとは」と篠は嘆息するしかなかった。

時間は刻一刻と過ぎていった。

今すぐ行きます

2003年大晦日の午後、総合格闘家の三島☆ド根性ノ助は、自らが主宰する総合格闘技道場コブラ会のマットの上で、練習に汗を流していた。

前日は会員や所属選手総出で大掃除を行い、その後は、酒や料理を道場に持ち込んで忘年会が始まった。大勢集まっての酒宴が楽しくないはずがなく、忘年会は深夜まで続いた。

大晦日から年明け1月3日まで道場は正月休みと決めていたが「大晦日も練習しようか」と道場主である三島が何の気なしに言うと、暇を持て余した数人の選手が道場に顔を見せた。

「忘年会は遅くまで呑んだ記憶があるので、少し眠かったけど、別にすることもないので、いつもと同じように道場で練習したんです。ただ、夕方には閉めようと思っていました。さすがに大晦日なんで、みんな予定もあるやろうし、僕も猪木祭に行くつもりでしたから。招待されていたんです。とはいえ、特に見たい試合があるわけでもないんで『7時くらいに、ちょろっと顔を出そうかな』って軽く考えていました」（三島☆ド根性ノ助）

午後3時半すぎである。練習中の三島の携帯電話が鳴った。電話の主は総合格闘技・プロ修斗の元ライト級王者・朝日昇である。

「もしもし、三島君？　あのさ、三島君の道場にゴングってあったよね」

「え、ゴングですか、ありますけど」

「ある？　じゃあ、悪いんだけど、今すぐ神戸まで持って来てもらえないかな」

この日、格闘家としてではなく、審判団の一員として猪木祭に参加していた朝日昇は「ゴングがなくて試合が始められない。開始時刻に間に合わない。関係者全員が混乱している」と言う。思いがけない急報に困惑しながら「今すぐ行きます」と三島は電話を切った。

「あちこちに電話しても『ゴングはありません』とか『無理です』ばかり。些細な出来事のはずが、１時間くらい経った頃には関係者が大勢集まって『ゴングが調達出来なかったらどうするか』について話し合っていました。『いっそ、笛を鳴らすのはどうですか』って僕が提案したら『そんなわけにいくかーっ』って川又さんに激怒されたのを憶えています」（篠泰樹）

「この日、タイムキーパー兼ゴング叩きとして呼ばれていました。最初は『まあ、どうにかなるでしょう』って呑気に構えていたんだけど、そのうち『いよいよ、これはまずい』ってなったんです。僕もこの業界は長いけど、ゴングが用意されてないなんて初めて。『さて、どうすっかな』なんて思ってた矢先に、誰かが『三島選手が、ゴングを持って来てくれます』って言って、安堵したのを憶えています」（この日、タイムキーパーを任じられていた宮田充）

急いで練習を切り上げた三島☆ド根性ノ助は、午後４時すぎに道場を車で出発した。目指すは神戸市兵庫区の神戸ウイングスタジアム。猪木祭の開始時刻は午後５時である。

ＪＲ大阪環状線・野田駅近くの道場を出て、大開《おおひらき》出入口から阪神高速に乗って1時間弱、次いで一般道を2㎞ほど進むと、神戸ウイングスタジアムに到着する。スムーズに行っても1時間と少しかかる。この時点でも試合開始時刻を遅らせることになる。

「神戸に行くときは、いつも混んでるイメージがありました。それも、大晦日の夕方でしょう。ただ、僕自身はそんなに焦っていたわけでもないんです。『ゴングが届いたら試合を始める』って聞いたけど『さすがに、それはないやろ。笛とかブザーとか、机を叩くとか、代用品くらいなんぼでもあるわ』って割と安心していたんです」（三島☆ド根性ノ助）

運転するワゴン車は渋滞もなく、順調に阪神高速を進み、湊川ジャンクションを降りると、そのまま、スタジアムに直進した。「午後5時を少しすぎたくらいで、予想外に早く到着した」と述懐する三島☆ド根性ノ助だが、驚いたのは、そのことではなかった。

「スタジアムの前に来たら、関係者が僕の到着を待ってたんですよ。何人くらい？　正確には憶えてないけど、複数いたと思います。みんな『やったーっ』って感じなんです。それを見て『ほんまにゴングが届いたら試合開始だったのか』って逆に驚きました。それで、風呂敷に包んだままのゴングを渡したんです」

三島からゴングを受け取った関係者は、まるでラグビーボールを抱えるように、場内に走り去っていった。その姿を見届けると、三島は100ｍほど離れた駐車場に車を停めて、スタジアムまでとぼとぼ歩いた。

その道すがら、渡したばかりのゴングの音色が鳴り響くのを、彼はその耳で聴いた。

お前ら、男だーっ

ナゴヤドームで行われるK－1、さいたまスーパーアリーナで行われるPRIDE、神戸ウイングスタジアムで行われる猪木祭と三つの格闘技興行が同時に行われることになった2003年大晦日だが、イベントの開始時刻はそれぞれ異なる。

最も早いのがK－1で午後4時、次いで猪木祭の午後5時、最も遅いのがPRIDEで午後6時。しかし、テレビの開始時刻はこの逆で、PRIDEが午後6時半、猪木祭が午後8時、K－1が午後9時となる。K－1プロデューサーだった谷川貞治はその意図を教えてくれた。

「ウチは完全にTV用シフトで『曙対サップ』は生中継だけど、それ以外はダイジェスト扱い。メインでいかに稼ぐかです。だから、早めに試合を始めて、面白い試合を編集して、9時からのオンエアに乗っけようという作戦でした。それと、PRIDEを見て一段落した視聴者が『曙対サップが始まる』って9時にチャンネルを変えてくれたらいいなという思惑もありました」

「フジテレビが5時間ずっと生中継をやるのは、テレビ的に無謀と言えば無謀なんだけど『大晦日のテレビをジャックする』という意味においては大正解なんです。加えて、社内的なパフォーマンスもあったはず。『ウチは紅白の真裏で、5時間も格闘技をやったぞ』という他の部署に対するプレッシャーというか自己主張。清原さんってそういうことをしたがる人だもの」

21年前のこの日、筆者はさいたまスーパーアリーナに足を運んだ。首都圏で開催される地理的事情によるもので、混雑を避けようと午後3時台に到着すると、3割程度は埋まっていた。

午後6時からのオープニングセレモニーは、90年代にラジオパーソナリティーとして活躍したレニー・ハートが、独特の言い回しで、出場選手を紹介し、巨大な火薬の爆発音で締めるのが恒例だった。

しかし、この日はまず、場内が暗転して、一人の男の顔面アップが巨大スクリーンに映し出された。高田延彦である。驚くことに「さいたまスーパーアリーナ屋根」というテロップもある。寒さに震えながら「お前ら、男だーっ」と叫んだ。これが開会宣言となった。これまではアントニオ猪木がこの手のパフォーマンスを請け負ってきたが、弟子である高田延彦がその役割を受け継いだことを、大晦日に堂々と見せつけたのである。

「PRIDE男祭り2003」は、いつもと変わらない、普段通りのPRIDEだった。

普段通りのさいたまスーパーアリーナ、普段通りの超満員、普段通りの派手な演出、普段通りの面白い試合。「PRIDEというブランドが揺るぎないものになっている」と感じたし、フジテレビの影響力も無視出来なかった。フジテレビスポーツ局専任部長の清原邦夫は「もし、DSEがフジテレビ以外と契約したら、金輪際、ウチはPRIDEを放映しない」と圧力をかけていたという噂もある。おそらく事実だろう。それくらい、フジテレビはPRIDE中継に資本を投下していたからだ。

何しろ、フジテレビは自社コンテンツとして、PRIDE中継を大晦日の5時間超という異例の長尺編成で応えている。「放映権料は3億円」という声もあるが、実際はもう少し高いのではないか。それを思えば、PRIDEを運営するDSEが、ミルコ・クロコップの猪木祭への出場にストップをかけ、エメリヤーエンコ・ヒョードルやアントニオ・ホドリゴ・ノゲイラの流出を必死に止めようとした理由も見えてくる。

試合は第１試合から白熱した。美濃輪育久（現・ミノワマンＺ）がクイントン〝ランペイジ〟ジャクソンに果敢に挑みながら、膝蹴りを喰らいＴＫＯ負け。〝テキサスの暴れ馬〟ヒース・ヒーリングが、２３０㎝の超巨人・ジャイアント・シルバをチョークスリーパーで３Ｒ一本勝ち。猪木祭に出場の噂もあった小路晃は、ムリーロ・ニンジャに立ち向かうも１Ｒ玉砕ＫＯ負けと、前半戦は〝初心者〟が望むようなわかりやすい試合が続いた。

そして、前半のヤマ場である「吉田秀彦対ホイス・グレイシー」の試合が始まった。

内田恭子と高島彩

午後８時半すぎ、「ＰＲＩＤＥ男祭り２００３」の場内の巨大スクリーンには、テレビの生放送と同じ画面が映し出され、実況席の音声が場内に響き渡った。

中央には実況の三宅正治アナウンサー。両脇にフジテレビが誇る人気女性アナウンサー・内田恭子と高島彩の両アナウンサーの姿が映し出されると、場内が大きくどよめいた。無理もない。内田、高島の両アナは、キャミソールのようなセクシーな衣装に身を包んでいるのだ。これ以降、二人はＰＲＩＤＥ中継となると、局アナとは到底思えない露出度の高い衣装を身にまとうようになるが、それも「ＰＲＩＤＥ男祭り２００３」から始まったものである。

「ＰＲＩＤＥスペシャル男祭り２００３、間もなく注目の第５試合が始まります」と内田恭子が言えば「〝柔道王〟吉田秀彦選手と、グレイシー神話の復活を懸けるホイス・グレイシー選手が、この後、リングで激突します」と〝アヤパン〟こと高島彩が叫ぶ。場内のボルテージは一気に最高潮に達した。

師走の多忙な中、スタッフがリオ・デ・ジャネイロに赴いてまで、90歳になる父・エリオ・グレイシーの寓居での姿を撮影したVTRのクオリティーは著しく高い。試合が膠着状態となって、消化不良の結末を迎えようとも「やるだけの価値があった」という予防線を張る意義を、十分に感じさせる構成である。

最初にホイス・グレイシーが入場する。映画『ラスト・オブ・モヒカン』のサントラに乗って、五男のホイラー、従甥のハイアンなど一族郎党を引き連れながら入場するホイスのたたずまいには、鳴り響くテーマ曲の壮大さもあろうが、大晦日の格闘技イベントが、3団体の興行戦争を前提に催されていることすら、別世界の出来事と思わせてくれる。

続いて吉田秀彦の入場となる。一転してメタルトーンの『Ｔｈｅ Ｓｅｃｒｅｔ』が荘厳な空気をかき消すように大音量で響き渡る。「ヒ・デ・ヒ・コ・ヨ・シ・ダ！」と絶叫するレニー・ハートのコールに合わせて、高阪剛や中村和裕ら柔道出身の格闘家を引き連れ、大歓声の中、悠々と花道を進む。

そんな吉田秀彦の入場シーンの最中、リング上で異変が起きた。ホイス・グレイシーが道着を脱いだのだ。双方が道着を着用して戦った前年の「Ｄｙｎａｍｉｔｅ！」と様相は一変する。上半身裸になるということは、吉田にとって柔道で培った摑む技術は意味を為さなくなる。

「何と、ホイス・グレイシー選手が道着を脱いでの戦いです」という三宅アナの実況に合わせたかのように、試合開始のゴングが鳴った。

最高視聴率試合

実況の三宅正治アナが「ホイスは、どういうことを考えていると思いますか」と解説の高田延彦に訊くと「袖車とか吉田選手の道着を使ったテクニックを認めている証拠ですね。危険を排除しようというホイスの戦略でしょう」と高田は答えた。

開始直後、ホイス・グレイシーが放った内股へのローキックが吉田の急所に入って、試合はストップ、ホイスにイエローカード（注意）が示される。イエローカードは2枚でレッドカード（失格）となる。不服そうなホイス、苦しそうな吉田。数分の中断ののち試合再開である。

プレッシャーをかけ、ホイスを難なく倒した吉田が、上から絞めようとすると、場内は「落とせ」コールの大合唱。しかし、裸体のホイスは吉田のコントロールを許さないばかりか、踵を取ってひっくり返しアキレス腱固め。立ち上がって防ぐ吉田だが、ホイスはスパイダーガードの体勢に入り、付け入る隙を与えない。その技術がわからないと何をやっているのかさっぱり理解出来ないが、要するに、吉田に一切攻めさせないのだ。

それでも、さすがは金メダリスト。すっと足を抜き、一瞬の隙を縫ってホイスの背後に回る。さらに、ホイスの右手をすくって、腕ひしぎ十字固めに入りかけるが難なく潰される。今度はホイスが上になって、マウントポジション、バックマウントと寝技で翻弄する。「寝技ならこっちが本家」と言いたいようであり、道着を着ないアドバンテージを、大観衆にもテレビの視聴者にも見せつけているようでもある。1R終了。吉田不利の印象は拭えず体力の消耗も著しい。

2R、またもや打撃の攻防から始まる。ホイスの多彩な蹴り技が目立つ。一時的に吉田が上になるが、再び足首を取られ、下からコントロールされる。残り6分で再びマウントポジション。上から好き放題に殴りつけるホイス、必死にしがみつく吉田。マウント状態が大晦日の〝9時またぎ〟に3分間も続く。さらに、ホイスはバックマウントからのチョークスリーパー、吉田は太刀打ち出来ない。再びマウントを奪われ、ひたすら殴られる。正直なところ、まったく面白味に欠ける試合なのだが、驚くべきは、これが大晦日のお茶の間に流れていることである。

試合終了のゴングが鳴った。「一本かKO以外は引き分け」という、よりによってホイス陣営が要求したルールにより引き分けとなったが、勝敗は誰の目にも明らかだった。勝ち誇ったように吉田の胸を小突くホイス、うなだれる吉田、静まり返る場内。フジテレビのスタッフもさぞ頭を抱えたことだろう。

しかし、それ以上に驚くべきは、年明けに判明したことだが、この試合が28・9%もの瞬間最高視聴率を記録し、この時点において、三つのイベントの中で最も高視聴率を獲得したことである。

アホじゃないか

三つのイベントの中で最も早い、午後4時開始の「K‐1 Dynamite!!」だが、思いのほか客足は早く、オープニングセレモニーで曙太郎とボブ・サップが姿を見せると、場内は早くも大声援に包まれた。

谷川貞治もタキシードに着替え、解説者として実況席に座った。プロデューサーとしての職務は終わったも同然で、後は解説の仕事に集中するのみ。「やるだけのことはやった。結果は天のみぞ知る」という気分だった。

「どっちに転ぶかは一種の賭けなんです。視聴率も含めて操作のしようがない。『曙とサップは出来レースに決まってる』とか言ってる人がいましたけど『アホじゃないか』と思いました。あいう試合はリアルファイトでやらせて、主催者も楽しむ。そのワクワクが観客にも視聴者にも伝わる。そういうものです。だって、普通に知りたいでしょう。曙とサップがガチンコでぶつかって、どっちが勝つかなんて。その楽しみを自分から摘み取るなんて、やる意味ないもの」

前半の4試合はすべて総合格闘技ルールの試合である。いずれも、早いラウンドで一本勝ちとなって谷川を喜ばせた。特筆すべきは、第1試合の「須藤元気対バタ―・ビーン」である。75kgの須藤と185kgのビーンは競技性無視の110kg差対決だが、「このコントラストが面白い」と谷川は批判を無視してマッチメイクしたのだ。試合は注文通り盛り上がり、ビーンの繰り出す大振りフックを、間一髪かわしながら、須藤が逃げ出す様子に場内は大きく沸いた。谷川も実況席にいることも忘れて「わーっ、面白い」と子供のようにはしゃいだ。

そして2R開始早々、須藤がプロレスラーのようにロープに飛んでドロップキックを放つ。ハエでも追い払うように軽く手ではたき落とすビーン。次の瞬間、もつれてテイクダウンに成功した須藤は、すぐに足関節に移行する。ポジションをキープしてヒールホールドがガッチリと極まる。逃げられないビーン。１１０kg差をはね返しての一本勝ちに、４万人の大観衆は沸き返った。この試合は当然、テレビのオンエアに乗せることになる。

すべて、短時間の一本勝ちで終わった総合ルールとは対照的に、Ｋ-１ルールの３試合はいずれも判定決着に終わった。特に谷川を落胆させたのは、第５試合「フランシスコ・フィリォ対ＴＯＡ」の一戦である。極真世界王者とポリネシアンファイターによる正真正銘の異種格闘技戦は、派手なＫＯ決着が期待されたが、お互いが様子を見て、盛り上がりに欠ける展開となった。

「こんなイベントで派手に打ち合わないで、何のつもりなんだ」と谷川は憤りを覚えた。つい、解説の口調も厳しくなる。

そのときである。実況席に座る谷川の背中を軽く叩く男がいた。振り向くと、例のスティービー・ワンダーの代理人の男がいた。

歌わないって書いてある

「谷川さん、大変なことになりました」

男は泣きそうな顔で言う。

「どうしたんですか。見ての通り、今は本番中なんですよ」とヘッドセットを外しながら訊くと、男は書類を見せながらこう答えた。

「スティービー・ワンダーが『こんな安いギャラじゃ歌わない』って言ってるんです」

谷川は言葉を失った。そもそも「1万ドル」というのは、この男が言い出したことだ。

「いくらなら、歌うって言ってるんです？」

呆れながら訊くと「3万ドルだそうです」と男は契約書を手渡しながら「これにサインを」と言う。ここで話し合っても埒が明かないし、実況席を離れるわけにもいかない。この日の解説は貴乃花、藤原紀香、長嶋一茂、清原和博、古賀稔彦ら錚々たる面々だが、彼らの出番は午後8時以降。前半戦は谷川一人が解説を担っているのだ。

「仕方ないなあ」

谷川は渡された2枚の契約書にパパッとサインをした。一枚は先方に渡して、もう一枚は控えである。気を取り直して解説に戻った。3万ドルのことは頭から消えかかっていたが、実況席の真後ろに座っていたTBSテレビの事業部の社員が、契約書の控えを手にして、英文で書かれた契約内容を目で追った。しばらくして、事業部の社員は谷川にこう告げた。

「谷川さん、これ3万ドルじゃなくて、8万ドルって書いてありますけど」

「えーっ」

試合中ということもあり、何も見ないでサインしたのである。

「それに……これ『歌わない』って書いてありますけど」

「ど、どういうことですか」

「何でも『国歌斉唱のステージには立つけど歌わない』って書いてあります」

谷川は愕然とした。このタイミングでトラップに引っかかるなんて、思いもしなかった。

「さっきの人、すぐ呼んできて！」

スタッフにそう命じたが、男は二度と谷川の前に姿を見せなかった。

猪木イリュージョン

午後8時の時報と同時に、日本テレビの画面には「エグゼクティブプロデューサー」のテロップの入ったアントニオ猪木が現れた。背景の様子から、ヘリコプターの機内にいるらしいことはわかる。

「元気ですかーっ、元気があれば何でも出来る。『イノキボンバイエ2003〜馬鹿になれ夢をもて〜』試合開始が近づいて参りました。今、俺は上空から、徐々に降下をします」

カメラは上空から神戸の美しい夜景を捉えている。猪木の台詞が続く。

「神戸の街が綺麗に映っております。港が見えます。これから、神戸ウイングスタジアムに向かって参ります。皆さんの上から開会宣言を行います。行くぞーっ、開会を宣言いたしまーす」

この様子はスタジアムの巨大スクリーンにも映し出され、4万3111人（主催者発表＝満員）の観客は、前年の国立競技場「Dynamite!」のときのように「もしや、スカイダイビングで舞い降りるのかも」と期待に胸を膨らませた。

次の瞬間、カメラのフレームが揺れ始め、画像が乱れる。「何だ、何だ、危ない」という関係者の慌てた声が聞こえて、カメラが旋回を始める。墜落を思わせるような演出に「日テレの特番らしい」と筆者はつい苦笑してしまう。往年の『木曜スペシャル』において、この手の技法が採られていたことが思い出される。程なくして、映像はスタジアムのリングに切り替わった。

ベートーベンの「運命」が場内に鳴り響き、「一体、どうしたことでしょう。番組冒頭からトラブルでしょうか。もしや、猪木さん自身が欠場でしょうか」というアナウンサー・福沢朗の皮肉めいた実況が響き渡る。すると、スタジアム中央のリングを覆っていた白い幕がドーンと落とされ、中央に猪木本人が立っていた。ちょっとしたイリュージョンである。

「元気ですかーっ、2003年、イノキボンバイエ、オープニング、選手入場！」

その声をきっかけに勇壮なテーマ曲に変わり、出場選手の姿が映し出される。エメリヤーエンコ・ヒョードルの姿もあれば、永田裕志の姿もある。さらに、私服姿の高山善廣が、猪木に促されマイクを握った。

「神戸の皆さん、こんばんは。本来ならば、ここで自分も戦うはずでしたが、対戦相手にフラれてしまいました。しかし、今、並んでいる強豪ファイターが頑張って、凄い試合をすると思います。応援して下さい」

高山のマイクの後は、猪木が「1、2、3、ダーッ」でセレモニーを無難に締めくくった。

リングを降りる猪木に、スーツ姿の男が駆け寄った。

アントニオ猪木対大仁田厚

オープニングセレモニーが始まる頃、猪木祭の現場担当者の篠泰樹はバックヤードへと向かった。目指すは大仁田厚の控室である。

これまで、何度か会見を開いては「猪木さんを助けたい」と発言してきた大仁田は、公約通り、神戸までやって来た。もちろん、イベントに〝乱入〟するためである。

猪木との対戦を熱望する大仁田が、猪木本人に直談判するというのは、これまで何度か行われてきた。あるときはテレビ番組の企画で、あるときはイベント会場で、幾度となく行われてきたが、関係者に取り押さえられた大仁田が、もみくちゃになりながら排除されるまでが、一連の流れで、今回もそうなる予定だった。

篠が控室を訪ねると、大仁田はいつになく緊張している様子である。「間もなくです」と告げると、「どうなの、会場の雰囲気?」と訊いてきた。「猪木さんの挨拶で温まってきましたよ」と返すと「ふーん」と関心のないふうを装いながら、眼がきらりと光った。

何度もアクションを起こしながら、反応もなく無視されるというのは、いくら邪道を売り物にする大仁田でも虚しい仕事であるはずだった。そうでなくても、この時期は現職の参議院議員なのである。しかし、その心情はおくびにも出さず、「よし、行くかっ」と自らを鼓舞する姿に篠はぐっときた。

リング上で猪木が挨拶を終えると、リングサイドに近づく大仁田の姿がスクリーンに映った。場内がざわつく。スタンドの観客が「大仁田や、大仁田や」と口々に言っているのは、フィールド後方に立つ篠の耳にも入ってきた。反応は悪くなさそうだ。

「猪木さんは『無視する』と言っていたので、大仁田さんと別方向からリングを降りて、無理に近寄ったら、関係者が割って入るという流れを想定していたんです」(篠泰樹)

しかし、想定外のことが起きた。猪木の方から大仁田に近寄っていったのだ。「おぉーっと、大仁田厚です。現役国会議員プロレスラー・大仁田厚がイノキボンバイエに見参であります」という福沢朗の実況が場内に響き渡り、猪木は満面の笑みで大仁田に手を差し出した。まさかの握手である。そして、一呼吸置いて猪木が大仁田の頬を張り、抱擁すると、場内が大きくどよめいた。〝闘魂〟と〝邪道〟が交差した最初で最後の瞬間だった。

「控室に戻る途中『いやあ、美味しかったなあ』って大仁田さんは大喜び。長年の片想いの相手に振り向いてもらったような顔をしてましたね。自分も大会が始まったばかりなのに眼が潤んでましたよ」（篠泰樹）

ベストバウト

開催を巡る一連のトラブルに加え、開始直前の〝ゴング騒動〟と、災厄の神に憑かれた感のある猪木祭だが、試合が始まると、それまでの混乱が嘘のように、何事もなくイベントは進んだ。

第1試合「安田忠夫対レネ・ローゼ」は、安田が相撲時代を思わせる怒濤の寄りを見せながら、ローゼにあっさりマウントポジションを奪われ、パウンドの連打から手痛いKO負け。何の見せ場もない完敗だったが、解説をつとめた元横綱・若乃花の花田勝はこう書いている。

《いきなり秒殺された安田さんには、生き様を見せられた。相撲界の兄デシが40歳を超えて限界に挑戦。ぶざまに散って一見、格好悪いかもしれないが、反則で逃げない正々堂々の姿勢はすてきだった》（『スポーツ報知』２００４年1月1日付）

第2試合「LYOTO対リッチ・フランクリン」は一転してハイレベルな展開である。無敗同士にして、のちのUFC王者対決が盛り上がらないはずがなく、序盤から打撃勝負に出るLYOTOを巧くさばきながら、グラップリングでは一日の長を見せるフランクリン。一進一退の攻防から、2R開始40秒すぎ、LYOTOの左ストレートが炸裂、ここからパンチの連打でLYOTOがTKO勝ちを収めた。

第3試合にはエメリヤーエンコ・ヒョードルの実弟・エメリヤーエンコ・アレキサンダーが登場。相手はノゲイラ一族と同じブラジリアン・トップチームの強豪・アンジェロ・アロウージョである。「ヒョードル対ノゲイラの代理戦争」とも言うべき一戦はアレキサンダーのワンサイドで、引き込もうと試みるアロウージョを問題にせず、序盤から打撃を繰り出し、2R、パンチでアロウージョの右目を切り裂いたアレキサンダーがTKO勝利を収めた。

圧巻は第4試合「パンクラス無差別級選手権試合／王者・ジョシュ・バーネット対前王者・セーム・シュルト」である。2年半前、UFCのリングで激突した際には、セーム・シュルトの打撃をかいくぐり、1R腕ひしぎ十字固めで一本勝ちを収めたジョシュ・バーネットは、今回も開始と同時に果敢に攻めていく。コーナーに押し込んでテイクダウン、ここからサイドポジション。一方のシュルトも同じ轍を踏むまいと、打撃でプレッシャーをかけ、足関節を奪われそうになりながらも冷静に対処し、上から強烈なパウンドを落とすと、ジョシュが早くも出血する。

2Rもジョシュが寝技でリードしながら、攻防が目まぐるしく入れ替わる。三角絞めからの腕十字をしのいだシュルトは上を取り、またもパウンドを叩き落とす。シーソーゲームに場内の興奮も高まる。そして３Ｒ、ロープの反動を利してテイクダウンを奪ったジョシュが、マウントポジションを奪い、シュルトのお株を奪うようにパウンドを落としながら、最後は下からの腕ひしぎ十字固めが極まって、シュルトを返り討ちにした。私見ではあるが、この日、三つの団体で行われた31すべての試合の中の、ベストバウトと言っていいのではないか。

試合後、ジョシュはマイクを掴むと、たどたどしくも、日本語でこう言い放った。

「ＰＲＩＤＥ王者、Ｋ－１王者、誰でもかかってこい。俺がやってやる」

そのアピールは、猪木祭に携わった、すべてのスタッフの本音だったのかもしれない。

枠を奪い返せ

「ジョシュ・バーネット対セーム・シュルト」が期待に違わぬ好勝負に終わると、場内は暗転して、大音響でサンバのリズムが流れた。

リオのカーニバルを思わせるダンサーが繰り出し、これでもかと腰をくねらせて踊る。程なく、サンバのリズムは『炎のファイター』に転調した。再びアントニオ猪木の登場である。

サビのトランペットが鳴り響くと派手な色の花びらをあしらった山車《だし》に乗った猪木が現れた。頭にはゴールドのヘッドドレスを乗せ、赤と黒とシルバーとゴールドのロングドレスは小林幸子のパロディーに違いないが、「不死鳥」をイメージした、東京ドーム公演における美空ひばりのようでもある。

山車がフィールドを半周する中、マイクを手にした猪木が喋り始めた。

「猪木が笑えば世界が笑う。会場の皆さん、テレビをご覧の皆さん、燃えてますかーっ」

場内が沸く。猪木は構わず喋り続ける。

「俺がカーニバルの衣装で出てきたのには訳がある。ブラジルのリオのカーニバルが、日本で初めてスタートしたのは、ここ神戸である。だから、こういう形で出てきた。そして、もう一つ。今日、俺の最初の弟子だった藤波が現役を引退することになった。猪木流の引退セレモニーを行いたいと思います。藤波の人生に、これからもますます、大輪の花を咲かせてもらいたいということで、このように大きな花に乗って登場して参りました」

猪木自身が、自ら状況を説明するのは珍しい。どういう趣向でこうした演出が採用されたか釈然としないが、直前までメインカードは決まらず、ＴＢＳやフジテレビが作るような秀逸なＶＴＲもなく、Ｋ－１やＰＲＩＤＥの会場で見られる豪華な演出すらなかったことを思うと、窮余の一策として、猪木自身を前面に押し出す方策を採ったということではないか。

「場内が寒かった記憶があります。屋根はあったけど、港から風が吹いてくる。それに、セットがしょぼかった。Ｋ－１やＰＲＩＤＥを見慣れてるからだと思うけど、金がかかってない感じは素人目にもわかりました。お客さんですか？　満員ではなかったん違うかな。場所も場所やし、大晦日にそんなに来ませんって。僕かて『ゴング持ってきて』って頼まれたから急いで行ったけど、あれがなかったら、遅めに行ったと思いますもん」（三島☆ド根性ノ助）

そんな環境の中で、派手な衣装を身にまとい、依頼に応じるがまま、自ら実況を行う猪木の心中はいかばかりか。やり切れない感情を抱きながら、何とかこなしたのではあるまいか。

リングインした猪木が「藤波、出てこーい」と叫ぶと、呼応するように、白のウインドブレーカーを身にまとった新日本プロレス社長・藤波辰爾が、小走りでリングに向かった。師弟が向かい合う。思えば、１９８８年8月8日、横浜文化体育館。今も語り継がれる60分フルタイム以来となる、二人だけのリングである。

団体こそ違えど、プロレス実況で名を上げたアナウンサーの福沢朗が「見ておいてよかったイノキボンバイエ、用意しておいてよかった放送資料」という一言には実感が籠っている。

と言うのも、12月25日の段階で対戦カードが決まっていなかったことは、これまで詳述した通りだが、実は日本テレビ内部で「放送中止論」が浮上していたのである。当時の日本テレビの社員が「絶対匿名」を条件に明かしてくれた。

「事実です。あくまでも、企画の段階でしたけど、猪木祭を放送中止にして『全国ご当地ラーメンベスト１００』みたいな特番に差し替える話が持ち上がっていました。猪木祭の一件は、いわゆる〝社内政治案件〞になっていましたから『宮本から枠を奪い返せ』という青年将校みたいな人たちが、このタイミングでも社内に大勢いたんです」

「新しくＶＴＲを撮影する期間は限られているので、過去のラーメン関連の特番映像を再編集して『スタジオは生放送で、タレントとアナウンサーが受ける』『紅白を終えたばかりの、はなわも顔を出す』といったような構成プランだったことは、何となく憶えています。ヒョードルの出場が正式に発表となったことで、宮本一派が息を吹き返して、その極秘計画は立ち消えになったんじゃないですかね」

結局〝クーデター〟は未遂に終わり、当初の予定通り、猪木祭を放映するに至ったのだが、福沢朗の前出の一言は、実際にその計画が存在していた痕跡のようであり、さらに、突き詰めて考えると、猪木の異例の〝マイク演説〟の理由も朧《おぼろ》気《げ》ではあるが見えてこなくもない。

花束を猪木から渡された藤波が、マイクを摑んで「こういうセレモニーを全然期待してなかったものですから、今日はリングシューズを履いていません」と言った。すると、猪木がマイクを奪い取って「話が違うじゃねえか、おい、タイツも穿いてねえのか、この野郎」と言うと、いきなり藤波にローキックを放ち、突如試合が始まった。場内大歓声である。

ローキック3連発で藤波を倒し、ボディーにナックルパート。腕を取って返す藤波に、共通の師であるカール・ゴッチ直伝のヘッドシザースで切り返す猪木。スタンドに戻って、手四つからテイクダウンさせるも、藤波は腕十字固め。目まぐるしく攻防が入れ替わり、一本背負いに入ろうとした猪木の背後からチョークスリーパー。猪木が「落ちた」ところで試合終了。担架に乗せられて運ばれかけたところで、息を吹き返した猪木が立ち上がるという見事な一幕である。

マイクを摑むと「藤波に贈る」と言い「道」の朗読を始めて、こう締めくくった。

「どんなに道がつらくても、笑いながら歩こうぜ。ワーハッハッハッハッ」

ボブ・サップなんてイチコロよ

『NHK紅白歌合戦』は安室奈美恵が『SO CRAZY』、森進一が『狼たちの遠吠え』を歌って前半戦を豪華に締めくくった。ここから10分間のニュースが入る。

後半戦は攻守入れ替わり、初出場の森山直太朗から再開する。歌うはこの年の大ヒット『さくら（独唱）』。次いで、浜崎あゆみが豪華バックダンサーを引き連れ『NO WAY TO SAY』を歌い上げ、ゆず『夏色～紅白メドレー』、一青窈『もらい泣き』と初出場の人気アーティストが続く。いかにも、数字を獲りにいっているのがわかる。

そして、SMAPと並んで2組目のジャニーズ枠のTOKIOが、この年JRのテーマソングとなった『AMBITIOUS JAPAN!』で盛り上げ、aikoが『えりあし』をしっとりと歌い上げたかと思えば、同年に大活躍した、はなわ&テツandトモが『佐賀県なんでだろう～スペシャル合体バージョン』、ダンディ坂野ら、この年にブレークした芸人までが大集合し、舞台狭しと大暴れ。紅白らしい豪華絢爛さである。

この時間の格闘技3局は、猪木祭の日本テレビは「ジョシュ・バーネット対セーム・シュルト」が好勝負を繰り広げ、K-1のTBSは、元レスリング日本王者の中尾芳広が柔道五輪金メダリストのハハレイシビリと肉弾戦を展開し、PRIDEのフジテレビは、ゲスト解説の女優・小池栄子と交際が伝えられる坂田亘が、ダニエル・グレイシーに翻弄され敗れ去っている。

各局とも、見応えのある試合をぶつけながら、紅白と比較すれば見劣りするのは当然で、紅白はEvery Little Thing『またあした』、CHEMISTRY『YOUR NAME NEVER GONE』、島谷ひとみ『元気を出して』と畳みかけて、いよいよ、「美川憲一&小林幸子」の登場である。

まず、美川憲一の登場に先立ち、赤いかつらをかぶった小柄な男が現れた。かつて、森進一や美川憲一のコンサートで司会をつとめた経歴を持つ、漫談家の綾小路きみまろである。この年に大ブレークをはたし「最も数字を持つ男」と呼ばれたきみまろが、美川を呼び込む心憎い演出である。

「赤は赤でも白かった（白勝った）」というオチをきっかけに、7mの高台から深紅のドレスで現れた美川憲一は『さそり座の女2003』を歌い上げた。南流石《みなみさすが》率いる「流石組」の面々が前衛舞踏的な振り付けで踊り狂い、美川も一瞬にして真っ白な衣装に早替わりするなど、観客と視聴者を魅了した。

そして、歌い終えた瞬間、こう言い放った。

「ボブ・サップなんてイチコロよ！」

場内が沸いたのは言うまでもなく、〝ラスボス〟小林幸子に最高の形でつないだのである。

悲劇にして喜劇

豪華衣装を身にまとって『さそり座の女2003』を熱唱した美川憲一が「ボブ・サップなんてイチコロよ！」と叫んだことは、いかにも紅白らしいハプニングであり、会場のNHKホールも、全国のお茶の間も盛り上がったことは想像に難くない。

同時に、NHKが抱く裏番組への対抗意識を、出演者自身が反映した形となった。ただし、視聴者へのアナウンス効果となったことも否定は出来ない。特に「曙対サップ」の生中継を20分後に控えたTBSには、涙が出るほど有難いプロモーションになったはずだ。

ともかく、最高の形で小林幸子にバトンは渡された。デビュー40周年、紅白出場25回という節目の年となる〝ラスボス〟が現れると、客席は大歓声で迎えた。歌うは『孔雀』。曲名の通り、孔雀の羽をあしらった衣装を身にまとっている。背後には巨大装置が控えているに違いなく「億単位もの費用がかかっている」とも伝えられた。事実、２日前のリハーサル後の囲み取材でこう述べている。

「１年間働いて、稼いだお金をすべてつぎ込んでいます。紅白のために働いているようなもの」

（『日刊スポーツ』２００４年１月１日付）

メロディーが流れて歌い始める。しかし、様子がおかしい。テレビの画面は彼女のアップのまま。衣装の変化を見せるべきところなのだが、Ａメロが終わっても彼女の表情を映している。

実はこのとき異変が起きていた。大型装置が作動していなかったのだ。本来ならドレスに仕込んだ羽が装置と連動して、高さ７・５ｍ・幅13ｍまで広がり、電飾が輝くという仕掛けだった。トラブルに気付いたディレクターが急遽、アップに切り替えたのだが、観客も審査員も異変に気付き、察しのいい視聴者も把握したに違いなく、気付かないのは歌っている小林幸子だけという、正真正銘の悲劇にして喜劇となったのだ。

思い返せば、１９９２年の紅白でも６万２０００個の電飾が点灯せず、その失敗が大きく報じられもしたが、それ以来のトラブルに関係者は慌てふためいたはずだ。結局、画面はアップのまま『孔雀』を歌い終えた小林幸子は、本番後、浮かぬ顔のスタッフに「何があったの？　ビデオ見せて」と要求して、初めて事の次第を理解した。事務所関係者のコメントがある。

「3つの機械のうち2つが止まり、1機しか作動しなかった。コンセントの電流が流れなかったようだ。詳しい原因はこれから。（中略）美川さんが成功したのに、小林は失敗した。しっかりNHKとお話ししたい」（同）

関係者が明かしたところによると、29日のリハーサルでも装置は作動せず、その後、徹夜の復旧作業を行い、100回以上のテストを繰り返し、どうにか大晦日に間に合わせたという。しかし、肝心の本番でまさかの不具合となったのである。

NHKにとって不吉な暗示となったこの〝事故〟は、美川憲一のマイクアピールと併せて、TBSに強烈な追い風を吹かせたのである。

ヒョードル劇場

「美川憲一VS.小林幸子」のほぼ同時刻、フジテレビ『PRIDE男祭り2003』では、パンクラスのエース・近藤有己がPRIDEのリングに初登場。ブラジリアン・トップチーム（BTT）の総帥・マリオ・スペーヒーの額を強烈な膝蹴りで切り裂き、1RTKO勝ち。「次はシウバとやりたい」とアピールするなど、ニュースター誕生を予感させた。

続いて登場した田村潔司も、ロニー・セフォーを相手に危なげない試合運びを見せ、1R腕ひしぎ十字固めで一本勝ち。桜庭戦に期待を持たせた。

一方、日本テレビの猪木祭も〝ミルコに勝った男〟マイケル・マクドナルドが天田ヒロミに左フックを炸裂させ2RKO勝ち。同じくK－1ファイターのステファン・レコがプロレスラーの村上和成に左ストレートで1RKO勝ちと、ここでもKO・一本勝ちが相次いだ。

そして、いよいよ「エメリヤーエンコ・ヒョードル対永田裕志」である。観客にとっても、視聴者にとっても、関心は勝敗以上に「本当にヒョードルは猪木祭のリングに上がるのか」ということにあったはずだ。いつになく涼しい顔つきで、神戸ウイングスタジアムの花道にエメリヤーエンコ・ヒョードルが現れると、4万人の大観衆から地鳴りのような歓声が起きた。

対する永田裕志も、比較的落ち着いた表情でリングに上がる。思い起こせば、2年前の猪木祭でミルコ・クロコップと対戦した永田は、開始21秒でミルコのハイキックを喰い、TKO負けを喫している。ゲスト解説の高山善廣は「彼も雪辱をはたしたいと思うよ」と感慨深そうに洩らした。

ゴングが鳴った。いきなりフェイント気味に左ストレートを放って距離を詰めた永田だが、ヒョードルは落ち着いてさばき、離れ際に右フックを放つ。「永田選手はレスリングの差し合いにいくといいと思うんです」と解説の船木誠勝も言うように、永田自身もレスリング出身らしく、ポジショニングで主導権を握らせず、突破口を開きたかったに違いなかった。

しかし、それを見抜いてか、ヒョードルは永田のローキックに合わせて、カウンターの右ストレートでダウンを奪うと、そこからは一方的である。足を取ってスタンドのアキレス腱固めの体勢に移行しつつも、強烈なパウンドを何発も落とし、立ち上がって脱出を試みる永田を逃さない。再びダウンを奪うと、パウンドを容赦なく落とし続け、永田を戦意喪失に追い込んだ。1R1分2秒TKO勝ちである。

「ビデオを見ましたが、格好悪いなと思う。でも悔しいと感じるので、これで終わることはない。（中略）新日本が最強という過去の幻想に守られてきた。でも挑戦しないと何も始まらない」（永田裕志のコメント／『日刊スポーツ』2004年1月1日付）

一方のヒョードルは「右の拳を負傷していた」と言いながら「次に上がるリングは？」という報道陣の問いに「PRIDEです」と即答すると会見場を後にした。

未曽有の大混乱を招いた〝ヒョードル劇場〟は、淡々と幕を下ろしたのである。

俺は戦い続ける

2003年の大晦日興行戦争において、藤田和之ほど翻弄された選手はいなかったろう。

11月の段階で猪木祭への出場を明言しながら、一向に対戦相手が決まらず、それでも12月9日から渡米し、ブラジルの格闘技・ルタ・リーブリの強豪であるマルコ・ファスの道場で合宿を行い「早く試合を決めてくれ」「強い相手とやらせてくれ」と訴え続けた。

開催1週間前に、プロボクシング元WBO世界ヘビー級王者・レイ・マーサーとの試合が決まるも、マーサーが来日拒否。急遽、元IBF世界クルーザー級王者・イマム・メイフィールドとの対戦に落ち着いた。当て馬と見られていたメイフィールドだが、決して弱いボクサーではなく、97年にユーライア・グラント（ジャマイカ）を破り世界王座を奪取し1度防衛、王座陥落後もWBCの同級王座に挑戦し、2002年も名古屋の緑ジムに所属する重量級ボクサー・オケロ・ピーターを判定で下すなど、第一線を走っていることに変わりはない。

　ただし、開催日前日に突如ブッキングされた経緯を思えば、慌てて飛行機に乗せられたにすぎず、試合に向けて調整してきたわけではなかったはずだ。要は「楽な仕事」をしに来たのであり、その証拠に総合特別ルール・３分５Ｒ・寝技20秒以内を要求している。

　そんな相手でも、藤田和之は腐ることなく試合を受けた。『炎のファイター・オーケストラバージョン』が鳴り響く中、神戸ウイングスタジアムのリングに上がった藤田の表情からは、２０００年「ＰＲＩＤＥ　ＧＰ」のマーク・クァー戦のときのような殺気はなく泰然としているが、すべての雑念を押し殺しているように見えなくもない。

　ゴングが鳴った。片脚タックルであっさりメイフィールドを転がして袈裟固めに捕らえる。試合はそれで終わるはずだったが、レフェリーにスタンドを命じられる。寝技20秒が思いのほか早いのだ。１Ｒはこの展開を繰り返し、相手を取り逃がしてしまった。

　２Ｒ、藤田のタックルに合わせてショートアッパーを見せるメイフィールド。調整不足に違いないが、薄いオープンフィンガーグローブで世界レベルのアッパーを喰っては、さすがの藤田も慎重にならざるをえない。藤田も軽くジャブを合わせるが、パンチの間合いだと大人と子供くらいの技術差がある。「フルラウンドまでいってしまうかも」と危惧した瞬間、藤田が胴タックルから組み付き、立ったまま肩と首を極めた。スタンドの肩固めである。

　さらに、藤田は左膝の上にメイフィールドを寝かせて絞め続けた。「こりゃ、考えたなあ」とゲスト解説の高山善廣が呆れたような声をあげる中、メイフィールドはタップアウト。２Ｒ２分15秒、藤田和之の一本勝ちである。

「どんなルールでも相手に勝つ方法はある。それを証明した。（中略）ミルコ、ヒョードルと戦った経験が身になった。（中略）皆が期待してくれるなら、タイソンと喜んでやりたい。その実現に向けてオレは戦い続ける」（藤田和之のコメント／『日刊スポーツ』２００４年1月1日付）

猪木祭は3団体の中で、いち早くメインイベントが終了した。

新星誕生

ナゴヤドームで行われている「Ｋ－1 Ｄｙｎａｍｉｔｅ!!」のリングには、新日本プロレスの至宝・ＩＷＧＰヘビー級のベルトを保持する23歳の若きエース・中邑真輔の姿があった。相手はＫ－1ファイターのアレクセイ・イグナショフである。

猪木祭への出場が噂されていた中邑真輔が、Ｋ－1のリングに上がったのは、谷川貞治たっての希望による。青山学院大レスリング部出身の中邑は、以前より、宇野薫らが所属する和術慧舟會で、総合格闘技の練習に励んでおり「新日の中邑真輔がウチで練習してるけど、なかなかいいよ」と代表の久保豊喜が谷川に明かしたことで、前年の『INOKI BOM-BA-YE 2002』で、ダニエル・グレイシーの相手に抜擢されたのが最初だった。

「ダニエル戦がよかったんで『今年も』って思ったけど、日テレが持って行くと思ったんで、難しい気がしていたんです。それでも、早い段階で新日にオファーを出したら、当時、新日の執行役員だった上井さんがウチを選んでくれた。上井さんは『中邑は日テレの猪木祭じゃなくて、ＴＢＳのＫ－1がいい』って、ウチの価値を認めてくれたんですよ」（谷川貞治）

対戦相手のアレクセイ・イグナショフも、期待のファイターである。アマキック世界王者の実績を引っさげ、２０００年からＫ－１に参戦。「Ｋ－１ ＷＯＲＬＤ ＧＰ２００１」では、準決勝でフランシスコ・フィリォ相手に健闘し、敗れはしたものの「新星誕生」を印象付けた。

２００３年は、７月の福岡大会でヤン〝ザ・ジャイアント〟ノルキヤ、10月の大阪大会でマイク・ベルナルドをＫＯで下し、優勝戦線に喰い込むのは確実と見られていた。しかし、肝心の12月の決勝ＧＰで、ピーター・アーツに苦杯を喫し１回戦敗退。それを見て谷川は「ダメージがないのなら、大晦日に中邑とやらせたい」と即決したのである。

「曙対サップ」という日本中が注目する一戦のセミファイナルという、願ってもないポジションで「中邑対イグナショフ」がラインナップされたのは、マッチメイクした谷川貞治の期待の大きさの現れであり、この先のＫ－１の未来を見据えてのものでもあった。

開始のゴングと同時に、中邑はタックルを鮮やかに決めた。早々にテイクダウンを奪うが、イグナショフもガードポジションで追撃を許さない。膠着のたびにレフェリーがスタンドに戻し、１～２Ｒのほとんどがこの展開に終始する。積極的な中邑もさることながら、短期間で総合格闘技の戦い方を身に付けたイグナショフのポテンシャルにも目を引く。

そして、最終３Ｒ１分すぎ、不用意にタックルに入る中邑に、カウンターで膝蹴りを合わせるイグナショフ。「ミルコ対藤田」の再現である。たまらずダウンを喫する中邑。レフェリーはすかさず試合をストップ。立ち上がって「まだやれる」とアピールした中邑だが、イグナショフのＴＫＯ勝ちが宣告された。

「私が見ている分には、ダメージ的にもストップは妥当かと思います。効いているように見えましたから。ただ、この時代は今ほど総合格闘技のルールが整備されていなかったので『紛糾するのも仕方がない』とは思いました」（この試合のジャッジを担当した岡林章）

試合後、新日本プロレスの猛抗議もあって、判定はノーコンテストに覆っている。

大晦日狂騒曲

「ＰＲＩＤＥ男祭り２００３」では、メインイベント「桜庭和志対アントニオ・ホジェリオ・ノゲイラ」が始まろうとしていた。渋谷のＮＨＫホールでは小林幸子の〝孔雀の羽〟は広がらなかったが、さいたまスーパーアリーナでは、小林幸子と思しきコスプレをした桜庭和志が、本人になり代わって大きく羽を広げている。

振り返ると、２００３年の桜庭和志は、3月16日の「ＰＲＩＤＥ25」でニーノ〝エルビス〟シエンブリに不運なバッティングを喰い１ＲＴＫＯ負け。8月10日の「ＰＲＩＤＥ ＧＰ２００３開幕戦」では宿敵・ヴァンダレイ・シウバにカウンターの右フックを浴び、またもや１ＲＫＯ負け。11月の東京ドーム大会こそ、ＵＦＣ王者のケビン・ランデルマンから一本勝ちを収めているが、勤続疲労の目立つ一年となった。満身創痍の中で大晦日を迎えたのである。

対戦相手のアントニオ・ホジェリオ・ノゲイラは、前ＰＲＩＤＥヘビー級王者・アントニオ・ホドリゴ・ノゲイラの実弟で、外見も瓜二つの兄ほどではないにしても相当な実力者だった。タックルで揺さぶりをかける桜庭に、打撃でプレッシャーをかけ続け、何もさせずダメージを与え、堂々の判定勝ちを収めた。盛り上がりに欠ける試合だったのは否めず、桜庭は無言で会場を後にした。

つまるところ「吉田対ホイス」「桜庭対ノゲイラ弟」という2大カードが、いずれも、凡戦の末に幕を閉じたことになる。

これにて、全試合終了となった。会場のさいたまスーパーアリーナは1時間ほどの休憩時間に入り、11時40分頃から年越しイベントを行う旨が告知されている。

本家本元の紅白歌合戦は、小林幸子が大型装置不具合という消化不良に終わりながら、平井堅が坂本九のカバー『見上げてごらん夜の星を』でじっくり聴かせてお口直し。藤あや子の『曼珠沙華』に次いで、攻守交代ののち、中島美嘉がこの年のヒット曲『雪の華』でNHKホールに大雪を降らせ、ゴスペラーズは『新大阪』と実力派Jポップ系が畳みかけた。

次いで、演歌の大御所コンビ、坂本冬美『あばれ太鼓』、細川たかし『浪花節だよ人生は』で場内はお祭り騒ぎ。極めつきは、森山良子、BEGIN、夏川りみによる『涙そうそう』豪華メドレーである。

かくして、TBS「曙太郎対ボブ・サップ」対『NHK紅白歌合戦』の全面戦争に突入したのである。

第10章
格闘技が紅白に勝った日

「K-1 Premium 2003 Dynamite!!」で実現した曙vsボブ・サップ。
会場の名古屋ドームには4万3560人が詰めかけた
©乾晋也

「K－1 Dynamite!!」のメインイベント「曙太郎対ボブ・サップ」を直前に控え、放送席には豪華な面々が出揃った。

MCの長嶋一茂と藤原紀香、ゲスト解説の第六十五代横綱・貴乃花光司、バルセロナ五輪柔道金メダリストの古賀稔彦、プロボクシング元WBA世界2階級王者の畑山隆則、K－1 WORLD MAX世界王者の魔裟斗。リングサイドにもシドニー五輪柔道金メダリストの井上康生と、陸上ハンマー投げの室伏広治が着席し、ホノルルからは元統一世界ヘビー級王者・マイク・タイソンが、長谷川京子とともに控えている。

「裏番組との兼ね合いで、10時40分までコメントとVTRで引っ張りました。これだけコメンテーターが揃ってVTRもふんだんにあれば、時間をつなぐのは容易だし、常に『間もなく曙対サップ』というテロップを出しておけば、紅白やPRIDEから流れてきた人も、そのまま居続けてくれると思ったので」（谷川貞治）

「裏番組との兼ね合い」とは、紅白歌合戦「美川憲一&小林幸子」との直接対決を避け、終わり次第「曙対サップ」をぶつける作戦を意味する。それを思うと「ボブ・サップなんてイチコロよ！」とNHKの電波を通して叫んだ美川憲一の一言は、相当、効果的なPRになったはずだ。

そうこうして、選手入場となる。

「只今より、FieLDS、K－1 PREMIUM2003、Dynamite!! メインイ

ベントを行います！」

リングアナウンサーのボンバー森尾も、いつになく、気合が入っている様子が窺える。

「史上初の外国人横綱が、衝撃のK－1デビュー。現役時代、あれほど恐れられた男がこのドームを震撼させる。ブルーステージより曙選手の入場です！」

ナゴヤドーム全体を映していたカメラは、放送席の貴乃花のアップをとらえた。貴乃花自身も幾分、緊張の面持ちである。一体どういう気分でこの瞬間をすごしたのだろう。

太鼓が鳴り響き〝和〟をイメージしたテーマソングが、ヒップホップの曲調に切り替わると、セコンドのレイ・セフォーとステファン・ガムリンに先導された曙太郎が姿を現した。黒のトランクスにヒゲを蓄え、髪を金髪に染め、リングまでの長い花道を歩く。「10日前には疲労困憊で、階段の上り下りも厳しかった」という情報もあったが、小刻みに体を動かしながら歩く姿を見れば、コンディションは悪くなさそうである。リングインすると大歓声が沸き起こった。

「人類史上最強、リング上で闘うのは、すべて最強の称号を勝ち取るため。2003年、ザ・ビースト集大成。レッドステージよりボブ・サップ選手の入場です！」

映画『2001年宇宙の旅』でもおなじみのシュトラウス作曲の交響詩『ツァラトゥストラはかく語りき』が場内に響き渡り、緑のマントに身を包んだサップが姿を見せる。マントを後ろに放り投げると、リングに向かって突進した。思えばこの年のボブ・サップは、3月にミルコ・クロコップにKOされてから、坂道を転がるように低迷した。にもかかわらず、大晦日の大舞台に登場するのだから、当時の彼は、正真正銘、選ばれた存在だったと言っていい。

リングインして、青コーナーに控える曙と早くも視殺戦が始まるも、ここから2分間のインターバルに入る。テレビではCMタイムとなったからだ。「CM明け、国歌斉唱から入ります」というフロアディレクターの声を聞いて、不意に谷川貞治に緊張が走った。スティービー・ワンダーの「歌う歌わない問題」がどうなったか把握していなかったからだ。

当初は「1万ドル」という約束でアメリカ国歌を歌ってもらうことで契約を交わしたものの、いざイベントが始まってから、代理人の男が「3万ドルじゃないと歌わないと言っている」と泣訴したものだから、勢いでサインをしたら、契約書には「8万ドル」と明記されており、挙句に「舞台には立つが歌わない」ともあった件である。

「だったら、何のために8万ドルも払うんだ。さっきの人、呼んで来て」とスタッフに訴えたが、男はそのまま姿を消した。

「だから、加山雄三でよかったのに」と谷川が臍を噛んでいると「間もなくCM明けます。国歌斉唱から始まりまーす」とディレクターが叫んだ。実況アナウンサーの初田啓介も緊張の面持ちでヘッドセットを整える。

「それでは、これより、国歌の斉唱を行います。会場の皆様方はご起立いただきまして、ステージの方をご覧下さい」

リングアナウンサーのボンバー森尾に促され、4万人の大観衆が一斉に立ち上がる。

「まず、最初に、日本国国歌・君が代をお聴き下さい。独唱は小柳ゆきさんです」

1999年リリース『あなたのキスを数えましょう〜You were mine〜』が、セールス73万枚、45週連続チャートインのロングヒットとなり、2000年の紅白歌合戦に出場。その後もヒットチャートを賑わせ、『remain〜心の鍵』『Lovin'you』と3年連続紅白出場をはたすも、2003年は落選。そこで、所属事務所であるバーニングプロダクション社長の周防郁雄と、石井和義の関係でブッキングに至ったのである。

「続きまして〝世界のスーパースター〟スティービー・ワンダーさんによります、得意のハーモニカでアメリカ国歌を演奏していただきます」

谷川貞治は呆気にとられた。すると、スーツ姿のスティービー・ワンダーがスクリーン付近に設置したステージに現れ、アメリカ国歌『星条旗』をハーモニカで吹き始めた。

「スティービー・ワンダーが来るか来ないかというのは、前日までわからなかったんです。でも『もし、来るならハーモニカ』というのは、私はイベントの制作スタッフから事前に聞いていました。それで、イベントが始まる直前には『確実に来る』と聞いて、台本に台詞を書き込んだのを記憶しています」（リングアナウンサーのボンバー森尾）

初めは唖然としていた谷川貞治も、耳心地のいい音色に聴き入って「かえって、よかったかもしれない」と思った。

場内騒然

ホノルルにいるマイク・タイソンが、スティービー・ワンダーのハーモニカ演奏に、満足したように拍手を送る姿がスクリーンに映し出されると、場内がどっと沸いた。

国歌演奏が無事に終わると「スペシャルゲスト」として、ヒクソン・グレイシーがリングに上がった。曙とサップの両者に花束を渡すためだけに日本に招いたのだ。

「この翌日、館長がヒクソン夫妻を京都に案内したんですよ。ヒクソンとは1年間の独占交渉権を結んで、1000万円支払いました。いくつかテレビ番組に出演してもらったりしたんだけど、その後、試合をすることはなかったので、結果的に花束贈呈のためだけに1000万を払った形になったんです」（谷川貞治）

曙、サップの順でリングコールののち、レフェリーの角田信朗が両者を中央に呼んだ。双方が睨み合う。ルールはK－1公式ルールで打撃のみの3分3R。曙は203㎝・220㎏、サップは200㎝・153㎏。曙は5㎏、サップは7㎏ほど絞っている。

「シェークハンド！」の声に促され、両者は叩きつけるようにグローブを交差させ、コーナーに戻った。いよいよ、試合開始である。

ゴングと同時に、曙が左のリードジャブを2発連続して繰り出すと場内がどよめいた。ガードの上ではあるが「バスッ」と鈍い音が響く。さらに、両手で押すと153㎏のサップが突き飛ばされ、クリンチの体勢で組み合うと、ロープまで押し込んだ。相撲だと寄り切りで曙の楽勝となるが、レフェリーがブレイクを命じて試合再開である。

距離を取ってローキックを放つサップだが、曙はプレッシャーをかけ続ける。ただし、大振りのフックは難なくかわされる。猛練習を積んだとはいえ、曙は両手で押すくらいしか出来ず、結局は付け焼き刃にすぎない。そうは言っても場内は沸くし、解説の谷川貞治も「サップがこんなに押されるのを初めて見ました」と興奮気味に伝える。事実、曙が左右のフックを振ると、サップは大きくのけ反ってバランスを崩してしまう。圧力に屈するのである。

それでも、次第に冷静さを取り戻し、バックステップから、ローキック、左フック、右ストレートというコンビネーションを見せると、さしもの曙もぐらつく。ここでサップは追い打ちをかけ、ワンツースリーのトリプルを炸裂、曙は棒立ちになる。実況の初田アナより先に「危ない！」と谷川が反応する。

チャンスとばかりに、サップは脂肪が波打つ曙のボディーに左右フック、曙が前に出たところをカウンター気味のストレート、左フックを合わせたところで曙が倒れ込むようにダウン。

場内騒然である。

曙敗れる

コーナーにもたれかかるようにダウンを喫した曙を見て、解説席に座る谷川貞治は、声にならない声をあげた。そのときのことを、こう振り返る。

「『あちゃーっ』って思いました。前にも言ったように、僕としては曙に勝って欲しかった。その方が面白い展開が作れるからです。タイソンとやらせたり、ヒクソンとやらせたり、凄く面白そうでしょう。曙が勝った方が夢が広がるんです。それで、師走の忙しい合間を縫って何度か練習を見に行ったんだけど、『ちょっとまずいかも』って思ったんですよ。と言うのも、過信しているというか、練習をそれほど真面目にやってなかったんです」

「一方のボブ・サップは、代官山の伊原ジムに行かせたんだけど、割と真面目に取り組んでいました。伊原会長に相当、厳しくしごかれたらしい。実力が向上したとは思えないんだけど、練習する習慣がついたのは確かで『これは、もしかして』って悪い予感がしないでもなかったです」

カウント9で立ち上がった曙だが、青息吐息で立っているだけでやっと。サップはとどめを刺そうと、左フックに右ストレート、クリンチで逃げようとするのを振り解くと、曙は自ら倒れ込んだ。完全にスタミナを切らしているのだ。ダウンを宣告されてもおかしくなかったが、レフェリーの角田信朗はスリップを宣告、曙に速やかに立ち上がるように指示する。

曙はどうにか巨体を起こして立ち上がる。残り14秒。場内は悲鳴ともつかぬ、地鳴りのような声援が響き渡る。おそらく、その大半は「せめて1Rはしのいでくれ」という曙を応援する心情だったはずだ。それらを代弁するように、解説席に座る谷川は「もう少し、もう少し」とアドバイスするように叫んだ。

しかし、曙には気力すら残っていなかった。サップの右ストレートが鮮やかに曙の顎を捕らえると、巨体はもんどりうって倒れて、うつぶせになったままぴくりともしなかった。レフェリーはカウント3まで数えたところで、両手を大きく振って試合をストップ。1R2分58秒、ボブ・サップのKO勝ちである。

「曙敗れる！」

実況の初田アナの絶叫がテレビの画面から響き渡り、谷川貞治も「ああ、残念」と心底口惜しそうに洩らした。日本中の視線は、うつ伏せに倒れたままの曙に注がれていたはずだ。

しかし、この直後に大事件が起きたのである。

CMチャンス

日本中が注目する「曙太郎対ボブ・サップ」だが、結果は1R2分58秒、ボブ・サップのKO勝ち。思いのほか呆気なく終わった。

「思ったより曙のパンチは速くて驚いた。この試合は異常な注目が集まっていたから、実はストレスがたまっていたよ」（ボブ・サップのコメント／『スポーツ報知』2004年1月1日付）

「頭が真っ白になって……。やっぱ、コーナーに追い込んでも勝ちにはならなかった。（中略）判定負けじゃないからすっきりした。悔しくない」（曙太郎のコメント／同）

「自宅には白い花を飾ってきました。白星につながればと思って相撲時代から1年中やってきたことです。今回は白いバラを50本。玄関に30本、居間に20本。祈りは届きませんでした」（曙夫人のクリスティーン・麗子のコメント／『日刊スポーツ』2004年1月1日付）

戦いは終わった。しかし、裏番組との戦いはまだ終わっていなかった。

倒れたままの曙の周りを大勢の関係者が取り囲む。中には心配そうに覗き込む勝者の姿もあった。おそらく、日本中の視聴者が同様の心境で、曙の様子を眺めていたはずだ。

しかし、次の瞬間、画面はCMに切り替わったのである。

「『ええーっ』ってなりました。隣にいる初田アナも現場のディレクターも、後ろに控えている編成局長も事業局長も、一斉に『何だーっ』って大騒ぎ。僕も何が起きたかわからなかった。だって、一番いい場面ですよ。倒れた曙を心配して、日本中の視聴者がまさに覗き込もうとしているその場面で『何でここでCMにいくんだ!』って」(谷川貞治)

理由は些細なことである。

「このときは、赤坂のTBSと現場のナゴヤドームをつないでいたんです。赤坂にはチーフディレクターがいて、彼がCMを入れる機会を窺っていたんだけど、なかなかCMに行くタイミングがなくて、そろそろ番組も終わる。試合中にCMにいくわけにいかない。それで、終了直後のあの場面になった。『それにしても、これはないなあ』って落胆しましたよ」(谷川貞治)

つまり、豪華なゲストコメンテーターを大勢揃えたはいいが、それによって、CMを入れるタイミングを失ったということである。こういう場合はディレクターのセンスが問われるのだが、おそらく、数字のことと裏番組のことだけ頭にあって、CMチャンスをすっかり失念していたと見ていい。

約2分間の長い長いCMが明けて、とりあえず、ホノルルにいるマイク・タイソンと中継をつないだ。「いつでもやってやるぜ」と言うタイソンに「待ってろ、来年やってやる」とサップも応えて、ナゴヤドームの観客も大いに沸いた。「それなりに、いい画が撮れたし、いいか」と谷川は思うことにしたが「CMのせいで、ザッピングされているだろうな」と肩を落とした。

ともかく、すべての試合が終わった。生中継も終了し、会見場に現れた谷川貞治は「いろいろありましたけど、内容的には満足しています」と気丈に答えた。これは本音である。気掛かりなのは紅白の視聴率だけで、PRIDEのことも猪木祭のことも、まったく気にならなかった。

世界に一つだけの花

ボブ・サップの1RKO勝ちで幕を閉じたTBS「曙太郎対ボブ・サップ」の裏で『NHK紅白歌合戦』はフィナーレに向かって怒濤のように進んでいった。

紅白初出場どころかテレビ初出演となる倉木麻衣が、世界遺産に指定されている京都の東寺金堂前に現れ、幻想的にライトアップされた五重塔を背に『Stay by my side』を歌い上げた。

次いで現れたのが、この年の紅白最大の目玉である長渕剛である。1990年、ベルリンからの衛星中継で紅白初出場をはたしながら、3曲15分という異例の長尺出演を要求し「スタッフはタコばっかり」といった暴言もあって、紅白どころかNHKにさえ出演を拒まれていた長渕が、23時台という最も注目度の高まる時間帯に登場し『しあわせになろうよ』を熱唱したのだ。本人も満足したらしく、翌朝の『スポーツ報知』（2004年1月1日付）はこう伝える。

《ステージを終え、ホールから出てきた長渕は開口一番、満足そうに「オッシ！」と叫んだ。出番は注目されていたTBS系の「K－1 Dynamite!!」の曙対サップ戦と重なったが、長渕のセンセーショナルな一撃が、視聴率争いの追い風になったに違いない》

ここから紅白常連組が一気呵成に攻める。和田アキ子が『古い日記2003　紅白リミックス』でシャウトし、五木ひろし『逢えて…横浜』、石川さゆり『能登半島』、北島三郎『風雪ながれ旅』、川中美幸『おんなの一生～汗の花～』、氷川きよし『白雲の城』と〝演歌大御所ゾーン〟が畳みかける。近年のバラエティー偏重の紅白では見られない重厚感と言っていい。

いよいよ、フィナーレに入る。紅組トリは3年ぶり2度目の天童よしみが『美しい昔』を涙を浮かべながら歌い上げた。場内を割れんばかりの拍手が包む。

そして、大トリはSMAP。歌うのは総売り上げ210万枚、2003年最大のヒット曲『世界に一つだけの花』である。

場内の照明が一斉に落とされ、白いスーツに身を包んだメンバー5人にスポットライトが当てられた。まず、この年、次女が生まれた木村拓哉がマイクを持った。

「皆さん、眼を閉じて2003年を思い出して下さい」

中居正広が続く。

「今年も世界中で、たくさんの尊い命が失われました」

稲垣吾郎が語りかける。

「また、眼を覆いたくなるようなことも、たくさんありました」

草彅剛が問いかける。

「僕たちに、今、何が出来るのでしょう」

香取慎吾が締めくくる。

「みんなが、みんなに、優しくなれたら幸せな未来がやってくると思います」

言い終えてイントロが流れ始めると、NHKホールは一斉にどよめいた。最高の演出かと思われたが、実を言うと、SMAPのメンバーだけで考えた完璧なサプライズだったという。

SMAPの〝勝利宣言〟もあって、紅白史上初めて審査員11人全員が白組に投票、白組圧勝で紅白歌合戦は幕を閉じた。すべての戦いは終わった。

しかし、神戸の猪木祭では、ここに来て、新たな試合が始まろうとしていたのである。

平和的カウントダウン

神戸ウイングスタジアムで行われた猪木祭は、メインカード「藤田和之対イマム・メイフィールド」が23時前に終わったあと、アンダーカード3試合が立て続けに行われた。

第10試合に出場した橋本友彦はこう回想する。

「僕の場合、試合のオファーがあったのは、2日前の12月29日の夜です。この日は所属するプロレス団体『ＤＤＴ』の年内最終興行の日で、興行が終わった頃、携帯電話に『大晦日、猪木祭に出てくんない？』って篠さんから連絡があったんです。『ファイトマネーはいくらですか』って訊いたら『１００万』って言われて『出ます』って即答しました。だって、そんな高いギャラは、今までもらったことがなかったんで」

「それで、翌日の昼くらいに神戸に行きました。チェックインしたのは海沿いのめちゃくちゃいいホテルで、『えーっ、こんな豪華なホテル泊まれるの』って凄く嬉しかった。ポートピアホテル？　ああ、そうだったかもしれません。到着してすぐ会見に出席して、そこで初めて試合順を聞かされました。『随分と後ろの方だなあ』って思ったのを憶えています」

アンダーカードは年越しイベントまでの時間つなぎのつもりだったはずだが、「アマール・スロエフ対ディン・トーマス」は１Ｒ４分23秒ＴＫＯでスロエフが勝ち、「橋本友彦対アリスター・オーフレイム」は1R36秒TKOでアリスターが勝利と、前半2試合はいずれも1Rで終わってしまった。

最終試合となった女子格闘技「辻結花対カリオピ・ゲイツィドウ」は、1Rから何度もマウントポジションを奪うなど辻の楽勝ムードだったが、寝技30秒ルールに助けられたゲイツィドウが、打撃でポイントを奪い返す予想外の好勝負となった。結果は辻が判定勝ちを収めた。

「練習も準備もしないで試合に臨んだんですけど、総合の経験はあったんで『やることやろう』って決めていました。打撃の間合いを潰して組み付いたら、膝蹴りを食らってダウン。そこからパウンドを落とされて、あっさりレフェリーストップ。ただ、それほどの重傷ではなくてホッとしました。試合後にシャワーを浴び終えたら、スタッフの人が呼びに来て、年越しイベントのために、もう一回リングに上がったんです」（橋本友彦）

橋本の言う「年越しイベント」とは、アントニオ猪木による「年越し108つビンタ」である。入場先着108人が、リング上で猪木から直接ビンタを受けるという特典があり、前年、前々年のさいたまスーパーアリーナでも企画されるなど、猪木祭の恒例行事となっていた。

『炎のファイター』が流れる中、リング上に登場したアントニオ猪木は、出場した全選手一人一人と握手を交わし「お疲れさん」「ようやく終わるね」「よくやったね」とねぎらいの言葉をかけていた。程なく、マイクを摑んで客席に向かって言った。

「それでは、カウントダウンまでお付き合い下さい。番組が早く終わりすぎたのが、とんだ誤算でしたけどね。では、呼び上げます……」

かくして「108つビンタ」は平和的に始まったが、ここから、未曽有の大騒動になるとは誰も予想しなかったに違いない。

君は何歳だ？

リングに上がったアントニオ猪木本人が、マイクを握って言う。

「ボブ・サップの試合も裏で見てきました。曙が負けたようです。ご報告を申し上げます」

そう言うと会場がどよめいた。SNSの普及していないこの時代は、他の会場の結果を知らない観客が多かったからだ。

全選手が囲むように立つ中「ビンタチケット」を事前に入手した観客がリングに上がって猪木本人から張り手を受けるのは、前年、前々年の猪木祭と同じ流れである。

過去、2年連続で大晦日の猪木祭に足を運んだ筆者の記憶だと、猪木自身はあくまでも108人のビンタに集中し、ここからはリングアナウンサーが仕切っていた。MCの回しのうまさもあって、エントリーした観客が次々とリングに上がり、猪木からビンタの洗礼を受けて、一礼して去っていく。その手際のよさは、現場の一切を任されていたDSEの制作能力を思えば、どうということはなかったはずだ。

しかし、この2003年の興行を仕切っているのはK－1でもなければDSEでもない。それどころか、日本テレビの中継も終わったことでアナウンサーも早々と引き上げ、場を仕切る人間はおらず、猪木自身がマイクを握っていた。悪い予感しかしない。

「恒例となりました108つビンタを始めましょう。年を取ってくると体力がいるんだよなあ。では、呼び上げます。12列目の31番目の人……」

程なく、小学生くらいの背格好の子供がおずおずとリングに上がる。

「君は何歳だ?」

「12歳です」

「12歳、うん……いくぞ、よしっ」

そう言うと、子供を軽く張った。場内から拍手が起きる。次いで同じくらいの背丈の丸坊主の子供が上がる。

「君は何歳だ?」

「10歳」

「10歳か、よしっ」

同じように軽く張る。これが延々と続けば、おそらく何も問題は起きなかったに違いないが、ここで流れが止まってしまう。

「次は誰ですかーっ」

猪木が呼びかけるも誰も上がってこず、仕方なく、試合を終えたばかりの出場選手が猪木の前に立つ。藤田和之、ジョシュ・バーネット、辻結花、ヒョードルにKO負けを喫したばかりの永田裕志もビンタの洗礼を受けた。

「自分もスタッフの人に『早く並んで』って言われて、猪木さんにビンタされました。『108

つでも何でもねえじゃん』って思いました。場を持たすためになりふり構っていられない感じがしましたね」（橋本友彦）

そのうち、猪木自身が焦れたよう言う。

「後が続かないですね。イノキボンバイエは、段取り通りいきません」

開催までの混乱を皮肉るように言う。表情は笑顔だが苛立っていたはずで、何より、猪木自身がマイクを握って場を回していることが異常であり、無作為にも程がある。

「今、何人だい？」

傍らにいるスタッフらしき男性に尋ねるも要領を得ない。すると、猪木は痺れを切らしたようにこう言った。

「じゃあ、俺が指をさすよ。はい、今、手をあげた君。それとタオルを持ってる、そこの君」

猪木が観客を次々と指名し始めた。指名された客は喜び勇んでリングに上がる。場内が沸き始めたのはいいが、次第に不穏な空気となっていった。

アントニオ猪木の一番長い大晦日

「とにかく、段取りが悪かったんですよね。例の『108つビンタ』のときは、最初、立って観ていた僕にもスタッフの人が『三島さんもリングに上がって下さい』って言うてきたんです。でも、自分は試合に出たわけでもないし、そもそも、叩かれるのが嫌なんで断りました。雰囲気的にダラけていたように思いました」（三島☆ド根性ノ助）

マイクを握るのは、大会の顔であるアントニオ猪木本人である。希望者がなかなか上がってこないことに業を煮やし「はい、そこの君」「じゃあ、君と君」「辻君の応援団の君たち」などと観客を指名し始めた。指名された観客が進んでリングに上がるのはいいが、群集心理を刺激するのは必然で、指名されていない観客までがリングに押しかけるのは時間の問題である。

「明らかに、やばい雰囲気になってきました。リングに向かって、人が押し寄せてくるのが見えたんです。それを見て、さらに、後ろのお客さんまで突進してくる。こうなったらガードマンには何も出来ないです」（橋本友彦）

ここで助っ人が現れる。スカパー中継で実況とリングサイドリポーターを務めたフリーアナウンサーの伊津野亮である。

「ここから、私もお手伝いいたします。では、猪木さん、これはどういう感じでリング上に上がってもらいましょうか」

見かねた伊津野が猪木に尋ねると、猪木は「えー、一寸先は闇」と返した。リップサービスのつもりだったと思うが、猪木の発言に呼応するかのように、押し寄せた観客がリング上に駆け上がってきたのである。

「下りて下さい、並んで下さい！」と必死に叫ぶ伊津野。猪木自身は顔を強張らせながら、上がってきた客を一人一人張り飛ばすが、気合を入れるためではなく、向かってくる敵をなぎ倒すための鉄拳制裁と化していた。

「下りろてめえら、下りろ！」

猪木が叫ぶ。それでも群衆の勢いは止まらない。

「下りろ、バカヤロー、リングから下りろ！」

群衆の耳には届かない。ついに、猪木の闘魂に火が付いた。

「よし、この野郎、ここでやってやる」

するとと猪木は、リングに駆け上がろうとする観客にストンピング攻撃を始めた。「猪木対観客」という前代未聞の異種大乱闘である。

「ここからは、誰がどうとか言っていられなくなりましたね。選手全員で上がってくる客を押し出して、さすがに殴るわけにはいかないけど、無理に上がろうとする客は力ずくで押し出しました。不幸中の幸いは、選手がリング上に残っていたことです。もし、いなかったら、取り返しのつかないことが起きていたと思います」（橋本友彦）

「私はこのとき本部席に座っていました。もはや収拾がつかない。こんなの前代未聞ですよ。大会ではゴングとタイムキーパーをやっていたんですが、プロレスの場外乱闘のように、ひたすらゴングを乱打しました」（宮田充）

　映像を見ると、ただならぬ表情の藤田和之が押し寄せる観客から守ろうと、ボディーガードのように猪木の傍らに付いているのがわかる。また、顔を腫らせたジョシュ・バーネットも、観客の整理に骨を折っている。そうでなくても、猪木の反撃に対し暴徒化した観客まで現れていた。暴動を防いだのは、藤田、永田、橋本、ジョシュといった、先程まで死闘を繰り広げた選手だった。大失態どころの話ではない。

どうにか、群衆を一人残らずリングから下ろしたのを見て「ここで中締めとしましょう」という伊津野亮の言葉を合図に「108つビンタ」は大混乱の末に突如終了。結局、何人ビンタされたのか誰一人として把握していなかった。

六甲の山寺から鳴り響く除夜の鐘を聞きながら、アントニオ猪木の一番長い大晦日は、どうにか終わった。

格闘技が紅白に勝った日

1月2日は、例年、業界関係者にとって、胃がきりきり痛む日である。

視聴率調査会社であるビデオリサーチ社が、大晦日のテレビ視聴率を発表する日で、ある者は歓喜のはてに正月気分にどっぷり浸かり、ある者は一気に正月気分が醒めて、仕事始めに備えて始末書を書き始める。

結果は次の通りとなった。

『第45回　輝く！日本レコード大賞』（TBS）11・7％
『NHK紅白歌合戦』（NHK）第1部35・5％・第2部45・9％
『生放送!!お笑い年忘れネタの祭典ライブ2003』（日本テレビ）8・1％
『ドラえもん大晦日だよ！全員集合』（テレビ朝日）11・0％
『ビートたけしの世界はこうしてダマされた!?　超常現象ファイル第4弾』（テレビ朝日）6・

1％

『年忘れにっぽんの歌』（テレビ東京）10・5％

『アジア№1は誰か!?　マジシャン選手権』（テレビ東京）2・2％

紅白歌合戦が4年連続50％を割ったばかりか、前年より1・4％も数字を下げた。

そして、注目の格闘技中継の結果はこうなった。

『PRIDEスペシャル男祭り2003』（フジテレビ）第1部17・2％・第2部8・9％

『イノキボンバイエ2003～馬鹿になれ夢をもて～』（日本テレビ）5・1％

『K－1プレミアム2003　人類史上最強王決定戦　Dynamite!!』（TBS）19・5％

『K－1 Dynamite!!』は、前年の『INOKI BOM-BA-YE 2002』の16・5％から3％も増やし、これまで『白虎隊・後篇』（日本テレビ／1986年）が堅持してきた17・2％を超える、大晦日民放新記録を達成したのである。

しかし、重要なのはそのことではない。

ビデオリサーチ社が、毎分視聴率の計測に重点を置くようになったのは、リモコン使用が主となった1985年以降だが、大晦日に限っては、どれほど紅白歌合戦が視聴率を下げようと、瞬間でも紅白を上回る裏番組が現れることはなかった。

それが、2003年大晦日は、歴史が塗り替わった年となった。

22時59分＝紅白43・0％　K－1 33・1％
23時00分＝紅白37・8％　K－1 38・7％
23時01分＝紅白35・8％　K－1 42・4％
23時02分＝紅白35・5％　K－1 43・0％
23時03分＝紅白35・8％　K－1 42・0％
23時04分＝紅白44・7％　K－1 23・5％

23時00～03分の4分間は、テレビ史上初めて、紅白歌合戦が視聴率で裏番組に抜かれた、歴史に残る4分間となった。

このとき、K－1は「曙太郎対ボブ・サップ」の試合開始直前から試合終了までを中継していた。43％を記録したのは、まさに、曙がサップに倒された瞬間である。同じ時刻に、紅白は長渕剛が『しあわせになろうよ』を熱唱していた。すなわち、K－1は長渕を倒して、文字通り「しあわせになった」のである。

23時04分に、K－1の視聴率が一気に急落している理由もわかる。曙が倒された直後にCMに移ったからだ。もし、ここでCMに行かなければ、瞬間最高記録は23時10分程度まで更新され、おそらく、平均視聴率も20％を超えていたと想像がつく。

大混乱として伝わる「民放3局同時格闘技中継」だったが、その副産物は〝紅白超え〟という前代未聞の快挙だったのである。

2億円減額

猪木祭主催者の川又誠矢の携帯電話に、特番プロデューサーである日本テレビ編成部の宮本修二から連絡が入ったのは大晦日の視聴率が発表された翌日の2004年1月3日のことである。

2003年大晦日、日本テレビが放送した『イノキボンバイエ2003〜馬鹿になれ夢をもて〜』は、平均視聴率が5・1％、瞬間最高視聴率が「永田裕志対エメリヤーエンコ・ヒョードル」で13・6％である。

平均視聴率19・5％、瞬間最高視聴率が「曙太郎対ボブ・サップ」の43％を叩き出したK－1や、平均視聴率17・2％（前半）、瞬間最高視聴率が「吉田秀彦対ホイス・グレイシー」で28・9％をマークしたPRIDEと比較して〝一人負け〟の印象は拭えなかった。

川又誠矢が汐留の日本テレビを訪れたのは、1月3日の夕方である。

「宮本プロデューサーと、事前に赤坂プリンスホテルで待ち合わせをして、そこから一緒に日本テレビに行ったんですけど、その行く過程で、宮本プロデューサーから『視聴率がかなり悪かったので、ひょっとしたら、何千万か減額ということを言ってくるかもわからないんで』と。『ただ、まあ、後の仕事もあるんで、一応、そういうつもりでいて下さい』という状況で」（川又誠矢の証言／第6回口頭弁論調書）

川又が汐留の日本テレビに到着すると、大会議室に通された。10月14日に放送契約の話を繰り返した場所である。編成局長の山根義紘、事業局長の福島真平、事業部長の田中晃が顔を揃えていた。番組プロデューサーの宮本修二は、このときは別室に控えていたという。

「最初こそ、挨拶で『お疲れ様でした』ということもありましたけど『2億減額ということで』という言われ方をされました」（川又誠矢の証言／同）

「まず、ミルコ選手の欠場とか、直前のマッチメイクの不手際について、陳謝がありました。（中略）事業局長の福島から、このように言いました。『ミルコ選手も、結局、出場しませんでした。その他の選手も、直前になって変わってしまいました。それ以外にも、当初の話から、会場が変わったり、いろんなことがありました。その結果として、視聴率も極めて低調に終わりました。観客動員も低調に終わりました。日本テレビとしては〝最高の格闘技大会〟と認められません』というふうに言いました」（田中晃の証言／第7回口頭弁論調書）

「私は正直、ちょっと、そのとき呆然としましたし、率直に言って『すみません、もし、その金額をいきなり減額されるということであれば、ウチは支払いが出来なくなります。要は会社も潰れます』という話もしました。（中略）福島さんが主に言ったと思うんですけど『今、ここで当事者でそのことを言ってもしょうがないから、後はお互い納得できる状況になるかどうかは別として、弁護士さんの話をしましょう』という言われ方をされました」（川又誠矢の証言／第6回口頭弁論調書）

数日後、川又誠矢は日本を離れた。

43％Tシャツ

２００４年1月2日午前、谷川貞治の姿はＦＥＧのオフィスにあった。視聴率調査会社・ビデオリサーチ社から朝一番で連絡が来ることになっていたためだ。

しばらく待っていると結果メールが届いた。『Ｋ-１プレミアム２００３ 人類史上最強王決定戦 Ｄｙｎａｍｉｔｅ‼』の平均視聴率は19・5％、瞬間最高視聴率は23時02分の43％。４分間とはいえ、民放の番組が初めて紅白歌合戦を抜いた、テレビ史に残る快挙である。

オフィスは一斉に拍手に包まれた。社員が冷蔵庫からワインや缶ビールを取り出し、急ごしらえの祝宴が開かれた。

「言葉に言い表せない想いですよ。感動しすぎてあまり記憶にないなあ。憶えているのは『走馬灯のように』ってよく言うけど、本当にそんな感じだったこと。館長の逮捕に始まって、ＰＲＩＤＥとの戦争、タイソンとの契約、曙の参戦……。２００３年の出来事が一気にフラッシュバックされて、それでこの結果かと思うと、涙がこぼれそうでしたね」（谷川貞治）

乾杯のタイミングで電話がジャンジャン鳴って、社内はちょっとしたパニックとなった。お祝いのメッセージが一段落つくと、谷川はほろ酔い気分も構わず赤坂のＴＢＳに向かった。スポーツ局のフロアに着いたら、スタッフ全員が拍手で出迎えてくれた。ＴＢＳにとっても社史に残る大偉業に違いなく、社内でもささやかな祝宴が開かれたが「その後のことは、まったく記憶にない」と回想する。

三が日が明けても感動がやむことはなかった。谷川はスタッフに命じて「43%」とプリントされたTシャツを大量に作らせている。各所に配るためだが「何であんなもん作ったんだろう」と笑う。

21年経った今〝大晦日戦争〟を勝ち抜いた勝因を振り返ってもらった。

「勝因は当然、ボノちゃん(曙)です。タイソンだったら、ここまでの結果になってないです。タイソンはグローブをはめて戦う姿は想像ができるじゃないですか。でも、ボノちゃんの場合は『本当にグローブをはめるのか』『何ならまわしを締めて上がるんじゃないか』みたいな怪情報まで出回って、それもプラスに作用しましたよね」

「美川さんが紅白で『ボブ・サップなんてイチコロよ!』って叫んだのは全然知らなかったです。でも、数字の流れを見ると、実際に効果があったのは間違いない。そういう意味では、サップのことも褒めなきゃいけない。2003年のサップはダメダメのヘタレだったけど、常にタレントとして露出していたでしょう。それは大きかったと思います」

他局の結果についてはこう述べている。

「日テレの猪木祭が思ったほど獲らなかったなあ。炎上商法が機能しなかったのは意外でした。ただ、ミルコが出ていれば、少し結果は違ったはず。目玉がヒョードルだけというのは痛かったと思う。一番意外だったのはPRIDEですよ。ここまで獲るとは思わなかった。PRIDEというイベントがブランド化していた証拠でしょう。いずれにしても、リアルファイトがそれだけ高い関心を持たれていたのは、記録されるべきだろうと思います」

そう回想する谷川だが、ここで得た財産が負の遺産になるのに、さほど時間はかからなかった。

翌年以降、視聴率偏重は更に顕著となり、競技性は蚊帳の外に置かれ、リング外の暗闘は余計に喧《かまびす》しくなったからだ。

終章　勝者なき戦争

2006年3月初旬、『週刊現代』編集部員の船川輝樹は、たまたま入った書店で『新日、K−1、PRIDEタブー大全』なるムック本を手に取った。

何の気なしにめくると、巻頭特集に、2003年の大晦日に神戸ウイングスタジアムで開催され、日本テレビが中継した『イノキボンバイエ〜馬鹿になれ夢をもて〜』の主催者である、川又誠矢のロングインタビューが載っていた。第1部と第2部の合計57ページ。「面白そう」と思った船川は、そのまま、書店のレジカウンターに進んだ。

少年時代からプロレスやボクシングを好み、大学時代は空手部に在籍していた船川にとって、この手のムック本を購入するのは珍しいことではなく、帰宅してからも夢中になって読み耽った。ふと「これを特集にしたらいいかも」と閃いたのは、次号の『週刊現代』の特集2ページがまるまる空いていたからだ。

翌朝、加藤晴之編集長（当時）に提案すると「大晦日TV格闘技大戦争？　そんな3年前のネタを、読みたいやつがいるか」と相手にされなかったが、校了まで数日という切迫したスケジュールもあり、渋々認めてくれた。

船川はまず、ムック本の著者であるタダシ☆タナカというライターと、すぐさま連絡を取った。「同志社大卒、ウォール街の証券マンとして、17年間ニューヨークに住んでいた」という履歴のタダシ☆タナカは「私が直接、書くことは出来ないけど、資料ならいくらでもお貸しする」と企画に乗ってくれた。同時に、日本テレビとフジテレビの広報部にも、取材依頼のファックスを送った。

まず、日本テレビに送った取材申込書の文面は、主に以下の通りとなる。

小誌「週刊現代」では2003年大晦日、御局で放送された格闘技イベント「イノキボンバイエ2003」に関わる出場選手決定までの舞台裏、金銭問題について取材中です。以下3点につきまして、8日（水）20時までにご回答いただけましたら幸いです。

①同イベントに出場予定だったミルコ・クロコップ選手の欠場が決定的となり、目玉となる出場選手を探していたとき、ケイコンフィデンス社長・川又誠矢氏は、宮本修二プロデューサー（当時）から「ミルコと同等の選手を探してくれ」と指示され「ヒョードルのことですか、彼を出場させるとどんなリスクがあるか、わかりますか」と訊くと、「『それなら、もっと強いヤクザにお願いしてでも、出場できるようにして下さい』と宮本氏から言われた」と語っています。そういった事実関係はありましたか。

②同イベントの記者会見直前の12月21日、宮本プロデューサーの指示で、格闘技団体「PRIDE」の榊原信行社長とヒョードル選手の出場をめぐって話し合いの場を持ったとき、暴力団関係者が榊原社長側と出席し、話し合いに加わっていたことは「宮本プロデューサーら局側も承知していた」と川又氏は語っています。そういった事実はありましたか。

③①または②が事実なら、御社は暴力団関係者が介在しているのを知りながら、企画を進め、放送したことになります。公共性の高い報道機関として、倫理的、道義的責任があると小誌は考えますが、御社の見解をお聞かせ下さい。

次いで、フジテレビに送った文面は以下の通り。

小誌「週刊現代」では2003年大晦日、日本テレビ系で放送された格闘技イベント「イノキボンバイエ2003」に関わる出場選手決定までの舞台裏、金銭問題について取材中です。以下3点につきまして、9日（木）までにご回答いただけましたら幸いです。

①現在、同イベントを企画した「ケイコンフィデンス」（以下、KC社）は日本テレビを相手取り、興行権・放映権料の未払いを巡って、民事で係争中です。KC社・川又誠矢社長は、「格闘技団体・PRIDEを運営する、ドリームステージエンターテインメント（以下、DSE社）と

の話し合いに暴力団関係者が同席したり、執拗なイヤガラセを受けた」と証言しています。当初、この企画は「ＰＲＩＤＥ」系イベントに実績のある御社系列で放送予定でしたが、一転、日本テレビ系列での放送となりました。ＤＳＥ社が選手の出場を巡って暴力団関係者を立ち合わせたり、問題解決を依頼していたことを当時、御社は知っていましたか。

②現在、ＤＳＥ社が暴力団関係者とつながりがあり、選手引き抜きなどに同関係者を利用していると認識していますか。

③暴力団関係者とつながりのある団体のイベントを放送し続けることは、公共性の高い報道機関として、倫理的、道義的責任があると小誌は考えますが、御社の見解をお聞かせ下さい。

数日後、両社から回答が届いた。まず、日本テレビである。

貴殿からの平成18年3月7日付取材申込書記載のご質問事項について、ご回答申し上げます。

①について。①のような事実関係はありません。ミルコ選手の代わりの目玉選手として、弊社の宮本が川又氏にヒョードル選手の出場を要請したとのことですが、ヒョードル選手の出場は２００３年12月15日のミルコ選手による欠場表明の以前からすでに決まっていたことであり（12月5

日に出場発表を行っています）客観的事実に反します。また、弊社の宮本からヒョードル選手を出場させるべく暴力団関係者に依頼するよう指示があったとの点は、まったくの虚偽です。裁判上も、ケイコンフィデンス側から、これまで、そのような主張がなされたことはありませんし、川又氏本人の尋問でも、そのような事実は、まったく述べられておりません。

②について。②のような事実関係はありません。弊社の宮本の指示で、川又氏と暴力団関係者との間でヒョードル出場をめぐって話し合いの場が持たれたとのことですが、これもまったくの虚偽です。裁判上も、ケイコンフィデンス側から、これまで、そのような主張がなされたことはありませんし、川又氏本人の尋問でも、そのような事実は、まったく述べられておりません。

③について。上記の通り、①及び②のような事実関係はありません。弊社としても、係争中の裁判の一方当事者である川又氏の虚偽の主張を前提として、弊社に倫理的・道義的責任があるとの批判をなされるのは、まことに遺憾です。

続いて、フジテレビの回答である。

ご指摘のような内容は認識していません。日本テレビとＫＣ社で係争中の案件であり、当時の事実関係も確認出来ません。「ＰＲＩＤＥ」は、現在もＤＳＥに業務委託していますので、マッチメイクがどのように行われているか把握していません。従いまして、フジテレビとしての責任問題についてもコメント出来ません。

船川はタダシ☆タナカから受け取った資料と、日本テレビとフジテレビの広報部から送られた右の回答、匿名を条件に取材に応じてくれた日本テレビの社員のコメントをもとに、契約記者の今若孝夫と協力しながら、一本の特集記事を書き上げた。それが「格闘技とテレビ局と暴力団」（『週刊現代』（２００６年3月25日号）である。

この年、格闘技業界を大きく変えてしまう特集記事は、こんな些細な経緯で始まったのだ。

警告書

この記事から18年経った今、婦人向けの媒体に携わるなど、現在も講談社に在籍する船川輝樹は当時のことをこう振り返る。

「よく『ＰＲＩＤＥ潰し、フジテレビ潰しで始まった陰謀キャンペーン』とか言う人がいるけど、全然違います。週刊誌の特性上、事件やスキャンダルには飛びつくんだけど、潰そうとまではしません。何の得にもならないからですよ。そこが、大新聞の政治部の記者との一番の違いで、週刊誌の記者の場合は、そういうのは、勲章にならないんです」

「あと、これも勘違いしてる人が多いんだけど、最初から反響を呼んだわけではまったくないです。むしろ、反応がなさすぎて、編集部でちょっと肩身が狭かったくらい。ただ、何も期待されていなかったんで『別にいいか』みたいな感じ。それより何より、無事にページが埋まってくれて、ホッとしていました」

読者の反響こそ少なかったが、日本テレビとフジテレビからは、広報部長の名前で抗議のファックスが届いた。

日本テレビは「当該記事の真実性に疑いを生じさせる余地が充分あることを窺わせ（中略）当社としては当面の間、貴誌からの取材には対応しかねますことをご通知申し上げます」と取材拒否を匂わせている。

一方のフジテレビは「警告書」と謳って、以下の文面を送ってきた。全文そのまま掲載する。

1・冠省　株式会社フジテレビジョン（以下「当社」といいます。）及び当社社員　清原邦夫（以下「清原」といいます。また、当社及び清原を以下「当社ら」といいます。）は、貴社に対し、以下のとおり警告いたします。

2・貴社は、「週刊現代」2006年3月25日号24ページから27ページにおいて、「スクープ　暴力団幹部に脅されていた日テレ『猪木祭』プロデューサーが爆弾発言！『格闘技とテレビ局と暴力団』」と題する記事（以下「本件記事」といいます。）を掲載しています。本件記事27ページ2段目から3段目にかけて、清原と思われるフジテレビプロデューサーの川又誠矢氏に対する発言が掲載されていますが、清原がかかる発言を行った事実は一切ございません。

3・また、当社は、平成18年3月29日、株式会社講談社「週刊現代」編集部今若孝夫記者より、取材申込書のファックスを受領いたしました（以下「本件取材」といいます。）。同取材申込書に記載された各質問からは、DSE社が運営する格闘技イベント「PRIDE」に関し、恰も、「当社らが、暴力団と関わっている。」、または、「当社らが、DSE社と暴力団との関係を認識している。」といった誤った印象を読者に与える記事を掲載する貴編集部の意図が窺われます。

しかしながら、当社らには暴力団との関係は一切ございません。また、当社らは、DSE社から同社が暴力団と一切関係ない旨の説明を受け、そのように認識しております。

従いまして、当社らは、貴社に対し、今後、「当社もしくは清原が、暴力団と関わっている。」または「当社もしくは清原が、DSE社と暴力団との関係を認識している。」といった誤った印象を読者に与える記事を掲載しないことを要求するとともに、万が一かかる記事が掲載された場合には、当社及び／または清原に対する故意による名誉毀損行為として、刑事告訴、損害賠償請求など適切な法的措置を採ることをここに警告いたします。

4・また、当社らは、過去に、貴社の「週刊現代」2002年11月23日号50ページから51ページの「国税・地検が動く　フジテレビ大物プロデューサーに『K－1マネー』」と題する記事により、名誉権侵害の被害を受けました。当該記事につき、貴社は、当社らに対し、その損害を賠償するとともに、週刊現代編集部は、「週刊現代」2004年3月20日号234ページの誌上にて、当該記事に事実誤認があったことを認めた謝罪文を掲載しております。

当社らは、極めて不十分な本件取材に基づき事実を誤認した記事が掲載されることにより当社らの名誉権が再び侵害されることがないことを切に要望します。貴社の適切かつ誠実な対応を期待します。


右の文面だけを読めば、激昂している様子が窺えるが「これは、割と普通の反応です」と船川は言う。

「編集部に抗議書や警告書が届くのはよくあること。一番多いのは政治関係で、訴状が届くのもざらだし、裁判に発展することもある。ただ、この場合は向こうも、本気で喧嘩をするつもりはなくて『これ以上は勘弁して』というメッセージみたいなもんです。例えば、日テレの抗議文の中に『当面の間、取材には対応しかねます』ってあるでしょう。この『当面の間』がよくわからない。実は3日かもしれない。曖昧なんです。フジの場合、4年前のウチの過失をわざわざ書き加えているのは『言うても、お互い、いろいろあるやん』っていう皮肉ですね」

そして、こう付け加える。

「ただ、ウチ（講談社）も会社同士で付き合いがあって、情報をもらうこともあるし、個々の社員を知らないわけでもないんで、こういうものが届くと『これ以上は触らんとこう』ってなります。実際、僕もそのつもりでしたから」

しかし、物事は船川の想像しない方向に動き始める。

ロスまで来られます？

数日後『週刊現代』次長（当時）の稲葉好久が、１枚のプリントを船川に手渡した。
「こないだ、２００３年の猪木祭を記事にしてただろう。その当事者の川又って人が、少し前に神奈川県警に上申書を出しててさ」

プリントに目を落とすと「１月１日に静岡県内で複数の暴力団員に脅迫された」として、猪木祭の主催者である川又誠矢が、神奈川県警に提出していた上申書の写しがあった。別の事件を追っていた稲葉が偶然に入手したのだ。

「この人に話を聞いたら、面白そうな記事が出来るんじゃないか」と稲葉に言われ、すぐさま、船川は上申書に明記してある代理人の弁護士事務所に連絡を入れた。「触らないつもり」ではあっても、もう少し、こすれそうならこすりたいし、別の事件とつながるかもしれない。「週刊誌の記者っていうのは、個人差こそあれど、そういう思考回路で」と船川は苦笑する。

電話に出た弁護士は「川又本人は日本にいないんで、そもそも、会えるかどうかわかりませんよ。一応、訊くだけ訊いてみますけど」と気乗りしない様子で言った。船川は自身の携帯電話の番号を告げながら「日本にいないなら無理かな」と半ば諦めていた。

１週間後の日曜日である。この日、船川は法事に出席するため、両親や家族、親戚と一緒にいた。昼食を食べていると、携帯電話が鳴った。着信番号には見覚えがなく、海外から発信しているようでもある。

「もしもし、船川ですが」

「もしもし……。あの、私のことを捜していますか」

川又誠矢だった。

「あ、『週刊現代』の船川と申します」と慌ててカバンの中から、手帳とペンを取り出した。

「弁護士の先生から聞いたと思いますけど、今、私は日本にいないんです」

「では、話を聞かせていただくのは……」

「ロスまで来られます？　もし、来るんなら何でも話しますけど」

船川は「是非」と言いかけたが、自分の一存で決められることでもなく「編集部に掛け合います」とだけ言って電話を切った。

翌朝「ロスまで取材に行きたいんですけど」と加藤編集長に具申すると「ロス？　ダメダメ、遠すぎる」と却下されたが、横で聞いていた稲葉次長が助け船を出してくれた。

「悪くないと思いますよ。別の事件に引っかかる可能性もあるし、記事も何本か作れるでしょう。一つの記事にかかる費用を思うと、安いものじゃないですか」

そう言って掛け合ってくれると、編集長も最終的に了承してくれた。

数日後、船川輝樹は、契約記者の今若孝夫を帯同して、ロサンゼルスに飛んだ。

未払いリスト

2003年大晦日、未曽有の大混乱の末に興行を終えた、猪木祭の主催者である川又誠矢は、

２００４年元日、午前中に、新神戸から東京行きの新幹線に乗った。昼すぎに東京駅に着くと、携帯電話で呼び出しを受けたという。

「猪木祭が終わって東京に戻りホッとしたのもつかの間、04年元日早々、私は地方都市に呼び出され、『ヒョードルが猪木祭に出場できたのは誰のおかげだと思ってるんだ。謝礼として2億円用意しろ』などと延々3時間以上も脅され、無理矢理支払いを約束させられたのです」（川又誠矢のコメント／『週刊現代』２００６年4月22日号）

日本テレビから2億円の減額を通告されたのは、その2日後である。「日本を離れて海外に出よう」と考えたのは身の危険を感じたからだ。身を隠すとなると、支払いが一時的に滞ることになるが、背に腹は代えられない。以下、未払いのリストがある。

株式会社京王エージェンシー
（会場費）９４５万円
（設営費）１５３３万円
株式会社神戸製鋼所不動産カンパニー
（清掃費）１０６万５７５０円
株式会社サウンドクリエーター
（制作費）３２００万円
（警備費）１５９６万５７２２円

（ケータリング費用他）８４６万３７６４円
（ラウンドガール代）92万４０００円
株式会社ワールドパンクラスクリエイト
（リング設営費）２５０万円
近畿日本ツーリスト株式会社
（交通費）２８５９万８４６６円
株式会社スーパートラベル
（交通費）４６１万７０３５円
株式会社Ｋ－１
（交通費）１３７万４８０円
猪木事務所
（選手ギャラ）８６５５万円
ミロ・ミヤトビッチ（選手代理人）
（選手ギャラ）１９２５万円
高山選手
（選手ギャラ）不明
橋本選手
（選手ギャラ）１００万円

有限会社ニッセイ・エム
（選手交通費）　４２４万７４３０円
有限会社エヌエー・トラベルソリューション
（通訳費）　21万円
可児保彦
（撮影費）　15万７５００円
加藤栄芳
（プロデュース業務委託費）　５２５万円
篠泰樹
（プロデュース業務委託費）　１０５万円
株式会社テンプリント
（印刷費）　２０３万２４６８円
（未払金額合計）　２億４００３万２６１５円

ここに、名前が列記されている格闘家の橋本友彦は、未払いの顚末をこう証言している。

「試合は負けたけど、ギャラは100万円なんで、素直に嬉しかったんですよ。それで『1月5日に振り込みます』って言われていたので、5日にATMで通帳記入したんです。そうしたら、振り込まれてなかった。『何かの手違いかな』と思って、次の日も、その次の日もATMに行ったんだけど、やっぱり、振り込まれてなかった」

「それで、ケイコンフィデンスに連絡したら電話がつながらない。そのうち、関係者の人から『橋本君はギャラもらった?』って訊かれて『まだです』って答えたら『業者もそうらしい』って聞かされたんです。そうこうして、日本テレビの人と電話がつながったので事情を話すと『いくらですか』『100万です』『わかりました』ってことで、数日後に振り込まれていた。5月の連休の頃でしたね。だから、僕は一応もらえたんですよ」

日本テレビとの裁判

ロサンゼルスに滞在して半年ほど経った頃、川又誠矢は、日本テレビを相手取って民事訴訟に踏み切った。訴状(2004年5月20日付)のコピーには次のことが書かれている。

「被告(日本テレビ放送網株式会社)は原告(株式会社ケイコンフィデンス)に2億円及び、これに対する本件訴状送達の翌日から支払済まで、年5分の割合による金員を支払うこと」

すなわち「不当に減額された2億円を支払え」ということである。当然、日本テレビも争う構えを見せ、すぐさま、10人からなる弁護団を結成した。

原告・ケイコンフィデンス(川又誠矢)と被告・日本テレビによる、民事裁判は2004年5月20日から始まった。日本から姿を消していた川又誠矢も、霞が関の東京地裁に姿を見せた。

筆者の手許に2006年1月19日の第6回口頭弁論のコピーがある。「良心に従って真実を述べ、何事も隠さず、偽りを述べないことを誓います」という宣誓書にサインしている。

証言台では「格闘技業界に関わるきっかけ」「ミルコ・クロコップのマネージメントに携わるいきさつ」「8月のイベントを中止にする代わりに、大晦日にDSEと合同イベントを開催することになった経緯」「日本テレビとの契約締結」等々、本書で披歴した内容とほぼ大差なく述べているが、争点となっている「ミルコ欠場から、ヒョードル出場に至る経緯」については、主にこう説明している（聞き手／原告側代理人・和久田修）。

――陳述書によると、12月の初め頃に「ミルコ選手が怪我のために、出場出来ないんじゃないか」という噂が出てきたんですが、日本テレビとは、どういう協議、どういう対応をするという話になりましたか。

「その時点で宮本プロデューサーと、打ち合わせを重ねていたので『何とか出させてくれ』と。ただ、その時期に、ヒョードル選手のことも出てきて、ミルコの代わりになるような選手となると、当時で言うと、ノゲイラ選手、ヒョードル選手、K－1のボブ・サップ選手とか、それくらいしかいない現状だと思うので『その中で、どれか選手を出してもらわないと、最悪の場合、ミルコがもし怪我であれ何であれ、出られないという状況になると、減額と言われる恐れがありますす』というふうな話は言われました」

――つまり、今言った「ヒョードルとか、ノゲイラとか、ボブ・サップとか、仮にミルコが出られなくても、その辺りの選手が確保できれば、減額とかの話が出ないだろう」みたいなニュアンスということですか。

「宮本プロデューサーの方からは、そういう答えが、そのときは返ってきています」

——あと「代わりの選手」ということで記録を見て、12月5日に、ヒョードル選手がロシアン・トップチームというプロダクションから、レッド・デビルに移籍したことを機に、ミロさんを通して「ケイコンフィデンス（KC）のほうで一応、契約上は確保出来た」と。当時のPRIDEのヘビー級チャンピオンですよね。ある意味で、ミルコ以上の選手だと思うんですけど。

「はい」

——そのヒョードル選手が「イノキボンバイエ」へ出るということに対し、何か日本テレビ側に話をしたことはありますか。

「ちょうど、その時期に『ヒョードル選手』という話が、ミロ・ミヤトビッチから出まして、もちろん、宮本プロデューサーからも、最悪の場合、代替の選手としてヒョードル選手も上がっていましたから。ただ、フジテレビのＰＲＩＤＥの方で、年末に出したい選手のメインであることも間違いないことですし、それが向こうに出ず、こっちに出て、ストレートに言って、暴力団が介入しての、いろんな圧力があることとの不安を、宮本プロデューサーに話はしました」

——例えば「そういう不安がある、可能性が高い」という話は、少なくとも、その時点で日本テレビの宮本さん等には伝えていた。

「もちろん、話し合いの席でもそういうことも言っています。当然、その席に宮本プロデューサーもいましたから」

——12月5日の時点で、ヒョードルと契約出来ているんですけど、8日の時点で、すでにヒョードルは参加が決定したことが公表されていますね。DSEも「法的措置を採る」とか表明があったりしていますけど、あなた自身、あなたの不安、暴力団関係者からの圧力等、そういうことは現実にありましたか。

「ありました。私の外出中に、自宅に暴力団のような人間が来たりとか、何度も電話があったりとか、ホテルを転々と変えている状況の中で、直接、私の携帯に暴力団から連絡があって『どうしても、DSEの連中と同席した席に出て来い』というふうなことを言われました」

――12月21日に、記者会見が予定されていましたね。その会見の前に「そういうところで、話をしろ」ということですかね。

「そうですね」

――どういう状態になりましたか。

「暴力団関係者が何名かと、あと、DSEの榊原君と、DSEの実質上のオーナーと言われる人間と、その席で監禁になるのか、軟禁になるのかアレですけど、そこから出してもらえない状況でした。記者会見の前に」

――結果として、21日の記者会見では、ヒョードルの出場は明言できない状態になりましたね。解放されて、記者会見の前、日本テレビさんとそういう話はしましたか。

「もちろん、そういう嫌がらせとか受けている段階で、宮本プロデューサーも知っていましたし、記者会見場に私が遅れて行ったときも、控室にミロ・ミヤトビッチと、猪木事務所の伊藤さんと、宮本プロデューサーがいて『実はこういうことで』と話しました」

——最終的には12月28日ぐらいですかね、一転、ヒョードルの出場は決定しました。その経緯は、警察との関係もあって詳しくは言えないと思うけど、暴力団の介入とか脅迫等、やはり、あったんですか。

「はい」

——そういう経緯は全部、宮本さんとか日本テレビ側に伝えていますか。

「もちろん、話しています」

そして、日本テレビの体質については、こう言及している。

「榊原君も今井氏も、その辺で反対していた部分もあったんですけど、そういう意味では、彼らの言う通りだったなと。個人的な感情になるかもわかりませんけど、基本的に、読売さん、日本テレビ、そういう体質だと。だから、1回目でこうだと言っても、『もし、何かあったら責任取らされるのは、そっちになると思うよ』ということも言われてて、現実、いろんな流れの中で見ると『まあ、彼らの言ってた通りだったな』というふうな」

6億円

一方、被告側からの質問は、当然ながら、厳しいものとなった。減額された2億円より、受け取った6億円への追及が始まったからだ（聞き手／被告側代理人・吉羽真一郎）。

――ケイコンフィデンスの未払金一覧ということで、原告側の和久田先生からいただいたものですけど、これによると、会場費、設営費、制作費、警備費、一部、選手のギャラというのがあるんですが、イベントをやるにあたってのほとんどの費用が、未払いと思われるんですけれども。現時点で、日本テレビからケイコンフィデンスに対して、6億円支払われていますよね。その6億円はどこに使用したのか、具体的に述べて下さい。

「いろいろ、海外のプロモーター、それ以外にも、当然、支払先はありまして。あと、現状、全額、お支払いは出来ていないので、どこまで、誰がということはお話し出来ませんが、私は別のことで、仕事をした分で、分割でお支払いをしているものもあります」

――「海外のプロモーター」ということなんですが、具体的にはどういったところに、いくら支払ったというのは、憶えていますか。

「はい、私の中では憶えています」

――金額はいくらぐらい使いましたか。

「かなりの金額がいったと思いますけど」

――具体的な金額は言えますか。

「それは、ここでは」

――言えませんか。

「はい」

――6億円使ったということなんですが、それに関する領収書や請求書は残っていますか。

「あるものと、海外のプロモーター関係で、ないものもございます」

――「海外はない」ということですか。

「海外だけじゃないです。日本のプロモーターもそうです」

――「あるものと、ないものがある」と。選手のギャラという点ですが、払ってない人も多いかと思うんですけれど、誰に払ったかは憶えていますか。

「憶えています」

――具体的に誰に払いましたか。

「先程、言いましたように、全員に払えてないので。ただ、そこに書いてある方でも、支払いを済んでいる方はいます」

――「全員に払えてないから、具体的に誰に払ってないかは言えない」ということですか。

「はい、誰に払ったか、払ってないかというのは、今ここでは」

――それでは、6億円の支払いが分割して行われたんですけど、1月3日の話し合いを受けて、1月7日に1億7500万円を支払われているんですが、その用途を具体的に教えて下さい。

「それも、当然、イベントに関わることで、約束していた人にお支払いしています」

――その内訳も、具体的には述べられないんですか。

「はい、それを、今ここでは」

――「どこにいくら払ったか」ということを日本テレビに報告したことはありますか。

「私からは、ないと思います」

――他からは、ある可能性はありますか。

「すみません、先程、言ったような状況で、私は日本を出て、電話でいろんな打ち合わせという状況がほとんどだったので、今、唐突に言われても、自分ではわからないです」

――6億円全体の用途に関して、日本テレビにまとまった報告をしたことはありますか。

「弁護士さんを通して、大雑把だったと思うんですけど、簡単なものを作った記憶はあります」

――その弁護士を通して報告だけということで、よろしいですね。

「はい」

優先順位

6億円の使途について、頑なに口を閉ざす原告に対し、被告側は指摘を繰り返した（聞き手／被告側代理人・上村哲史）。

――先程、6億円の使途について「選手全員に支払っているわけではないから、誰に支払ったか言えない。何に使ったか言えない」と、こういう話をしていましたけど、それは何故ですか。

「『何に使ったか言えない』というか、全員に払えているんだったら一番いいんですけど、一部だけ払って、一部払ってないのかというふうに、それは、払った選手に関しても『何でお前だけもらえているんだ、ということにもなるのかと思って言えない』と言ってるだけです」

――その優先順位というのは、どうやってつけているんですか。

「優先順位というのは、正直言いまして、その選手の経済状況もあったりとか『イベントをやる上で、お世話になったな』ということもあったりとか、そういう部分で」

――「海外のプロモーターと3年契約を結んだ」という発言をしていましたけども、具体的にどの選手について、3年契約を結んでいるのでしょうか。

「どの選手というのはアレですけど、今回、出ていない選手に関してもそうですし、いろんな選手のことでやっています」

――今回、出ていない選手についての契約も、あるということなんですね。

「あります」

――それは「すでにお金を支払った」という趣旨ですか。

「支払っているものもあります」

――請求書とか領収書はありますか。

「あるものもあります」

――それは出せないんでしょうか。

「それは、今の段階では勘弁して下さい」

――いくら、どの選手に払ったか言えますか。

「それも同じ理由です」

――同じ理由というのは?

「今の段階では」

――今の段階で言えない理由とは？

「それも『そこだけ払って』という」

――2003年夏のイベントで、予定していたイベントというのがあって、そこで「ミルコ選手や吉田選手、その他のスター選手を招聘する予定であった」ということなんですが「吉田選手とも具体的な進行がある」ということで、よろしいんでしょうか。

「はい、それは、進めていました」

原告側代理人も応酬する。法廷は印象が左右する側面が大きいからだ（聞き手／原告側代理人・岩井信）。

――今、被告側の代理人から、6億円の使途先について訊かれましたね。この使途先の支払状況については、例えば「6億円とか、2億円とか、その費用を支払わない」とか、そういう約束はありましたか。

「そんなものは、まったくございません」

――この使途先についての経費について、被告に対して、あなたが報告する義務というのは、契約に定められていましたか。

「ないと思いますし、聞かされてもいません」

——契約書第5条を示します。「経費の負担」と書いてありますね。ここでは、明確に、経費について「ケイコンフィデンスが負担する」と書いてありますね。

「はい」

——「この費用について、被告に報告する」と、そういう義務も書いてありませんね。

「はい」

——あなたが今、背負っている債務について、被告に転化しようとしていませんよね。

「はい」

出廷を終えて、川又誠矢は再びロサンゼルスに戻った。

「東京の週刊誌の記者が『川又さんの話を聞きたい』と言っているんですけど」と弁護士の和久田修から聞かされたのは、1ヵ月半後のことである。

俺を売るつもりとちゃうか

ロサンゼルスに飛んだ『週刊現代』の船川輝樹は、郊外の焼鳥屋の個室で初めて川又誠矢と会った。「ここでは、取材はせず、顔合わせで一緒にご飯を食べただけ」と船川は言う。

翌日から、船川が宿泊していたホテルの一室で取材が始まった。船川の回想がある。

「前夜に会っているけど、リラックスしながらやれるわけじゃない。どんな人かわからないし、激怒されるかもしれない。ましてや、海外でしょう。ただ、川又さんにとっても、僕がどんな記者か知らないし『こいつ、俺を売るつもりとちゃうか』って、疑心暗鬼になることもあったと思いますよ。だから、お互い探り探りやるんです。緊張感がありました」

「その上、時差ボケが酷くて、治らないままで取材に突入したんです。挙句に取材も長時間になってしまったんで、体力もきついし、何回も寝落ちしそうになって。そうしたら、その都度、川又さんが『大丈夫ですか、少し休みます？』とか言ってくれたりして、そういうコミュニケーションもあったんで、どうにか、完走したんです」

7時間にわたる取材を終えて、早々と帰国の途に就いた船川は、成田から編集部に直行。大急ぎで取材内容をまとめた。

それが、3月27日発売『週刊現代』（2006年4月15日号）の誌面を飾った「連続追及スクープ第2弾!!　日テレ『猪木祭』プロデューサー・川又誠矢氏が語ったテレビ局と暴力団の深い関係〝日本に帰ったら私は殺される！〟海外潜伏先で激白7時間」である。

ここから『週刊現代』は、川又誠矢の取材内容を中心とした特集記事を、連続して載せている。

「独走追及！　テレビ局と暴力団の深い関係　日テレ『猪木祭』プロデューサー川又誠矢氏　海外逃亡先から爆弾証言　第2弾『〝ミスターＫ-1〟石井館長も暴力団に脅されていた！』」（2006年4月22日号）

「独走追及　第4弾『格闘技と暴力団』『猪木祭』プロデューサー・川又誠矢氏の命がけの告発を黙殺して、なにが〝社会の公器〟か　フジ・日テレへの公開質問状」（2006年4月29日号）

「これらはすべて、読者からの反響に応える形で誌面を立て続けに飾った」と言いたいところだが、まったくそうではなかった。

「週刊誌の反響ってすぐ出るわけじゃないんです。それなのに、何で連続して載せたかって言うと、録れ高です。『わざわざ、ロスまで行かせたんだから誌面は埋めろ』ってこと。週刊誌にとって一番怖いのはページが空くことなので、常に記事は準備しておきたい。それもあって次々に撃ちまくった。さすがに、4週目、5週目になると、しんどくなるんだけど」（船川輝樹）

反応は当事者からあがった。4月13日に「PRIDE無差別級グランプリ2006開幕戦」の対戦カード発表の記者会見が東京プリンスホテルで開かれた際、DSE社長の榊原信行は記者の質問にこう答えている。

「民事と刑事で『週刊現代』を告訴します。事実無根のことをいかにも真実のように書いている。我々にまったく取材もしないで、掲載されている」

この発言を聞いて船川は立腹した。「そろそろ、ネタも尽きてきたし、やめようかな」と思っていたところだったが、「そんなこと言うなら、もっと続けよう」となったのだ。

「一番最初に記事を作ったときに、DSEにも取材依頼書を送ってるんです。そのときは『やくざと同席した事実はないです』っていう返事が来たのみ。それ以降も取材依頼していたけど、回答すらなかった。僕としては『反論も載せたい』って思ってました。だって、その方が記事に幅が出来るし、記事が1週分作れるでしょう。それなのに『取材せずに書いて事実無根』なんて言われたもんだから『じゃあ、もっと取材するか』ってなったんです」

いつまで続けるつもり

会見の翌朝、船川輝樹はフジテレビスポーツ局専任部長である清原邦夫の自宅のチャイムを鳴らした。「PRIDEのトップが、そんなデタラメを言うのなら、それを放映しているテレビ局の担当プロデューサーに、直接、話を聞いてみよう」ということだ。何度か訪問したが一度も応答はなかった。

それでも神奈川県警の関係者への接触に成功し、新たな特集記事が出来上がった。「独走追及第5弾　PRIDE榊原信行社長『本誌を告訴』会見の笑止千万　警察が注目するフジと暴力団を繋いだ男」（2006年5月6・13日合併号）である。

翌週も「独走追及　第6弾『PRIDE』暴力団オーナーに豪邸を提供する『一部上場スポンサー』」（2006年5月20日号）と、もはや、2003年の大晦日興行戦争から逸脱し「PRIDE狙い撃ち」にシフトするようになった。

「我々週刊誌は、色眼鏡で見られることも多いので『取材せずに書いた』なんて言われると、火がついてしまうんです。それに『刑事告訴する』って榊原社長は明言したんだけど、訴状は届かなかった。もし、榊原さんが取材に応じてくれていたら反論記事を載せましたから、風向きが変わったかはわからないけど、風当たりが、少しは和らいだとは思います」（船川輝樹）

それから少し後、編集部にフジテレビの広報部の社員から一本の電話が入った。船川もよく知る人物で「この特集、いつまで続けるおつもりですか」と言った。

一時は「警告書」を送るなど、態度を硬化させていたフジテレビだったが、船川が番組のスポンサーにまで取材を始めたことを知って「さすがにまずい」と腹を探ってきたのである。

「では、PRIDEと暴力団の癒着の疑惑について、御社ではどう考えていますか」と船川が逆に質すと、広報社員は絞り出すようにこう答えた。

「その件につきましては、実はウチも今、真剣に考えていまして」

それを聞いて「もしかして、フジテレビ、中継やめるんと違うか」と感じた船川は、さらなる取材の末に「本誌追及でついに英断か　フジが『PRIDE9月打ち切り』検討中」（『週刊現代』2006年5月27日号）なる特集記事を作った。フジテレビからの反応はなかった。

船川の直感は現実となる。

2006年6月5日夕方、フジテレビは「格闘技『PRIDE』の放送対応中止についてのお知らせ」という見出しの一文をホームページに載せた。文面は以下の通りである。

《弊社で放送中の格闘技『PRIDE』について、契約先の株式会社ドリームステージエンターテインメントによる契約違反が判明致しましたので、本日をもって同社との契約を解除すると共に、今後の同ソフトの放送及びイベント開催への関与を中止することを社として決定致しました。ここにお知らせ致します》（原文ママ）

一般紙もこのトピックを報じた。

《フジテレビは5日、人気格闘技「PRIDE（プライド）」を主催するイベント会社との契約を解除し、番組の放送をすべて取りやめると発表した。10日に放送予定だった収録済み番組の放送も中止する。フジテレビ広報部は「放送を継続することが不適切な事象が、イベント会社内であったため。契約違反に該当するものだが、具体的な内容はコメントできない」としている。
　フジテレビは00年からプライドの放送を開始、05年の大みそかには、「PRIDE男祭り2005』が視聴率17％（関東地区・ビデオリサーチ調べ）をあげるなど、人気番組となっていた》
（『毎日新聞』２００６年６月６日付）
「驚きました。『まさか、本当にそこまでやるとは』って思ったんです。たかだか、週刊誌の記事ですよ。そこまで過剰な反応を示すなんて想定外だったし、正直に言うと、ここまでやるつもりはなかった。前例もないし。PRIDEに携わってるライターの仕事までなくしてしまったわけですから」（船川輝樹）
　実は、この決定には「不適切な事象」だけではない、特別な事情も横臥していたのである。
　この前年、堀江貴文が社長をつとめるベンチャー企業「ライブドア」のニッポン放送株の敵対的買収問題が、フジサンケイグループを大きく揺るがせていたことを記憶する読者も多いだろう。フジテレビを傘下に収めることが真なる目的だったライブドアは、親会社であるニッポン放送株を大量に買い集め、一時は35％の株式を保有するなど、事実上の筆頭株主となっていた。しかし、グループ挙げての必死の抵抗に屈し、ライブドアは和解に応じた。
　窮地を脱したフジテレビが、ニッポン放送の株式を取得し、事業持株会社化（親会社）となったのが、この２００６年春のことだった。それでも、６月末の株主総会は紛糾が予想された。当然だろう。新たな経営方針が、株主に対し十分に行き届いているとは言い難かったからだ。

そこで、フジテレビ会長だった日枝久が「ライブドア以外の問題を、まず片付けてしまおう」と考えたのは必然だった。そうでなくても「『週刊現代』の記事通りなら、社内に警察の捜査が入るかもしれない」という噂が流れており、PRIDE中継は不良債権化していたからだ。

放映中止を受けてDSE社長の榊原信行は、PRIDE統括本部長の高田延彦と、PRIDEの常連選手40名で、東京プリンスホテルにファン600名を集めて合同記者会見を開いた。

マイクを握った榊原は「週刊現代の記事は事実無根」「PRIDEを育ててくれたフジテレビに恨みはない」「必ず『PRIDEを放送したい』という放送局が現れてくれると信じる」「講談社と川又誠矢氏を刑事告訴した」「発表済みの大会は予定通り行う」「もしかしたら、フジテレビも被害者かもしれない」等々、放送再開に期待するようなニュアンスで、ファンとマスコミにメッセージを伝えたが、決定が覆るはずもなく、PRIDEはテレビから姿を消した。

2003年の大晦日に高視聴率を獲得したフジテレビは、その代償を、意外な形で支払ったのである。

集団解雇

フジテレビの放送がなくなった後も、DSEはPRIDEの大会を続けた。

2005年度の全収益のうち、フジテレビの放映料は10~15%ほど。スカイパーフェクTV!の収益も10~15%で、最もシェアを占めるのがチケット売り上げだった。

DSEは、フジテレビの収益がなくなった分の補填として、海外大会の収益を見込んでおり、

10月21日の「PRIDE32」では初のラスベガス大会を成功させるなど、新機軸を成立させたかに見えた。しかし、実際は資金繰りは悪化の一途を辿っていた。地上波放送がなくなったことで、スポンサー契約が次々となくなったからだ。

2007年3月27日、DSEは六本木ヒルズアリーナで公開記者会見を開き、アメリカの総合格闘技イベント・UFCを運営するズッファ社に、PRIDEの興行権の譲渡を発表する。4月8日にさいたまスーパーアリーナで行われた「PRIDE34」がDSEが主催する最後の興行となった。

DSEのスタッフは、新会社「PRIDE UFC WORLD WIDE日本事務所」に移籍し、新会社によるPRIDEの興行の開催を待つ身となった。にもかかわらず、親会社であるズッファ社からは何の指示もなく、半年が経過した頃、ズッファ社のオーナー・ロレンゾ・フェティータは、突如、新会社の解散を命じ、スタッフを一斉に解雇。「ズッファ社によるPRIDE開催」という青写真は雲散霧消した。

これにより、1997年10月11日の「高田延彦対ヒクソン・グレイシー」に始まり、桜庭和志というスターを輩出し、アントニオ猪木の復権に手を貸し、百瀬博教という異色の文化人まで発掘し、アントニオ・ホドリゴ・ノゲイラ、エメリヤーエンコ・ヒョードル、ミルコ・クロコップの3強時代で大人気を博した、総合格闘技イベント「PRIDE」は完全に消滅したのである。

逃走と消滅

２００６年5月13日、日本では『週刊現代』による「ＰＲＩＤＥ追及キャンペーン」が過熱していた頃、欧州である事件が起きていた。

Ｋ－１アムステルダム大会のメインイベントで〝地元の英雄〟アーネスト・ホーストと対戦予定だったボブ・サップが、試合開始30分前に、試合会場のアムステルダムアリーナ（現・ヨハン・クライフ・アレナ）から姿を消したのである。窮余の策として、解説者として放送席に座っていたピーター・アーツに試合を行わせるという、前代未聞の大失態となった。

その後、消息を絶っていたボブ・サップだったが、6月27日、マスコミ各社に声明文を一斉に送付し「非はＫ－１サイドにある」と主張した。要旨をまとめると以下の通りとなる。

①試合前、Ｋ－１側と新しい契約がまとまらなかった。決して、無理な要求はしていない
②「試合に出ない」と言ったら、現地のプロモーターから脅迫された
③キャンセルをした理由は、脅されて恐怖を感じたから
④フジテレビは以上の事実を知りながら、見て見ぬふりをして、公表しようとしない

翌日、Ｋ－１プロデューサーの谷川貞治も、マスコミに反論文を送付した。

「このときは、その前からボブ・サップに契約条件の見直しを要求されていたんです。それで、

新しい代理人を立ててきて、まとまらないうちにアムステルダムに来た。でも、脅迫なんて事実はまったくなくて、試合前日に『現在、結んでいる長期契約は破棄する。そうしないと、試合には出ない』って急に言い始めた。さすがに、それを呑むわけにいかないでしょう。そうしたら、試合直前に逃走したんです」（谷川貞治）

真偽はともかく、2002年に大ブームを巻き起こし、東京ドームに札止めの観客を集めて、2度にわたってアーネスト・ホーストからKO勝ちを収め、2003年の大晦日には、元横綱の曙太郎をKOして、紅白歌合戦の瞬間最高視聴率を抜いた立役者の一人は、こうして、K-1との関係を絶った。

それでも、K-1を運営するFEGはびくともしなかった。魔裟斗をエースとする「K-1 WORLD MAX」は、TBSで高視聴率を弾き出していたし、2005年に立ち上げた総合格闘技イベント「HERO'S」も好調で、宇野薫や山本〝KID〟徳郁ら総合格闘家を地上波の電波に乗せることで、新たなスターを送り出していたからだ。

さらに、笹原圭一ら旧DSEのスタッフに声をかけ、新しい総合格闘技イベント「DREAM」を立ち上げた。立ち技（K-1）と総合格闘技（DREAM）を手中に収めることで、結果的に、かつて石井和義が抱いた野望を短期間ながらはたしたことになる。

しかし、次第に資金難に苦しむようになり、2010年にはファイトマネーの未払い問題が発覚。2011年に「K-1 WORLD GP」と「K-1 WORLD MAX」の地上波放送が終了すると、選手の離脱も相次ぎ、興行を打つことすらままならなくなった。

2012年5月7日、FEGは東京地裁より「破産手続き開始の決定」（破産宣告）を受け、事実上、K－1は活動を停止した。

その後、権利を買い取ったK－1グローバルホールディングスを経て、現在の「新生K－1」はM－1スポーツメディアが運営し、サイバーエージェントが資本投下する別組織によるもので、創始者である石井和義も、後継者の谷川貞治も無関係である。

判決

2年半にわたって行われてきた、原告・ケイコンフィデンスと、被告・日本テレビとの裁判も結審の時期を迎えようとしていた。

争点は減額の妥当性である。裁判資料を読み込むと、川又自身も「5000万円の減額」は事前に覚悟しており、問題は減額そのものより、金額の多寡であることがわかる。

また、何度も指摘されているように、6億円を受領しながら、未払い案件が発生し、挙句にその使途先を明かせない点については、詳らかにする義務はないとはいえ、著しく心証がよくなかっただろうとは思う。

一方の被告にも問題はある。大会終了後の1月3日に「2億円減額」を一方的に宣告しているのは、専横の誹《そし》りは免れまいし、「DSEとの契約が主目的だった」ことと「早い段階から、原告のイベント運営能力に不安を感じていた」のであれば、フジテレビが大晦日にPRIDE中継を行うことを正式に発表した11月9日の時点で、計画を白紙に戻すことも可能だったはずだ。

「原告に押し切られた」という見方もなくはないが、8億円も投じるイベントではないことくらい見通せないのは、稚拙だったと言うほかない。
とはいえ、法律に明るくない筆者からすれば、どう転ぶか見当もつかないもので、結局、判決は8月31日に次のように言い渡された。

主文
1・原告の各請求及び参加人の請求を、いずれも棄却する
2・訴訟費用は原告の負担とし、参加によって生じた費用は参加人の負担とする

裁判長／阿部潤
裁判官／中里敦・丹下友華

最大の争点となった「ミルコ欠場にともなう減額の妥当性」については、12月11日に、日本テレビとケイコンフィデンスとの間で結ばれた本契約書に「ミルコ選手が怪我等以外の理由で出場しない場合は、即時、契約解除出来る」とあることを前提とし、「怪我を理由に欠場した事実を踏まえるならば、減額は妥当」と判断された。

勝者なき戦争

判決を不服とした川又誠矢は、ただちに控訴したが、2007年6月19日、東京高裁は訴えを棄却した。これによって、2003年の大晦日格闘技における争いは、いずれも収束した。

その後、ほとぼりが冷めた頃合を見計らって、日本に帰国した川又誠矢は、再び芸能の世界に戻った。新たにプロダクションと制作会社を立ち上げ、俳優やミュージシャンのマネージメント、イベント制作などを行う一方、業界内における、トラブルシューターとしての役割まで任されるようになった。

「取材から数年後、帰国した川又さんと時々会いました。誕生日会に招かれたこともあります。ロスで会ったときと違って、仕事に意欲を燃やしていた印象ですね。一時期、KAT-TUNの赤西仁を、川又さんが面倒を見ていたことがあって、それを記事にしたら『書かんといてえな』って言われたりもしました。私の部署が変わってからは、会う機会も減ったけど、話している印象では、2003年のことは、まだ後悔が強かったように感じました。思うところもあったんでしょう」(船川輝樹)

＊

大金が右から左に動き、テレビ局や裏社会まで巻き込みながら、暗闘に次ぐ暗闘を繰り広げた2003年大晦日の格闘技興行戦争は、TBS『K-1 Dynamite!!』が、瞬間最高視聴率40％超えを果たし『NHK紅白歌合戦』の牙城を崩すという、テレビ史に残る快挙を成し遂げた。フジテレビ『ＰＲＩＤＥ男祭り２００３』も第1部・平均視聴率17・２％、瞬間最高視聴率28・９％という、かつてない高視聴率を叩き出した。

しかし、２００６年3月から始まった『週刊現代』の特集記事がきっかけとなって、ＰＲＩＤＥは脆くも倒れ、その余波はＫ－１にも波及するなど、格闘技バブルは一気に終焉に向かった。

その引導を渡したのは、平均視聴率５・１％と、唯一の敗者となった日本テレビ『イノキボンバイエ２００３～馬鹿になれ夢をもて～』主催者である川又誠矢のインタビューだった。こんな皮肉があるだろうか。

つまり、２００３年の大晦日興行戦争は、勝者なき戦争だったのである。


（完）

あとがき

「川又さんと、一度、会ってみませんか」

『日刊ゲンダイ』芸能編集部長・米田龍也デスクが筆者に声をかけてきたのは、2021年7月下旬のことである。

「川又さん」が、「猪木祭」主催者である川又誠矢氏であることは把握しており、躊躇しないでもなかったが、好奇心に勝るはずもなく、数日後、食事の席がセッティングされた。座が盛り上がったタイミングで「どうです、2003年大晦日の話を書くというのは？」と水を向けてきたのは、米田デスク自身である。

即答は避けたように記憶するが「連載の枠を空けますので、ご検討下さい」と言われたときには、すでに心を決めていた。無理もない、何しろ連載である。ノンフィクションを発表する媒体は減少の一途を辿っている。猪瀬直樹や佐野眞一や沢木耕太郎や山際淳司の時代ではない。定期的な収入が担保されるのだから、作家として喉から手が出るくらい連載が欲しかった。

そして何より、2003年大晦日の格闘技興行戦争は、今まで誰も手を付けていない、迷宮入り寸前の案件である。今、着手しないと手遅れになるような気がした。そうでなくても、『NHK紅白歌合戦』が瞬間最高視聴率で、初めて民放の番組に抜かれるというテレビ史的にも大事件となる。「テーマに不足はない」と嗅覚が反応したのは、前々著で講談社 本田靖春ノンフィクション賞を受賞したばかりという高揚感も多分に影響していたはずだ。

しかし、今にして思えば、米田デスクは最初からそのつもりで、川又氏に筆者を紹介しただろうことは容易に察しがつく。なぜなら、後年こういう話を聞いたからだ。

「ロスから帰国後の川又さんとは、何度も会いましたけど『2003年大晦日の話を誰かに書いて欲しい』ってよく言ってました。それで、何人かライターを紹介したけど、うまくハマらなかった。それでも、彼は諦めてなかったと思います」（元『週刊現代』記者の船川輝樹）

いずれにしても、ここから日刊ゲンダイの紙面で「芸能界と格闘技界　その深淵」の連載は始まった。

当初、筆者が思い描いたのは、三つのイベント（K－1・PRIDE・猪木祭）がいかなる経緯で大晦日に興行を打ち、いかなる結末を迎えたのかという、シンプルな記録だった。物騒な挿話が耳目を惹くのはわかる。が、ハードファクトを押さえない限り何の意味もなく、川又氏から一通りの話を聞いた後は、当時の新聞記事を洗うだけ洗った。いかに『スポーツ報知』がこの時期、格闘技報道に力を入れていたかを、改めて思い知った。

2021年の暮れ、「例の連載は川又さんの証言のみに依るのではなく、三つのイベントを同時進行で書きたい」と米田デスクに構想を明かすと「いいですね、その方が話の幅も広がります」と賛同してくれた。よって、序盤は正道会館の石井和義館長に紙幅を費やした。3度の本人取材に加え、当時の新聞や雑誌を渉猟し、稀代の天才プロモーターの輝きと躓きを書いた。

また、その後継者である谷川貞治氏には何度も会って話を聞いた。メール・ＬＩＮＥのやりとりも頻繁で、気になったことは深夜でも質した。もちろん、彼らも明かさなかったことはあったはずだが、それでも、資料を手繰って膨大な事実を蓄えることで不足は補えるし、原稿にも反映させられると考えた。

ただし、川又氏にとって、「２００３年の大晦日興行戦争」が、硬質なノンフィクションとして歩み始めたのは不本意だったのかもしれない。彼を主人公にした物語にはならないし、そもそも「憤懣やるかたない想いを書いて欲しい」というところが起点だったからだ。それは、川又氏と懇意にしてきた米田デスクにとっても同様だったのではないか。

２０２４年春に連載が終わると、原稿を再構成し、書籍化に向けて進み始めた9月上旬、川又氏にすべての原稿をメールで送り「不適切な箇所があれば、指摘して下さい」と伝えた。連載が始まった経緯を思うと、仁義として彼の同意は得ておくべきと考えたのだ。

しかし「やめにする、自分の箇所は削るように」と告げられた。そう言われた以上、直に聞いた証言はすべて削除した。代わりに雑誌のコメント、裁判資料から大幅に補填した。筆者がノンフィクション作家である以上、この結末は不可避だったとは思うが、この場を借りて、川又氏に深く謝意を伝えたいと思う。

取材に応じてくれたのは、以下の方々である。心からの謝意を伝えたい。

甘井もとゆき、石井和義、大森敏範、岡林章、阪上大葉、佐竹雅昭、サダエ☆マヌーフ、篠泰

樹、谷川貞治、中崎寿光、橋本友彦、福留崇広、藤中浩平、藤浜雄一、船川輝樹、ボンバー森尾、三島☆ド根性ノ助、宮田充、吉川圭三、和田良覚（敬称略）

以下の方々にも、様々な形で尽力を賜った。心からの謝意を伝えたい。

梅林亮、大川貴史、加藤大典、金子浩美、金山周馬、木原さとみ、桑原麻紀、小池貴久、小山晃司、水道橋博士、スージー鈴木、遠山達成、福山将司、松雪崇、山本信太郎（敬称略）

前述の通り、日刊ゲンダイ・米田龍也デスクがいなかったら、本書が世に出ることは不可能だった。連載中も川又氏と筆者の間に立って随分と面倒をかけたことを、5歳上の年長者として、有難くも心苦しくも思う。この場を借りて謝意を伝えるとともに、袂別の辞としたい。

講談社の鈴木崇之氏には、連載時より拙稿に着目し、書籍化を進めていただいたばかりか、編集担当者として骨を折っていただいた。心からの謝意を述べたい。

最後に、本書を購入して読んでいただいた、すべての読者に心からの御礼を申し上げます。

2024年11月18日、53歳を迎えた誕生日の夜に。

細田　昌志

【参考文献】

［**書籍**］

『アリと猪木のものがたり』（村松友視／河出書房新社）
『平謝り　K‐1凋落、本当の理由』谷川貞治／ベースボール・マガジン社）
『空手超バカ一代』（石井和義／文藝春秋）
『検察の正義』（郷原信郎／筑摩書房）
『沢村忠に真空を飛ばせた男　昭和のプロモーター・野口修評伝』（細田昌志／新潮社）
『プライドの怪人』（百瀬博教／幻冬舎文庫）
『裕次郎時代』（百瀬博教／ワック）
『ブッカーKが見た激動の時代　UWF、そしてPRIDEの崩壊』（川﨑浩市／双葉社）
『プライド』（金子達仁／幻冬舎）
『2000年の桜庭和志』（柳澤健／文藝春秋）
『野獣の怒り』（ボブ・サップ／双葉社）
『新日、K‐1、PRIDEタブー大全』（タダシ☆タナカ＋シュート活字委員会／宝島社文庫）
『2011年の棚橋弘至と中邑真輔』（柳澤健／文藝春秋）

〔新聞〕
『朝日新聞』『毎日新聞』『読売新聞』『東京新聞』『産経新聞』『日本経済新聞』
『神奈川新聞』『しんぶん赤旗』『聖教新聞』『スポーツ報知』『日刊スポーツ』
『スポーツニッポン』『サンケイスポーツ』『デイリースポーツ』
『東京スポーツ』『日刊ゲンダイ』『夕刊フジ』

〔雑誌〕
『格闘技通信』『ゴング格闘技』『週刊プロレス』『週刊ゴング』『月刊文藝春秋』
『週刊文春』『週刊新潮』『週刊ポスト』『週刊現代』『サンデー毎日』『週刊朝日』
『週刊プレイボーイ』『週刊大衆』『週刊実話』『週刊金曜日』『FRIDAY』
『FLASH』『サイゾー』『実話ナックルズ』

この他、ウェブサイトなどを適宜、参考にした。

格《かく》闘《とう》技《ぎ》が紅《こう》白《はく》に勝《か》った日《ひ》

2003年《ねん》大晦日《おおみそか》興行《こうぎょう》戦争《せんそう》の記録《きろく》

二〇二四年一二月一七日　第一刷発行

著者　細田昌志《ほそだまさし》
発行者　篠木和久
発行所　株式会社　講談社
東京都文京区音羽二丁目一二―二一　〒一一二―八〇〇一
電話　［編集］〇三―五三九五―三五二二
［販売］〇三―五三九五―五八一七
［業務］〇三―五三九五―三六一五
印刷所　株式会社新藤慶昌堂
製本所　大口製本印刷株式会社

【著者略歴】

細田昌志（ほそだ・まさし）

1971年岡山市生まれ、鳥取市育ち。鳥取城北高校卒業後、中華料理店勤務、代行業、代筆業、結婚式の司会、リングアナウンサーなど職を転々としたのち、CS放送「サムライTV」の格闘技情報番組のキャスターに就任。その後、放送作家をへて作家に。3作目のノンフィクション『沢村忠に真空を飛ばせた男　昭和のプロモーター・野口修評伝』（新潮社）で第43回講談社　本田靖春ノンフィクション賞を受賞、近著『力道山未亡人』（小学館）で第30回小学館ノンフィクション大賞を受賞。

ISBN978-4-06-537926-4